톨스토이
인생론·참회록

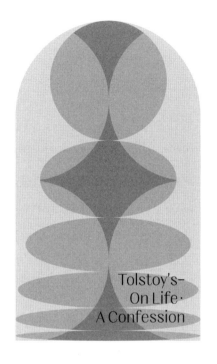

Tolstoy's-
On Life·
A Confession

톨스토이
인생론·참회록

레프 톨스토이 지음 | 박병덕 옮김

인간은 자연 가운데서 가장 연약한 한 포기 갈대에 불과하다. 그러나 인간은 생각하는 갈대이다. 그를 짓밟기 위해서는 전 우주가 무장하지 않아도 된다. 바람 한 줄기, 물 한 방울만으로도 인간을 죽이기에 충분하다. 그러나 비록 우주가 인간을 짓밟는다고 해도 인간은 자기를 죽이는 자보다 고귀하다. 왜냐하면 인간은 반드시 죽어야 한다는 사실과 우주가 인간보다 우월하다는 사실을 알고 있지만, 우주는 그러한 사실을 전혀 모르고 있기 때문이다. 그러므로 인간의 존엄성은 사고(思考) 그 자체에 있는 것이다. 우리가 존립해야 할 발판은 사고에 있는 것이지 시간과 공간에 있는 것이 아니다. 그러므로 인간은 깊이 사고하도록 힘써야 한다. 여기에 바로 도덕의 근원이 있는 것이다.

— 파스칼 ≪팡세≫ 제6장 단장 347

반복해서 곰곰이 생각하면 할수록 항상 새롭고, 그리하여 내 마음을 경탄과 외경(畏敬)으로 가득 채우는 것이 두 가지 있다. 내 머리 위 별이 빛나는 하늘과 내 마음속 도덕률이 바로 그것이다……. 전자(前者)는 내가 외계에서 차지하고 있는 그 위치에서 시작하여 나와 외계를 결합시키고, 세계 안의 세계와 체계 안의 체계를 가진 무한한 공간 속으로 확대하며, 또 주기 운동 및 그 운동의 시작과 지속의 무한한 시간 속으로 확대한다. 후자는 눈에 보이지 않는 나의 자아(自我), 즉 나의 인격에서 시작하여 진정으로 무한함을 지니고 있지만 오성(悟性)에 의해서만 파악될 수 있는 세계 속에 나를 서게 한다. 이 세계와 나와의 관계는 전자의 경우처럼 단순히 우연한 결합이 아니라 보편적이고 필연적인 결합이라는 것을 나는 인식한다.

— 칸트 ≪실천이성비판≫ 결론

■ 톨스토이의 생애와 작품

레프 니콜라예비치 톨스토이(Leo Nikolayevich Tolstoy)는 1828년 8월 28일, 모스크바 200km 남쪽 야스나야 폴랴나(Yasnaya Polyana)에서 니콜라이 일리치 톨스토이 백작의 4남 1녀 중 4남으로 태어났다. 그의 아버지 니콜라이 톨스토이 백작은 1812년의 나폴레옹 전쟁에 참여했던 퇴역 육군 중좌(中佐)로서 너그럽고 호탕한 성격의 소유자였으며 어머니 마리야 톨스타야는 명문 보르콘스키 공작가의 딸로서 신앙심이 두텁고 영어, 프랑스어, 독일어, 이탈리아어 등에 능통한 교양이 높은 여성이었다.

톨스토이에게는 니콜라이, 세르게이, 드미트리 등 세 형과 여동생 마리야가 있었다. 어머니 마리야 톨스타야는 그가 두 살도 채 되기 전인 1830년에 딸 마리야를 낳고 세상을 떠났으며 아버지 니콜라이 또한 그가 9세 때인 1837년 뇌내출혈로 세상을 떠났다.

부모를 잃은 톨스토이는 세 형과 누이동생과 함께 카잔에 있는 숙모의 집으로 옮겨 그녀의 보살핌을 받았다. 그녀는 헌신적인 애정으로 그들을 돌보아 주었다.

1844년 16세가 되었을 때 톨스토이는 형 세르게이와 드미트리가 공부하고 있던 카잔 대학에 입학하여 동양 어학을 공부했다. 처음에는 외교관이 되려고 했으나 이듬해 5월 진급 시험에 낙제하여 법과로 옮겼다. 그러나 이미 외교관의 꿈을 잃은 톨스토이는 방탕한 생활을 하기 시작했다. 특히 그들을 돌보아 주고 있던 숙모는 선량한 부인이었지만 화려한 사교계를 좋아하여 그들에게 일찍부터 사교계에 진출하기를 권했다. 그리하여 톨스토이는 대학생의 신분이면서도 상류 사회의 사교계로 나갔지만 그곳에서 요구되는 프랑스풍의 우아한 태도와 대화가 어쩐지 서먹서먹했다. 내성적 성격을 타고난 그는 자신의 세련되지 못한 용모에 대해 무척 괴로워했다.

  그래서 그는 사교계를 떠나 공부에 열중하려 했지만 결국 대학 생활에 환멸을 느끼고 입학 3년째인 1847년에 대학을 중퇴하게 되었다. 그가 받은 정규 교육은 이것뿐이었다. 대학을 중퇴한 후 그는 유산 분배로 자기에게 분배된 야스나야 폴랴나로 돌아와 정식으로 지주(地主)가 되었다. 야스나야 폴랴나는 아름다운 숲으로 둘러싸인 곳이었으며 톨스토이에게는 유년 시절뿐만 아니라 생애 전체를 통해 밀접하게 결부되어 있는 곳이다. 19세의 젊은 영주(領主)는 정의감에 불타 농노(農奴)들의 생활 개선을 위해 노력했으나 그들의 불신감과 적대감으로 인해 참담한 실패로 끝났다. 이 실패는 그의 의욕이 컸던 만큼 그에게 심한 충격을 주었다. 이듬해인 1848년, 그는 모스크바로 가서 도박에 몰두하는 등 방탕한 생활에 빠졌다. 당시 그는 숙모에게 '나는 일도 하지 않고 공부도 하지 않고 아무런 목적도 없는 방탕한 생활을 하고 있습니다. 나는 사교계에 빠져 매우 방탕해졌습니다.' 라고 편지를 보낼 정도였다. 그러나 마침내 이러한 방탕한 생활을 청산하고 대자연의 품에서 문학에 눈을 뜨게 되는 계기가 찾아왔다. 코카서스 포병 연대에 근무하고 있던 맏형 니콜라이가 휴가차 집에 왔다가 귀대하는 길에 그를 데리고 간 것이다. 갑작스러운 입대는 일종의 도피로서 그는 일기에 이렇게 쓰고 있다.

'나는 생애의 가장 귀한 몇 해를 목표도 즐거움도 없이 헛되이 보냈으며 도박으로 인한 부채로부터 도피하기 위해 코카서스로 도망쳤다. 나는 화를 잘 내며 세련되지 않고 방자하고 편협하고 소심한 인간이다. ……또한 결단력이 없고 불안정하며 자존심이 세고 나태하며 생활에는 일관성이 없다. 나는 선(善)을 사랑한다. 그러나 그 이상으로 명성을 사랑한다.'

톨스토이의 이러한 고백은 자신의 혼란 상태를 잘 나타내고 있다.

결국 그는 지원하여 사관후보생이 되었다. 1852년, 그는 산지(山地) 토벌 전투에 참전했다. 그해 군 복무 중에 〈유년 시대〉를 탈고하여 당시 제1의 문예지(文藝誌)였던 〈현대인〉 9월호에 익명으로 발표하여 호평을 받았다.

처녀작의 호평에 힘을 얻은 톨스토이는 〈습격〉, 〈크리스마스의 밤〉, 〈도박자의 수기〉 등을 차례로 썼다. 1953년 7월 23일의 일기에는 '일, 일이다! 일을 하고 있을 때는 얼마나 큰 행복을 느끼는가!' 라고 고백하고 있다.

1853년 크리미아 전쟁이 발발하자 이듬해인 1854년, 그는 코카서스를 떠나 포병 사관으로 세바스토폴 공방전에 참전했으며 이때의 체험을 기록한 것이 〈세바스토폴 이야기〉이다. 그동안 그의 명성은 날로 높아졌다. 그는 일기에서 이렇게 말하고 있다. '나는 문학만 있으면 그만이다. 내 천직은 문학이다. 평생 글 쓰는 일을 계속하리라.' 그는 그때 이미 문학을 그의 천직으로 삼을 결심을 했던 것이다.

1855년 상트페테르브르크로 돌아오자 투르게네프 등 잡지 〈현대인〉과 주위의 문인들로부터 재능 있는 신진 작가로서 따뜻한 영접을 받았다.

1856년 3월, 크리미아 전쟁이 끝나자 톨스토이는 11월에 제대하여 영지인 야스나야 폴랴나로 돌아왔으나 이듬해 1월, 프랑스와 스위스, 독일 등지로 첫 유럽 여행을 떠났다. 그때 그는 파리에서 기요틴으로 사형을 집행하는 광경을 보고 심한 충격을 받기도 했으며, 스위스에서는 음악가를 부유한 자들이 조소하는 것을 보고 서양 문명에 대해 회의를 품기도 했다. 그해 8월, 다시 야스나야 폴랴나로 돌아와 '시적 즐거움'을 발견하는 한편 농사에 열중하면서 농노 자녀들의 교육을 위해 온 힘을 기울였다. 이때부터 교육 사업에 대한 열의는 일생 동안 변치 않았으며 농노 자녀들을 위해 학교를 세우고 〈야스나야 폴리야나〉라는 교육 잡지를 발행하기도 했다. 이때의 작품으로 〈세 개의 죽음〉, 〈가정의 행복〉 등이 있는데 여기서 이미 미래의 문호 탄생을 예고하고 있다.

그 무렵 맏형 니콜라이는 결핵으로 독일에서 요양 중이었다. 1860년 7월, 톨스토이는 형 니콜라이의 병문안 겸 서구의 초등교육 상황을 살펴보기 위해 독일로 여행을 떠났다. 니콜라이의 병세는 날로 악화하여 9월 20일, 마침내 세상을 떠났다. 어린 시절부터 존경하고 사랑했던 형 니콜라이의 죽음은 톨스토이에게 커다란 충격을 주었으며 모든 인생의 환상을 파괴하여 그를 인생의 본질로 끌고 들어갔다. 그는 인간의 삶과 죽음에 대해 깊이 생각하기 시작했다. 1861년, 야스나야 폴랴나로 돌아와 농사중재재판소원(農事仲裁裁判所員)으로 임명되어 농노해방 운동

에 참여했으며 농민의 이익을 위해 투쟁했다. 이때부터 관헌들이 '자유
주의적 경향을 가진' 톨스토이를 감시하기 시작했으며 1862년 7월, 그
가 요양차 사마라로 가 있는 동안 야스나야 폴랴나의 저택과 학교를 수
색하기도 했다. 이 무렵 그는 자선 사업의 위선을 비방하는 투르게네프
와 심하게 대립하여 두 사람의 긴 불화가 시작되었으며 이 불화는
1878년까지 계속되었다.

34세 때인 1862년, 그는 궁정 의사의 딸인 18세의 소피아 안드레예
브나와 결혼했다. 결혼을 계기로 톨스토이의 새로운 생활이 시작되었
다. 톨스토이 자신도 당시를 회상하여 "결혼 생활의 행복이 나를 삼켜
버렸다."고 말하였다. 그는 행복한 결혼 생활 속에서 작품 활동에 전념
했다. 첫 장편소설 《전쟁과 평화》와 《안나 카레니나》를 쓴 것도 이
무렵이었다. 이 동안에도 농민 자녀들의 교육을 위해 활동하고 사마라
지방의 기근 구제 사업에 헌신하기도 했다.

그러나 행복한 결혼 생활이 10여 년 지난 1873년부터 1875년 사이에
그는 3명의 자녀와 자기를 길러 준 숙모를 잃었다. 다시 심각한 인생의
고뇌에 빠진 그는 철학과 학문에서 그 해답을 찾고자 했지만 구할 수
없었다. 이후 자살에 대한 충동을 수없이 느꼈다. 결국 그는 소박한 민
중의 삶에서, 즉 원시 기독교적인 종교에서 구원의 길을 발견했다. 이
무렵 인생의 고뇌를 그린 것이 〈참회록〉이다. 이때 톨스토이는 1882년
에 발표한 〈참회록〉을 비롯하여 〈교의신학비판(教義神學批判)〉, 〈요약
복음서〉, 〈교회와 국가〉 등 일련의 종교 논문과 〈바보 이반〉 등 많은 민
화를 발표하여 '신과 인류에게 봉사하는' 구도자로서의 면모를 나타냈

다. 〈참회록〉이 〈러시아 사상〉에 발표되자 이 때문에 잡지는 판매금지를 당했다. 톨스토이는 〈참회록〉을 발표한 이후 이른바 '톨스토이즘'에 충실한 활동을 계속했으며 1885년에는 자신의 사유 재산을 부정하여 부인 소피아와 대립함으로써 불화의 원인이 되었다.

1904년 러일전쟁이 일어나자 〈반성하라〉를 발표하여 도덕적인 입장에서 전쟁에 반대했으며 1905년 러시아 혁명 때에는 정부 측과 혁명 측 어느 편에도 서지 않고 무저항주의자로서 폭력을 행사하는 자들을 비난하기도 했다.

1908년 8월 28일, 그의 탄생 80주년을 기념하여 세계적인 규모의 축제가 열렸다. 그러나 만년의 톨스토이는 세계적인 명성과 업적에도 불구하고 구도자로서의 자기모순과 부인과의 갈등으로 괴로워했다. 그토록 사랑했던 야스나야 폴랴나에서 그는 더 이상 살아갈 수가 없었다. 그리하여 몇 번 가출할 것을 결심했으며 가출했다가 중도에 되돌아온 일도 있었다. 1910년 10월 29일 새벽, 마침내 그는 '남은 인생의 마지막 날들을 고독과 평온함 속에서 살기 위해' 야스나야 폴랴나를 뒤로하고 의사 마고비츠키와 셋째딸 알렉산드라와 함께 가출을 결행했으나 11월 7일, 82세를 일기로 랴잔 우랄 철도의 작은 역 아스타포보 역에서 영면했다. 유해는 야스나야 폴랴나 영지에 묻혔다.

이 책은 1993년 9월 육문사 교양사상신서로 출간한 《톨스토이 인생론·참회록》을 2012년 개정판을 거쳐 문법, 어휘를 수정한 안티쿠스 책장(Antiquus bookshelf) 시리즈로 재출간했다. 그리고 톨스토이는 《참회록》을 끝내면서 제2부에 해당하는 《인생론》을 쓸 예정임을 밝혔다. 이에 본서에서는 독자들의 이해를 쉽게 하려고 작품 내용상 《인생론》을 앞에 실었고 《참회록》을 뒤로 하였다.

차 례

참회록

톨스토이
인생론 · 참회록

새 계명을 너희에게 주노니, 서로 사랑하라.

― 요한복음 제12장 34절 ―

■ 서론(緒論)

여기에 물레방아를 돌려서 가루를 빻는 일을 유일한 생활수단으로 하는 사나이가 있다고 하자. 이 사나이는 할아버지 대부터 내려오는 방아꾼이기 때문에 가루를 잘 빻기 위해서 물레방아의 어느 부분을 어떻게 다루면 좋은지 그 요령을 완전히 습득하고 있다. 사나이는 기계의 원리는 전혀 모르지만 가루를 빨리 잘 빻기 위해서 물레방아의 각 부분을 조정하는 기술이 능숙하므로 이것으로 생활하고 생계를 꾸려 나간다.

그런데 사나이는 어느 순간 갑자기 물레방아의 구조를 생각하기 시작하고 사람들로부터 역학에 대한 어설픈 설명을 듣기도 하며 물레방아의 어떤 부분이 어떠한 원리로 회전하고 있는가에 대해 관찰하기 시작했다.

그리하여 곡식을 넣는 깔때기에서 맷돌로, 맷돌에서 회전축, 회전축에서 날개바퀴, 날개바퀴에서 제방, 제방에서 냇물로 관찰해 나아가다 드디어 물레방아를 회전시키는 근본이 제방과 냇물에 있다는 것을 분명히 이해하기에 이르렀다. 이러한 원리를 깨달은 그는 몹시 기뻐하며 그 후부터는 이전처럼 빻아져 나오는 가루의 품질을 검사하거나, 맷돌을 올렸다 내렸다 하며 조정하거나, 맷돌을 갈거나, 피댓줄을 조이고 늦추는 일은 뒷전으로 제쳐놓고 냇물에 관해 연구하기 시작했다. 그리하여 사나이의 물레방아는 완전히 고장이 나 버렸다. 사람들은 그가 하는 일은 쓸데없는 일이라고 충고했다. 그러나 사나이는 충고에 귀를 기울이기는커녕 그들에게 항변하면서, 시냇물에 관한 연구를 멈추지 않았다. 그는 끊임없이 시냇물에 관한 일만 계속 생각했으며 그의 사고방식이 그릇되었다고 충고하는 사람들과 기를 쓰며 말다툼하는 동안 마침내 시냇물이야말로 물레방아 그 자체라고 믿게 되었다.

마을 사람들이 그의 사고방식이 잘못되었다고 아무리 설명해도 이 사나이는 다음과 같이 반론하는 것이다.

"어떤 물레방아도 물이 없다면 가루를 빻을 수가 없습니다. 따라서 물레방아를 알기 위해서는 물을 끌어오는 방법을 알아야만 합니다. 그리고 물의 운동에너지를 알아야 하며 그 에너지가 어디서 생기는가도 알아야 합니다. 그러므로 물레방아를 알기 위해서는 시냇물에 관해 완전히 알아두어야 합니다."

이 사나이의 사고방식은 논리로서는 나름대로 조리가 있다. 그의 이러한 그릇된 사고방식을 올바른 사고방식으로 되돌릴 방법은 오직 한 가지다. 즉 어떤 일을 생각하는 데 있어 무엇보다 중요한 것은 생각하는 것 그 자체가 아니라 고찰해 나가는 순서라는 것을 그에게 가르쳐 주는 것이다. 즉 효과적인 사색을 하기 위해서는 먼저 무엇을 생각하고 그 다음에 무엇을 생각할 것인지를 알아야 한다. 합리적인 사색에는 첫 번째는 무엇, 두 번째는 무엇, 세 번째는 무엇, 열 번째는 무엇이라는 식으로 중요한 정도에 따라 고찰을 진행해 나갈 순서가 정해져 있다. 반면에 불합리한 사색에는 이러한 순서가 무시되어 있다. 합리적인 사색과 불합리한 사색의 차이가 여기에 있는 것이다. 이러한 것을 그에게 가르쳐 주어야 한다. 그리고 고찰을 진행해 나가는 순서는 우연히 정해지는 것이 아니라 그 사색의 목적에 따라 결정된다는 것도 가르쳐 주어야 한다.

사색의 목적은 고찰해 나가는 순서를 결정하는 것이며 이 순서에 따라서 하나하나 고찰해 나가야만 한다. 그렇게 해야 비로소 합리적인 사색이 되는 것이다.

물레방아꾼의 목적은 가루를 잘 빻는 것이다. 만일 그가 이 목적을 잊지 않는다면 이에 따라 맷돌, 날개바퀴, 제방, 시냇물에 관해서 고찰해 나갈 때의 정확한 순서와 절차를 결정할 수 있을 것이다.

그러나 만일 그가 목적을 잊고 고찰해 나간다면 그 고찰이 아무리 논리적이라 하더라도 그것은 올바르지 못하며 쓸모없는 것이 되고 말 것이다. 그것은 마치 코끼리가 새처럼 알에서 부화한다고 하면 그 코끼리 알의 껍질은 얼마나 두꺼울까 하고 생각했다는 키이파 모키예비치[1]의 사색과 큰 차이가 없는 것이다.

내 생각으로는 인생에 대한 현대과학의 고찰도 이와 흡사하다. 인생이란 저 물레방아꾼이 연구하려고 했던 물레방아다. 물레방아는 가루를 잘 빻기 위해 필요한 것이며 인생은 훌륭한 삶을 이루기 위해 필요한 것이다. 인간이 인생에 관해 사색할 경우 한순간이라도 사색의 이 목적을 잊어버려서는 안 된다. 만일 사색의 이러한 목적을 망각한다면 그 고찰은 필연적으로 토대를 잃고 허공에 떠 있게 되어 코끼리 알의 껍데기에 구멍을 뚫기 위해서는 어느 정도의 화약이 필요할까에 대해 생각했던 키이파 모키예비치의 고찰과 다름없는 것이 되고 말 것이다. 인간이 인생에 관해서 연구하는 것은 인생을 좀 더 훌륭하게 만들기 위해서일 뿐이다.

인류의 지식을 발전시켜 온 사람들은 이러한 태도로 인생을 연구해 왔

---

1) 니콜라이 고골(Gogoli, Nikolai Vasilievich 1809~1852)의 소설 ≪죽은 혼≫ 제1부 11장의 에피소드에 나오는 인물.

다. 그러나 이처럼 인류의 참된 지도자이자 은인이 있었는가 하면, 사색의 목적을 잊어버린 채 '생명은 무엇에서 발생하는 것인가', '물레방아는 왜 돌아가는가' 하는 따위의 문제만을 고집하고 있는 무리도 항상 있었으며 지금도 있다. 물레방아가 도는 것은 물 때문이라고 우겨대는 사람이 있는가 하면, 물레방아의 구조 때문이라고 주장하는 사람이 있는데 그들의 논쟁이 절정에 이르는 동안 논쟁 본래의 주제는 어디론가 사라져 버리고 다른 주제로 완전히 바뀌는 것이다.

어느 유대교도와 기독교도의 논쟁과 관련된 다음과 같은 우스운 이야기가 있다. 유대교도가 낸 복잡하고 미묘한 질문에 대답하면서 기독교도가 상대의 대머리를 손바닥으로 철썩 때리며 "지금 소리는 어디에서 난 것인가, 손바닥에서 난 것인가, 대머리에서 난 것인가?" 하고 질문하자 신앙에 관한 주제가 해결하기 어려운 새로운 주제로 바뀌어 버렸다고 한다.

인간의 참된 지식의 핵심을 이루는 인생에 관한 문제에서도 옛날부터 이와 비슷한 일이 행해지고 있다.

'생명은 무엇에서 발생하는가? 비물질적인 근원에서 발생하는가, 혹은 물질의 여러 가지 조합으로 발생하는 것인가?' 하는 논쟁이 먼 옛날부터 행해져 온 것이다. 그리고 이러한 논쟁은 오늘날까지도 계속되고 있으며 언제 매듭지어질지 알 수 없다. 그것은 결국 이 문제의 본래 목적은 잊어버리고 인생의 목적과는 관계없는 곳에서 생명에 관한 논의를 행하고 있기 때문이다. 오늘날에는 '생명'이라는 말이 생명 그 자체를 뜻하는 것이 아니라 생명의 기원 또는 생명에 수반해서 일어나는 현상을 뜻한다.

오늘날에는 과학 서적에서뿐 아니라 일상적인 대화에서도 생명에 관하여 이야기할 때 우리들 누구나 알고 있는 저 생명에 관한 것이 아니라——즉 내가 두려워하고 증오하는 여러 가지 고통으로서의, 또 내가 구하고 바라는 여러 가지 쾌락과 기쁨으로서의 생명에 관한 것이 아니라——물리적 법칙에 의해 우연히 발생한 것이라느니, 혹은 불가사의한 어떤 것에서 발생한 것이라느니 하는 따위의 이야기가 거론되고 있다.

오늘날 '생명'이라는 말은 생명의 주요한 증거——고통과 쾌락의 의식, 행복하게 되려고 하는 욕구——와는 전혀 무관한, 무언가 애매하고 의심스러운 것이 되고 말았다.

'생명이란 죽음에 저항하는 모든 작용의 총체이다. 생명이란 한정된 시간에 유기체의 내부에서 계속해서 일어나는 모든 현상의 총체이다.'[2]
'생명이란 전체적인 동시에 연속적인 분해·결합의 이중 과정이다. 생명이란 연속적으로 일어나는 여러 가지 변화의 일정한 결합이다. 생명이란 활동하고 있는 유기체이다. 생명이란 유기물의 특수한 활동이다. 생명이란 외부 관계에 대한 내부 관계의 순응이다.'

이러한 정의가 부정확한 표현과 중복된 표현을 많이 사용하고 있는 점은 차치하고 그 정의의 본질은 모두 똑같다. 즉 여기에 정의된 것은 '생명'이라는 말에 의해 모든 사람이 다 같이 명백하게 이해하고 있는 내용이 아니라, 생명과 그 밖의 현상에 따라서 일어나는 일종의 과정에 관한

---

2) 원문은 프랑스어이다.

La vie est l'ensemble des fonctions, qui resistent a la mort. La vie est l'ensemble des phenomenes, qui succedent pendant un temps limite dans un etre organise.(생명이란 죽음에 저항하는 모든 활동의 결합이다. 죽음이란 한정된 시간에 유기체 내부에서 끊임없이 일어나는 모든 현상의 결합이다.)

것이다.

　이러한 정의는 그 대부분이 결정(結晶)작용의 정의에 해당하며, 그 중 약간이 발효 작용과 부패 작용의 정의에 해당하고, 그 모두가 행복이라든지 불행이라든지 하는 것과는 무관하며, 인체 개개 세포의 생명에 관한 정의에 해당한다. 여기에서는 결정체와 원형질, 그리고 원형질의 핵과 인체의 세포 안에서 일어나는 일종의 과정을 인간 내면의 '행복하게 되려는 욕구' 의식과 긴밀하게 결합한 저 '생명'이란 말로 부르고 있는 것이다.

　생명의 조건 일부를 생명이라 생각하고 고찰하는 것은 마치 시냇물을 물레방아라고 생각하고 고찰하는 것과 같다. 그러한 고찰도 다른 목적을 위해서는 필요할지도 모른다. 그러나 그들이 논의하고자 하는 사색의 목적과는 관계가 없는 것이다. 그러므로 그러한 고찰로부터 인출된 결론은 모두가 그릇될 수밖에 없다.

　'생명'이라는 단어는 매우 간단명료하여 그것이 무엇을 의미하는지는 누구나 알고 있다. 따라서 우리는 항상 이 단어를 모든 사람이 알고 있는 그 의미대로 사용해야만 한다. 이 단어를 모든 사람이 알고 있는 이유는 그것이 다른 단어처럼 개념적으로 매우 정확하게 정의되어 있기 때문이 아니라, 그 반대로 다른 모든 개념은 아니라 하더라도 많은 개념을 낳는 기본적인 개념을 나타내는 단어이기 때문이다. 따라서 이 개념에서 결론을 끌어 내기 위해서는 무엇보다 먼저 모든 사람에게 잘 알려진 그 본질적인 의미대로 이 개념을 이해해 두어야 한다. 그런데 생명에 관해서 논하고 있는 사람들은 바로 이것을 잊어버렸다고 생각된다. 즉 생명의 기본적인 개념이 처음부터 그 본질적인 의미대로 이해되지 않은 채 논의되어

가는 동안 '생명'이라는 말은 모든 사람에게 인정되고 있는 기본적이고 본질적인 의미에서 벗어나 점점 더 기본적인 의미를 잃고 그것과는 관계 없는 완전히 다른 의미를 지니게 되었다. 즉 '원을 그리는 동안에 중심점을 다른 곳으로 옮긴' 것과 같은 결과가 되어 버린 것이다.

사람들은 '생명이 세포 속에 있는가 또는 원형질 속에 있는가, 아니면 그보다 하등(下等)인 무기물 속에 있는가'에 대하여 논쟁하고 있다. 그러나 그러한 것을 논쟁하기 전에 다음과 같은 질문을 자문해 보아야 한다. '우리는 생명의 개념을 세포와 같은 것 안에 포함할 권리가 있는 것인가' 라는.

예를 들면 '생명은 세포 속에 있으며 세포는 살아 있는 것이다.' 라고 사람들은 말하고 있다. 그러나 인간 생명의 기본적 개념과 세포 속에 있는 그 생명의 개념과는 완전히 다를 뿐 아니라 전혀 관계없는 별개의 개념이다. 이 두 가지 개념은 서로가 다른 개념을 배척한다. '나의 몸은 전체가 세포로 구성되어 있다' 는 것을 인정한다고 하더라도 '이들 세포가 모두 나와 똑같은 생명의 특성이 있으며 나와 똑같이 살아 있는 것이다' 라고는 말할 수가 없을 것이다.

내가 나를 살아 있다고 인정하는 것은 오직 수많은 세포로 구성되어 있는 이 육신을 분할할 수 없는 하나의 살아 있는 것으로 의식하기 때문이다. 그런데도 '나는 머리끝부터 발끝까지 온통 살아 있는 세포로 구성되어 있다' 고 말할 수 있다. 그렇다면 나는 생명의 특성이 어디에 있다고 생각해야 하는가? 세포에 있다고 생각해야 하는가? 만일 내가 세포는 생명을 가지고 있는 것이라고 인정한다면 나는 내 생명의 중요한 증거——자신을 하나의 독립된 생명체로 보는 의식——를 생명의 개념에서 제거하지 않으면 안 된다.

그러나 만일 내가 개체로서 생명을 갖고 있다는 것을 스스로 인정한다면 나의 몸을 구성하고 있으면서도 그러한 사실에 관해서는 아무런 의식도 갖고 있지 못한, 그러한 세포에 불과한 것들이 나 자신과 동일한 생명의 특성이 있다고는 도저히 생각할 수가 없다.

내가 생명을 갖고 있으며 내 몸 안에 세포라고 불리는 생명을 갖지 않은 입자가 있는 것인가, 아니면 '나' 라는 것은 생명을 가진 세포의 집적에 불과하며 내가 갖고 있는 생명의 의식은 생명 그 자체가 아니라 착각에 불과한 것인가?

우리는 세포 속에 이른바 '브로이즌'[3]과 같은 것이 있다고 말하지 않고 '생명' 이 있다고 말한다. 여기에서 이러한 '생명'이라는 단어가 사용되는 것은 이 단어로 이해되는 바가 X와 같이 부정확한 개념이 아니라 우리들 누구나가 알고 있는 아주 명백한 개념이기 때문이다. 결국 그것은 육체를 갖는 자기 자신을 '분할할 수 없는 단일한 것'으로 파악하는 의식으로서 본능적으로 우리가 알고 있는 개념이다. 따라서 이러한 개념은 우리의 육체를 구성하고 있는 세포에는 합당하지 않은 것이다.

우리는 어떠한 연구나 관찰에서도 그것을 표현할 때는 모든 사람이 똑같이 명백하게 이해하고 있는 단어들을 사용해야만 한다. 특정한 사람에게만 적용되며 모든 사람이 이해하고 있는 기본 개념과는 전혀 일치하지 않는 개념을 제멋대로 단어 속에 집어넣어서는 안 된다. 만일 '생명'이라는 단어를, 그것이 마치 세포 그 자체와 그것으로 이루어진 동물을 뒤죽

---

3) '튀기다' 라는 동사에서 나온 명사로서 '살아서 활기차게 약동하는 것' 이라는 뜻.

박죽으로 만드는 것처럼 그 물체 자체의 특성과 그 물체의 구성 분자의
──완전히 다른──특성을 구별하지 않고 사용할 수 있다면 그 밖의
단어들도 동일한 방법으로 사용할 수 있게 되는 것이다. 그것은 마치
'모든 사상은 단어로 표현된다. 그리고 단어는 문자로 표현되며 문자는
선으로 표현된다. 따라서 선을 긋는 것은 사상을 표현하는 것과 같다. 그
러므로 선은 사상이다'라고 말하는 것과 같다.

과학계에서는 '생명은 물리적이고 기계적인 힘의 작용으로 발생한다'
고 주장하고 있으며 과학계의 그러한 주장을 우리는 종종 읽거나 듣게
된다. 대다수 과학자는 이와 같이 …… 글쎄, 뭐라고 말하면 좋을까? 조
금 말하기 어렵지만 의견 같으면서 의견도 아닌, 파라독스 같으면서 파
라독스도 아닌, 오히려 익살이나 수수께끼라고 하는 편이 좋을 그러한
주장에 매달려 있는 것이다. 그런데 '생명은 물리적·기계적인 힘의 작
용에 의해서 발생한다'는 주장에서 그 '물리적·기계적인 힘'이라는 것
은 그것이 생명의 개념에 정면으로 대립하는 것이기 때문에 그렇게 불리
고 있다.

이 '생명'이라는 단어는 분명 원래의 개념과는 무관한 개념으로 잘못
사용되고 있으며 그 원래의 의미에서 점점 멀어져 드디어 본질적인 의미
를 완전히 잃어버리고 전혀 생명 따위가 존재하지 않는 곳에 생명이 존
재하는 것처럼 생각하게까지 되었다. 그것은 마치 '원주 혹은 구면 밖에
중심점이 있는 원 또는 구(球)가 존재한다.'고 주장하는 것과 흡사하다.

실제로 나로서는 '불행에서 벗어나 행복하게 되려는 욕구'로밖에 볼
수 없는 '생명'이 '행복'도 '불행'도 인정되지 않는 곳에 존재한다는 것이
된다. 분명 생명 개념의 중심점이 완전히 뒤바뀌어 버린 것이다. 그뿐만

아니라 '생명'이라고 불리고 있는 것에 관한 여러 가지 연구를 음미해 가면 그 연구들은 모두 내가 알고 있는 어떠한 개념과도 전혀 관계가 없다는 것을 알게 된다. 나는 그 속에서 몇 가지의 새로운 개념과 단어를 발견하지만 그것들은 전부 과학 용어로서 조건부의 의미가 있기는 해도 실제로 적용되고 있는 개념과는 전혀 일치하지 않는 것들뿐이다.

거기서는 생명의 개념이 모든 사람이 이해하고 있는 의미나 내용과는 다르게 이해되고 있다. 따라서 그러한 생명의 개념에서 파생한 여러 개념도 일반적으로 적용되고 있는 의미나 내용과 일치하지 않는다. 결국 그것들은 다른 적당한 단어로 불려야 하는 조건부의 새로운 개념으로 나타나 있는 것이다.

과학의 연구에서 인간 전체에 적용되는 단어는 점점 쫓겨나게 되고 존재하는 사물과 개념을 표현하는 수단으로서의 단어 대신에 과학적인 인조어(人造語)라고 할 수 있는 것이 지배적인 자리를 차지하고 있다. 이러한 과학의 인조어가 참된 언어와 다른 점은 참된 언어가 실재하는 사물과 개념을 보편적인 단어로 부르는 것에 반해 과학의 인조어는 실재하지 않는 개념을 실재하지 않는 단어로 부르는 점에 있다.

인간 상호 간 지적 교류의 유일한 수단은 언어이다. 이 교류를 가능하게 하기 위해서는 하나하나의 단어에 대해서 타당하고 정확한 개념을 모든 사람이 분명히 이해할 수 있도록 사용해야만 한다. 단어를 닥치는 대로 무책임하게 사용하거나 단어에다 생각나는 대로 편리하게 의미를 주는 정도까지 되면 오히려 단어를 사용하지 않고 손짓, 발짓으로 표현하는 편이 나을 것이다.

'실험과 관찰이 아닌 이성의 귀결만으로 세계의 법칙을 정의하는 것은 진정한 지식을 방해하는 비과학적인 방법이다'라는 주장을 인정한다고 해도 세계의 모든 현상을 실험과 관찰로 연구해 나감에 있어 기본적이고 보편적인 개념이 아닌 조건부의 개념을 근거로 그 실험과 관찰을 하거나 또는 실험 결과를 여러 가지 의미로 해석되는 단어로 서술하면 더욱 부적당한 것이 되지 않겠는가? 약품의 상표가 그 내용물에 따라 붙여지지 않고 약제사의 사정에 따라 마음대로 붙여진다면 아무리 일류 약제사가 한 짓이라 해도 엄청난 해독을 퍼뜨리게 될 것이다.

그러나 이렇게 말할 사람이 있을지도 모른다. "과학은 생명 전체——의지와 행복하게 되려는 소망, 그리고 정신세계를 포함해서——를 연구 과제로 삼지는 않는다. 과학은 실험으로 연구가 가능한 현상만을 생명 속에서 문제로 삼을 뿐이다."라고.

확실히 그것은 훌륭하고도 올바른 태도일 것이다. 그러나 우리가 알고 있는 바와 같이 현대의 과학자들이 쓴 것을 보면 전혀 그렇지 않다. 만약 생명이라는 개념이 원래의 의미와 내용으로——즉 모든 사람이 이해하고 있는 대로——인식되고, 또 '과학이란 외부에서 관찰할 수 있는 측면만을 생명 가운데서 발췌하여 과학의 고유한 연구 방법에 따라 이러한 측면의 모든 현상만을 음미하는 것이다.'라고 분명히 규정될 수만 있다면 물론 이야기는 달라진다. 그때는 과학이 차지하고 있는 위치도, 과학에 근거하여 우리가 달성한 성과도 완전히 달라질 것이다. 그러나 나는 사실 그대로 이야기해야만 한다. 우리 누구나 알고 있는 것을 감출 수는 없는 것이다. 생명의 연구에 종사하고 있는 실험과학자 대다수가 자신들은 생명의 한 측면만이 아닌 생명 전체를 연구하고 있다고 스스로 확신하고 있는 것을 우리는 알고 있다.

천문학, 기계학, 물리학, 화학, 그 밖의 여러 과학은 각기 자기의 영역에서 생명의 한 측면을 연구하고 있는 것에 불과하며 생명 전반의 연구에 관해서는 아무런 성과도 이루지 못했다. 어떤 과학은 과학의 원시시대, 즉 아직 과학으로서 형태를 갖추지 못했던 시대에는 각각 자신이 편리한 관점에서 생명 전반의 현상을 파악하려고 했으며 새로운 개념과 단어를 만들어 나 스스로 혼란에 빠졌다. 천문학이 아직 점성술에 불과했던 무렵에 그러했으며 화학이 아직 연금술에 불과했던 무렵에도 그랬다. 그런데 그보다는 좀 더 발달했을 법한 지금의 실험과학도 같은 길을 걷고 있다. 즉 생명의 한 측면 혹은 두세 측면을 연구하고 있는 것에 불과하면서도 생명 전반을 연구하고 있다고 주장하고 있다.

자신의 전문 분야인 과학에 대해 이렇게 잘못 인식하고 있는 과학자들은 자신의 연구 대상이 생명의 두세 가지 측면에 불과하다는 것을 인정하려 하지 않고, 자신이 모든 현상을 포함한 생명 전반을 외면적인 실험방법에 의해 연구하고 있다고 단언하는 것이다. 그들은 다음과 같이 말한다.

"아직도 우리가 '정신의 메커니즘——그들은 이처럼 자신의 조어를 사용함으로써 애매하게 표현하기 좋아한다——에 대해 철저하게 연구하지는 못했지만 언젠가는 완전히 밝혀질 것이다."라고. 즉 "생명 현상의 한 측면 혹은 두세 측면을 연구해 나가는 동안에 우리는 생명의 모든 면을 인식하게 될 것이다."라고 하는 것이다. 바꿔 말하면 "어떤 사물을 한 측면에서 아주 오랫동안 열심히 주시하면 마침내 그 사물의 모든 측면을, 심지어는 그 내부까지도 볼 수 있게 될 것이다."라고 주장하는 것이다. 참으로 기묘하고 희한한 학설이며 미신적인 광신이라고밖에 말할 수 없다.

그런데도 이러한 학설이 실제로 존재하고 있으며 다른 모든 야만적이고 광신적인 이야기 속에 끼어 그들과 함께 인간의 사고 활동을 그릇된 길로 끌어들이며 해로운 영향을 주고 있다. 그리하여 성실한 학도들이 전혀 쓸모없는 연구에 일생을 바치게 하고, 인간의 재력을 하찮은 방면에 쏟게 하고, 젊은 세대가 그것이 인류에 대해 최고로 봉사하는 길이라고 믿게 함으로써 저 키이파 모키예비치와 같이 우매하기 짝이 없는 활동에 몸을 바쳐 스스로 망치게 하는 것이다.

"과학은 생명을 모든 측면에서 연구한다."라고 흔히 말하고 있다. 그런데 어떠한 물체이건 그 물체의 측면은 구(球)의 반지름 수만큼 있다. 즉 무한히 많다. 그러므로 모든 측면에서 연구한다는 것은 불가능하다. 단지 어떤 측면이 더욱 중요하며 더욱 필요한가, 어떤 측면이 별로 중요하지 않고 별로 필요하지 않은가를 판단해서 선택하여 연구할 수 있을 뿐이다. 하나의 물체를 모든 방면에서 동시에 접근할 수 없는 것처럼 생명 현상도 동시에 모든 방면에서 연구할 수는 없다. 따라서 연구할 때 싫든 좋든 순서를 정해야 하며 그것이 중요한 점이다. 그리고 그 순서는 생명에 관한 올바른 이해를 통해서만 비로소 결정될 수 있다.

즉 생명에 관한 올바른 이해를 통해서만 과학 전반과 개개의 과학이 올바른 의의와 방향을 갖게 되며 생명에 관계하는 의미의 중요도에 따라 분류된다. 만일 생명에 관한 인식 방법이 우리들 모든 인간에게 통용되는 것과 다르다면 과학 그 자체도 그릇된 것이 되고 말 것이다.

우리가 '과학'이라고 일컫는 것이 '생명'을 정의하는 것이 아니라, 오히려 우리가 갖는 '생명의 개념'이 과학이라고 인정되는 것을 결정하는 것이다. 따라서 과학이 진정한 과학이 되기 위해서는 우선 무엇이 과학이고 무엇이 과학이 아닌가 하는 문제가 해결되어야 한다. 그러기 위해서는 먼저 생명의 개념이 분명하게 해명되어야 한다.

나는 여기서 내 생각을 솔직히 털어놓고 이야기하려 한다. 즉 우리는 누구나 다음과 같은, 일종의 신앙이라고도 할 수 있는 그릇된 실험과학의 기본적인 도그마를 알고 있다. '물질과 물질의 에너지가 존재한다. 에너지는 운동하며 그 기계적인 운동이 분자운동으로 변화하고 그 분자운동이 열, 전기, 대뇌의 신경 활동으로 나타난다. 즉 생명 현상은 전부 예외 없이 에너지의 모든 관계에서 발생한다.' 얼마나 단정적이고 간단명료하며 편리한 도그마인가. 이는 우리의 생명 전체를 가장 간단하게 결론지어 설명할 수 있는 이론이 없다면 어떻게 해서라도 반드시 생각해내야만 한다는 결의에서 억지로 만들어 낸 도그마이다. 나의 불손하고도 대담한 생각인지는 몰라도 결국 실험과학의 활동에 있어서 그 정력과 열정의 대부분은 이러한 편리한 도그마의 뒷받침에 필요한 것들을 만들어내려는 욕망에서 생기고 있다.

이러한 과학의 활동에는 생명 현상을 연구하고자 하는 의욕보다는 오히려 이 기본적인 도그마의 정당함을 입증하려는 부단한 노력만이 깃들어 있다는 것을 알 수 있다. '유기물은 무기물에서 발생한다.'는 것을 설명하기 위해, 혹은 '정신활동은 유기체의 모든 과정에서 발생한다.'는 것을 설명하기 위해 얼마나 많은 힘을 낭비하고 있는 것일까! '유기물이 무기물로 변화되는 일은 없다. 바다 밑을 뒤지면 세포핵과 모네라[4]라는

---

4) 무핵(無核)인 아메바 모양의 원시 생물로서 ' ' 안의 부분은 '유기물은 무기물에서 발생한다.'는 것을 설명하는 논리의 한 예로서 보여 주고 있다.

것을 발견할 수 있을 것이다.' '지금 발견하지 못한다고 하더라도 앞으로 발견할 수 있을 것이다.' '어쨌든 이 문제는 시간이 해결해 줄 것이다.' 이렇게 실제로는 없는 것인데도 있으리라고 확신하는 것에 대해서는 전부 영원에 이르는 무한한 시간의 문제로 바꿔 버리는 것이다.

'생체의 모든 활동에서 정신활동이 발생한다.'라는 것에 대해서도 마찬가지다. '아직 그 문제는 증명되지 않았다! 그러나 증명될 것이다. 어쨌든 인간의 모든 지혜를 짜내어, 적어도 그러한 가능성이라도 증명하려고 노력하자.'는 것이다.

'생명은 어디에서 발생했는가'에 관한 논의——애니미즘[5][精靈說]이건 바이탈리즘[6][生氣說]이건, 혹은 좀 더 특수한 어떤 힘의 작용에 기인한다는 학설이건——즉 그러한 생명과는 관계없는 것에 관한 논의는 인생의 중대한 문제——그것을 제외하면 생명의 개념도 의미를 잃어버리게 될 문제——를 사람들의 눈으로부터 가려 버렸으며, 과학자들——다른 사람들을 이끌어가야 할 사명을 띠고 있는 사람들——을 성급하게 길을 재촉하기는 하지만 목적지를 잃어버린 채 어디로 가야 할지 분간 못 하는 상태로 차츰차츰 끌어들였던 것이다.

그러나 혹시 내가 과학이 현재 그와 같은 방향에서 이룩하고 있는 커다란 성과를 일부러 보지 않으려 하는 것은 아닐까? 그러나 아무리 훌륭한 성과를 이룩했다고 해도 그 때문에 과학의 그릇된 방향이 바로잡힐

---

5) Animism. 라틴어 'anima(靈, 생명)'에서 나온 말로 원시 종교의 한 형태. 생물이든 무생물이든 자연계의 모든 사물을 생명이 있는 것으로 보고 그것에 정령(精靈), 특히 영혼 관념을 인정하는 사고방식.
6) Vitalism. 생물학적으로는 생기설(生氣說), 철학적으로는 활력설(活力說)을 뜻한다. 생물은 무생물과는 근본적으로 다르므로 생명 현상은 독특한 '활력'에 기인한다는 학설.

수는 없는 것이다. 현대 과학이 생명에 관해서 알고자 하는 것 모두 그리고 현대 과학이 주장하고 있는 것——자신도 그다지 자신만만한 것은 아니지만——모두가 명확하게 밝혀졌다고 가정하자. 모든 것이 명확하게 밝혀지고 모든 것이 대낮처럼 환하게 밝혀졌다고 가정하자. 유기물이 무기물로부터 '적응'에 의해 어떻게 하여 발생했다는 것도 분명하게 밝혀졌고 물리적인 에너지가 어떻게 해서 감정, 의지, 사고로 전환하는지도 분명하게 밝혀졌다고 가정하자. 그리고 그러한 것을 중학생은 물론 시골 초등학생까지도 전부 알고 있다고 가정하자.

또한 '이러이러한 감정과 사고는 이러이러한 운동에 의해 발생한다.'는 것을 나도 이해했다고 가정하자. 자! 그러면 어떻게 될까? 그러한 경우 나는 임의의 사고를 자기 내면에 불러일으켜야 하는데 그러기 위해 과연 이 운동을 나의 임의대로 지배할 수 있을까, 없을까? 더구나 내가 어떠한 사고와 어떠한 감정을 내 자신의 내면에, 또 다른 사람의 내면에 불러일으켜야 하는가 하는 중대한 문제는 해결되지 않았을 뿐만 아니라 제기되지도 않은 채 남아 있는 것이다.

나는 과학자들이 이러한 문제에 대해 조금도 당황하지 않고 대답할 것이라는 사실을 알고 있다. 그들에게는 이러한 문제의 해결은 지극히 간단한 것으로 생각되는 것이다. 그것은 마치 어떤 어려운 문제를 해결함에 있어 그 문제를 이해조차 못 하는 사람에게는 그 어려운 문제가 오히려 간단한 것으로 생각되는 것과 같다. 인생을 어떻게 영위해 나가야 하는가 하는 문제의 해결도 인생은 우리 손에 맡겨져 있으며 우리들 마음대로 할 수 있는 것으로 생각하는 한 과학자들에게는 지극히 간단한 일로 여겨지는 것이다. 그들은 이렇게 말한다.

"인생은 모든 인간이 각자의 욕망을 채울 수 있도록 영위되어야만 한다. 이를 위하여 과학은 우선 모든 인간의 욕망을 공평하게 채울 수 있는 방법을 만들어 내고, 다음에 모든 인간의 욕망을 용이하게 채울 수 있을 만큼 풍부하고 손쉽게 물질을 생산하는 방법을 만들어 낸다. 이리하여 인간의 생활은 행복하게 되는 것이다."라고.

'욕망이란 무엇인가?' '욕망의 한계는 어디에 있는가?' 하고 질문하면 그들은 그것에도 간단하게 대답할 것이다. "과학은 욕망을 육체적인 욕망, 지적인 욕망, 미적인 욕망, 정신적인 욕망으로 분류하고 어떤 욕망이 어느 정도까지 정당하며 어떤 욕망이 어느 정도까지 부당한가를 명확하게 결정한다. 그래서 과학이 존재하는 것이다."라고.

이윽고 과학은 이런 일까지도 결정하려고 할 것이다. 만약 누가 '정당한 욕망과 부당한 욕망은 무엇으로 결정되는가?' 하고 질문하면 그들은 이 질문에도 주저하지 않고 다음과 같이 대답할 것이다. "그것은 욕망을 연구함으로써 결정된다."라고. 그러나 이 욕망이라는 단어는 다음의 두 가지 의미밖에 있지 않다. 그중 하나는 생존의 조건이다. 그런데 각 개인의 생존 조건은 수없이 많기 때문에 그 모든 조건을 연구한다는 것은 도저히 불가능하다. 그리고 다른 하나는 생명을 가진 사람으로서 갖는 '행복하게 되려는 욕구'이다. 그러나 이 욕구는 오직 각자의 의식에 의해서만 인정되고 결정되는 것이기 때문에 이것도 역시 실험과학으로 연구될 수는 없다.

하긴 일반인들이나 식자들로 조직된, 충분히 과학적이라고 할 만한 단체라든가 기관이 없는 것은 아니다. 그리고 이러한 진정한 과학이 머지 않아 우리가 필요로 하는 모든 것들을 해결해 줄지도 모른다.

그러나 이처럼 인생 문제까지도 모두 과학에 의해서 해결된다고 하는 것은 과학이 거기에서 메시아의 역할을 하는, 일종의 메시아 왕국의 출현에 대해 말하는 것과도 같은 것이다. 이러한 설법이 어떤 설득력을 가지려면 유대교도들이 메시아의 출현을 믿었던 것처럼 이 '과학교(科學敎)' 신자들이 맹목적인 태도로 과학의 도그마를 믿을 필요가 있다. 똑같이 '맹목적인 태도'라는 표현을 쓰고 있지만 이들 양자 사이에는 약간의 차이가 있다. 즉 메시아를 신의 사자라고 믿고 있는 유대교도는 메시아[7]가 그의 힘으로 모든 것을 이상적으로 조절해 줄 것이라고 믿을 수 있다. 그러나 '과학교'의 신자는 '과학교'가 욕망을 외면적으로 연구함으로써 인생에 관한 중요하고 유일한 문제를 해결할 수 있다고는 믿을 수 없는 것이다.

---

7) 고대 유태인들이 갈망했던 구세주.

인생론

제1장 인생의 근본적 모순

사람은 누구나 자기 자신을 위해 산다. 즉 자기의 행복만을 바라며 살아가고 있다. 만약 어떤 사람이 행복하게 되고 싶다는 욕망을 가지고 있지 않다면 그는 자기가 살아 있다는 사실조차 의식하지 못하는 것이다. 사람은 누구나 자기의 행복에 대한 욕망 없이는 인생을 생각할 수 없다. 모든 사람에게 있어 산다는 것은 행복을 구하고 행복을 손에 넣으려고 하는 것과 같다. 즉 행복을 구하고 행복을 손에 넣으려 노력하는 것이 곧 사는 것이다.

사람은 자기 내면으로만, 단지 개인으로서 자기 내면으로만 삶을 의식한다. 따라서 처음에는 자신이 구하는 행복이라는 것이 자기 한 사람만의 행복인 것처럼 생각하게 된다. 그는 처음에는 살아 있는 것, 즉 진정으로 살아 있는 것은 자기 한 사람뿐인 것처럼 생각한다. 그에게는 다른 사람의 생명이 자기 자신의 생명과는 완전히 다른 것으로 생각되는 것이다. 다른 사람의 생명은 그에게는 '생명의 모조품'으로밖에 생각되지 않는다. 다른 사람의 생명에 대해서는 단지 외면적인 관찰만 할 뿐이며, 외면적인 관찰로써 비로소 다른 사람도 살아 있다는 것을 인식하게 되는 것이다. 사람은 다른 사람의 생명에 관해 특별히 생각해 보려 하지 않는한 그것을 거의 의식하지 못한다. 그러나 자기 자신의 생명에 관해서는 항상 또렷이 의식하고 있다. 그는 자기가 살아 있다는 의식을 한 순간이라도 멈출 수가 없다. 그러므로 사람에게는 자기 자신의 생명만이 진정한 생명처럼 생각되며 그를 둘러싸고 있는 다른 사람들의 생명은 자기의 생존 조건 중 하나로밖에 생각되지 않는 것이다. 설사 그가 다른 사람들의 불행을 바라지 않는다 하더라도 그것은 단지 다른 사람들의 고통을 보는 것이 자기의 행복을 깨뜨리기 때문이다. 또 그가 다른 사람의 행복을 바란다고 하더라도 자기 행복을 바라는 경우와는 전혀 성질이 다른 것이다. 다른 사람이 행복해지기를 바라는 것은 순수하게 그를 위해 바라는 것이 아니라 다른 사람의 행복이 자기 행복을 증대시키기 때문이다. 인간에게 진정으로 중요하고 필요한 것은 오직 자기의 것으로 생각하고 있는 자신의 생명, 즉 개인적인 행복뿐이다.

그러나 인간은 자기의 행복을 손에 넣으려고 노력하는 동안 그 행복은 다른 사람들에 의해 좌우된다는 사실을 알게 된다. 또한 사람은 자기 주위의 다른 사람들을 관찰하는 동안 그들도 모두——인간뿐만 아니라 동물까지도——생명에 관해 자신과 아주 비슷한 견해를 갖고 있다는 것을 깨닫는다. 즉 다른 사람들도 모두 똑같이 자기 자신의 생명과 자신의 행복만을 느끼고 자기의 생명만 중요하고 참된 것으로 생각하며 다른 사람의 생명은 자기 행복을 위한 수단으로밖에 생각하고 있지 않다는 것을 깨닫게 된다.

또한 인간도 다른 모든 생물과 마찬가지로 자기 자신의 작은 행복을 지키기 위해서는 다른 모든 생물의 더욱 큰 행복뿐만 아니라 생명까지도 서슴없이 빼앗는다는 것을 알게 되는 것이다. 생각이 여기까지 다다르면 인간은 이런 생각도 하지 않을 수 없게 된다. 즉 '만일 그것이 진실이라면——그는 그것이 진실이라는 것을 잘 알고 있다——이 세계에 존재하는 수많은 생물은 모두 자신의 목적을 달성하기 위해 끊임없이 나를──진정한 생명은 나에게만 있다고 생각되는 이 나를──파멸시키려 하고 있다.'고. 그리고 생각이 여기에 다다르면 사람은 자기 행복──그 것이 없다면 인생의 의미도 사라지는──을 손쉽게 획득할 수 없을 뿐만 아니라 획득했다 하더라도 곧 빼앗길 것이 확실하다는 것을 깨닫게 된다.

사람이 오래 살면 살수록 이러한 생각은 경험에 의해 점차 확인된다. 그리하여 서로 잡아먹고 서로 파멸시키려 하는 개개 인간──그도 그 중의 하나이지만──의 결합으로 이루어진 이 세상의 생활이 자신에게 행복을 가져오지 않을 뿐 아니라 불행을 가져올 것이 틀림없다는 것을 깨닫게 된다.

그러나 그뿐만이 아니다. 자기 자신에 대해서는 조금도 염려할 필요가 없고 다른 사람들과의 투쟁에서도 유리한 조건에 놓여 있다 하더라도 이 성과 경험은 즉시 다음과 같은 것을 가르쳐 줄 것이다. 인생에서 획득한 개체로서의 쾌락은 행복의 모조품일 뿐 결코 행복이 아니며 쾌락에 수반되는 고통을 한층 더 강하게 느끼게 하기 위해 주어진 행복의 본보기에 불과하다는 것. 그리고 사람이 오래 살면 살수록 쾌락은 점점 감소하지만 따분함, 권태, 고통, 힘든 노동만이 점점 증대된다는 것을.

여기서 그치지 않는다. 자신이 병에 걸리거나 체력이 쇠약해짐을 느끼기 시작하거나 다른 사람의 질병, 노쇠, 죽음을 보거나 하는 동안 인간은 지금까지 충실한 생명의 거처로 생각하고 있던 자신의 존재 그 자체까지도──진실로 충실한 생명을 그에게 느끼게 해 주는 유일한 그것마저──순간순간 일거일동마다 쇠약, 노쇠, 죽음을 향해 다가가고 있다는 것을 깨닫게 된다. 또 그는 자기 자신의 생명이 싸움을 걸어오는 다른 사람들 때문에 수많은 파멸의 위험과 항상 증대하는 고통에 직면하고 있을 뿐 아니라 끊임없이 죽음을 향해서, 즉 개인의 모든 행복의 가능성과 생명이 모두 파멸되는 상태를 향해서 어쩔 수 없이 차츰차츰 가까이 다가가지 않을 수 없다는 사실을 깨닫는다.

그리고 자기 자신, 즉 자기에게 생명을 느끼게 하는 유일한 것인 '동물적인 자기 자신'이 도저히 감당해 낼 수 없는 것, 즉 전 세계를 상대로 해서 싸우고 있다는 것을 깨닫게 되며, 동시에 자신이 구하고 있는 것이 항상 고통으로 끝나는 쾌락, 즉 행복의 모조품인 쾌락이며 유지할 수 없는 생명을 유지하려고 애쓰지만 그것이 헛수고라는 것을 깨닫게 된다.

그리고 사람은 자기 자신, 즉 행복과 생명을 소유하고 싶다는 욕망을 그에게 일으키는 유일한 것인 '동물적인 자기 자신'이 행복도 생명도 소유할 수 없다는 것을 깨닫게 된다.

그리하여 그는 '내가 소유하고자 하는 행복과 생명이라는 것은 그 존재를 느끼지도 못하며 느낄 수도 없는, 알지도 못하며 알 수도 없는 것들이다.'라고 생각하게 된다.

또 그는 이렇게 생각한다.

'나에게 가장 중요한 것, 나에게 필요한 유일한 것, 진실로 살아 있다고 생각되는 유일한 것, 즉 나의 개체는 마침내 소멸하여 뼈가 되고 구더기가 되어 내가 아닌 다른 것이 될 것이다. 그리고 나에게 필요하지도 않고 중요하지도 않은 것, 살아 있다고 내가 느끼지도 못하는 것, 즉 끊임없는 투쟁을 계속하면서 변화해 가는 이 생물의 세계, 그것이야말로 진정한 생명이며, 그것만이 영원히 남아서 살아갈 것이다. 그렇다면 내가 유일한 것으로서 내 자신의 내면에서 느끼고 있는 이 생명은 허깨비일 뿐, 실제로 존재할 수 없는 것이며 내가 사랑하지도 느끼지도 않는, 또 나의 외부에 있어서 내가 알 수도 없는 생명이 유일하고 진정한 생명인 것이다.'

결국 그가 의식하지도 못하는 이 생명, 바로 그것이 그가 한 사람으로서 소유하고 싶어 하는 여러 가지 특성이 있는 것이다. 그리고 이러한 생각은 사람이 우울할 때만 나타나는 것은 아니다. 이러한 생각은 품지 않고 깨끗이 버릴 수 있는 것이 아니라, 반대로 한 번이라도 그러한 생각에 사로잡혔거나 혹은 다른 사람에게 단 한 번이라도 들었거나 했다면 결코 그러한 생각에서 벗어날 수 없으며, 또 무엇으로도 그런 생각을 의식에서 쫓아내 버릴 수도 없다. 그것은 그만큼 분명하게 의심의 여지가 없는 진리이다.

제2장 인생의 내면적 모순

　인생의 모순은 오랜 옛날부터 인류에게 시인되어 왔다. 인류의 지도
자들은 이러한 내적 모순을 해결하는 생명의 정의를 사람들에게 제시
해 왔다. 그러나 위선적인 바리새인과 학자들[8]은 그것을 사람들에게 숨
겼다.

　사람의 마음속에 제일 먼저 떠오르는 인생의 유일한 목적은 자신의 행
복이다. 그러나 자기만의 행복이라는 것은 있을 수 없다. 설사 그의 인생
에 행복 비슷한 것이 있다고 하더라도 자신에게만 행복이 가능한 인생은
한 동작 한 호흡마다 고통, 불행, 죽음, 멸망을 향해 걷잡을 수 없이 돌진
하는 것이다.

　그리고 이것은 지극히 명명백백하고 당연하여서 사고력을 가진 인간
이라면 청년이건 노인이건, 교육을 받은 사람이건 교육받지 못한 사람이
건 누구나 알고 있다. 인생에 관한 이러한 고찰은 지극히 단순하고도 자
연스러운 것이므로 이성을 가진 사람이라면 누구든지 생각해 낼 수 있는

---

8) 마태복음 제23장 참조.
　바리새교(敎)는 기원전 2세기 후반에 널리 퍼져 있던 유대교의 한 종파로서 형식주의와 위선에
　빠져 있었다. 예수는 율법 학자를 포함하여 그 위선적인 경향을 격렬히 공격했다. 따라서 여기
　서 '위선적인 바리새인'은 현대의 사이비 종교를 의미하며 '학자'는 사이비 과학자를 의미한
　다.

것으로 인류는 옛날부터 그것을 알고 있었다.

'서로 파멸시키고 스스로 파멸해 가는 무수히 많은 똑같은 인간들 속에서 자기 행복만을 추구하는 동물로서의 인간의 생활은 사악하고 우매한 것이다. 진정한 삶은 그러한 것이 아니다.' 옛날부터 사람들은 이렇게 자신에게 훈계해 왔다. 인생의 이 내적인 모순은 인도, 중국, 이집트, 그리스, 유럽의 성현들이 놀랄 만큼 강력하고 분명하게 제시해 왔다.

그리고 옛날부터 인간의 이성은 인간 상호 간의 생존경쟁과 고통과 죽음으로도 파멸되지 않는 인간의 행복을 탐구하는 일에 주력해 왔다. 생존경쟁과 고통과 죽음으로도 파멸되지 않는, 이 의심할 여지 없는 인간의 행복을 더욱 명백하게 규명해 나가면서 곧 유사 이래 인류의 진보가 있었다.

아주 먼 옛날부터 여러 민족 사이에서 인류의 위대한 지도자들은 인생의 내적인 모순을 해결하기 위해 인생의 정의를 더욱 명확히 밝히면서 제시하고, 인간만이 가질 수 있는 진정한 행복과 진정한 삶을 가르쳐 왔다. 그리고 모든 인간의 상태는 동일하므로 자기만의 동물적인 행복을 추구하려는 욕구와 그러한 행복은 있을 수 없다는 의식의 모순도 모든 인간에게 동일한 것이다. 따라서 인류의 가장 위대한 성현들이 제시했던 진정한 행복과 진정한 삶의 정의는 본질적으로 모두 동일하다.

"인생이란 인간을 행복하게 하기 위해서 하늘이 인간 안에 내리는 빛의 확산이다."라고 공자는 기원 6백 년 전에 말했다.

"인생이란 더 큰 행복에 도달하려는 끊임없는 영혼의 편력이며 완성이다."라고 같은 시대의 바라문 교도들은[9] 말했다.

"인생이란 번뇌의 속박을 해탈하여 열반에 도달하기 위한 자기 부정이다.”라고 공자와 같은 시대 사람인 불타는 말했다.

"인생이란 행복에 도달하기 위한 겸허와 인종(忍從)의 길이다.”라고 역시 공자와 같은 시대 사람인 노자가 말했다.

"인생이란 인간이 신의 계명을 지킴으로써 행복을 얻을 수 있도록 신이 인간의 콧구멍에 불어넣는 숨결이다.”라고 유대의 현인은 말했다.

"인생이란 인간에게 행복을 주는 이성에 따르는 활동이다.”라고 스토아 학파[10] 사람들은 말했다.

"인생이란 신과 이웃에 대한 사랑이다. 즉 인간에게 행복을 주는 것은 사랑이다.”라고 그리스도는 선인들이 제시한 모든 정의를 총괄해서 말했다.

이상에서 살펴본 '인생'에 대한 정의는 모두 먼 옛날부터 오늘날까지 수천 년 동안 인간이 가질 수 없는 동물적인 개인의 행복 모조품 대신에 소멸하지 않는 진정한 행복을 사람들에게 제시함으로써 인생의 모순을 해결하고 인간의 삶에 합리적인 의미를 부여하고 있다. 우리는 이러한 인생의 정의에 동의하지 않을 수도 있고 또 이러한 정의를 좀 더 정확하고 좀 더 명료하게 표현할 수 있다고 생각할 수도 있다. 그러나 이들 인생의 정의는 인생의 모순을 해결함과 동시에 획득할 수 없는 동물적인

---

9) 불교 이전에 인도의 사성(四姓) 가운데 가장 높은 지위의 승족(僧族)인 바라문족을 중심으로 행해졌던 종교. 희생을 중요시하며 난행고행(難行苦行), 조행결백(操行潔白)을 주지(主旨)로 삼았음.

10) 기원전 4세기경 키프로스(Cyprus)의 제논(Zenon)이 창시한 그리스 철학의 한 종파로서, 유기적 유물론 또는 범신론의 입장을 취하여 신은 우주 만물에 편재(遍在)한다고 보았으며, 또한 자기의 내면의 이성에 따르는 생활만이 참된 행복의 길이라고 보았음. 엄격한 도덕주의와 의무의 준수를 역설하였음.

개인의 행복을 구하려는 욕구를 다른 욕구, 즉 고통과 죽음으로도 소멸되지 않는 행복을 구하려는 욕구로 바꿈으로써 인생에 합리적인 의미를 부여한다는 것을 인정하지 않을 수 없다. 이러한 인생의 정의는 이론적으로도 옳을 뿐 아니라 인생의 경험에 의해서도 증명되고 있다. 또한 이들 정의를 인정해 온, 또 인정하고 있는 몇백만 몇천만의 수많은 사람들이 동물적인 개인의 행복을 구하려는 욕구를 다른 욕구, 즉 고통과 죽음에 의해서도 파괴되지 않는 진정한 행복을 구하려는 욕구로 바꿀 가능성을 실제로 보여 주었고 또 보여 주고 있다는 사실을 우리는 인정해야 한다.

그러나 인류의 위대한 지도자들이 제시했던 인생의 정의를 이해하고 그것에 따라 사는 사람들이 있는가 하면, 이와는 반대로 그 생애의 한 시기, 때로는 전 생애에 걸쳐 동물적인 생활만을 영위하며 인생의 모순을 해결하려는, 곧 인생의 정의를 이해하지 못할 뿐만 아니라 이러한 정의가 해결하는 인생의 모순조차 모르고 생활하는 수많은 사람이 항상 있었고 지금도 있다. 그리고 이러한 사람들 가운데에는 자신의 외면적인 특수한 지위를 내세워 자기가 인류를 지도해야 할 사명을 띠고 있다고 생각하여, 스스로는 인생의 의미를 이해하지 못하면서도 인생이란 동물적인 생존일 뿐이라고 다른 사람을 가르치는, 그러한 인간이 항상 있었으며 지금도 있다.

이러한 사이비 지도자들은 어느 시대에나 있었고 지금도 있다. 그들 가운데 어떤 사람들은 입으로는 인류의 스승들이 가르침을 떠들어대고 있지만 그 가르침의 합리적인 의미를 이해하지 못하고 그 가르침을 인간의 전세(前世)와 내세(來世)의 삶에 대한 초자연적인 계시로 생각하여 형식적인 의식을 행할 것을 요구한다. 그것은 넓은 의미에서 '위선적인 바리새인들', 즉 '인생 자체는 원래 불합리한 것이지만 내세의 삶을 믿고 형식적인 의식을 행함으로써 내세에서는 개선된다.'고 설교하는 자들의 가르침이다.

또 다른 사이비 지도자들은 눈에 보이는 삶 이외에는 다른 어떠한 삶의 가능성도 인정하지 않고 기적과 초자연적인 것은 모두 다 부정하며 '인간의 삶은 출생에서 죽음에 이르기까지 동물적인 생존일 뿐이다.'라고 대담하게 주장한다. 이것은 일부 학자들의 주장이기도 하며 그들은 동물적인 인간의 생활에는 아무런 불합리한 점이 없다고 가르치고 있다.

이들 두 사이비 스승의 가르침은 모두 인생의 근본적인 모순에 대한 몰이해에 기인한 것이다. 그런데도 이들 두 부류의 사이비 스승들은 항상 다투어 왔고 지금도 다투고 있다. 오늘날에는 이 두 가지 가르침이 세계를 지배하고 있으며 그들은 서로 반목하고 다투어 세계를 시끄럽게 하고 있다. 그리고 그들은 논쟁을 일삼음으로써 이미 수천 년에 걸쳐서 진정한 행복에 이르는 길을 제시하고 있는 저 인생의 정의를 보지 못하도록 사람들의 눈을 가리고 있다.

위선적인 바리새인들은 자신이 '종조(宗祖)'로서 모시는 인류의 지도자가 사람들에게 제시한 인생의 정의를 이해하지 못하고 그것을 내세의 삶에 관한 사이비 가르침으로 슬쩍 바꿔 버리는 한편, 다른 인류의 지도자들이 제시하고 있는 인생의 정의를 사람들에게 숨기기 위해 그것을 멋대로 터무니없이 왜곡시켜 제자들 앞에 늘어놓고 보여 줌으로써 사이비 가르침의 근거로 삼고 있는 자기 '종조'의 가르침의 절대적 권위를 유지하려고 기도하고 있다.*

*인류의 다른 지도자들이 제시한 인생의 정의가 서로 일치하며 합리적인 의미가 있다는 것도 그들에게는 가르침의 진실성을 증명하는 훌륭한 증거로 생각되지 않는다. 만일 그것이 증거가 된다고 하면 그들이 자기 '종조'의 가르침의 본질과 몰래 바꿔 놓은 불합리한 사이비 가르침에 대한 믿음이 일시에 무너져 버리게 될 것이기 때문이다.

한편 학자들은 이러한 위선적인 바리새인들의 사이비 가르침에도 근원을 살펴보면 합리적인 가르침이 있다는 것을 인정하려 하지 않고, 내세의 삶에 관한 모든 가르침을 정면으로 부정하여 아무런 근거도 없고 무지 문맹한 시대의 야만적인 관습의 흔적일 뿐이라고 단정해 버리고 동물적 생존의 한계를 넘어서는 인생의 과제 따위에 관해서 아무런 문제도 제기하지 않는다면 인류는 진보할 것이라고 주장한다.

제3장 학자들의 오류

　더욱더 놀랄 만한 일이 있다. 인류의 위대한 스승들의 가르침이 그 위대함으로 사람들을 감동하게 했기 때문에 저속한 사람들이 그 가르침에 초자연적인 성격을 부여함으로써 가르침의 창시자들을 반신적(半神的)인 존재로 떠받드는 사실——결국 이 가르침의 위대함을 나타내는 중요한 증거가 되는 사실——자체가 학자들에게는 이 가르침이 그릇된 것이며 시대에 뒤떨어진 것임을 나타내는 더할 나위 없는——그들은 그렇게 생각한다——증거가 된다는 것이다. 그리고 아리스토텔레스[11], 베이컨[12], 콩트[13]와 같은 사람들의 하찮은 가르침이 몇몇 독자와 숭배자들의 자산으로 계속 남아 있기는 하지만 그 가르침 자체가 근본적으로 그릇되어 대중에게 영향을 주지 못하고 따라서 미신적인 왜곡도 이루어지지 않았으며 과장되지도 않았다는 사실——결국 이들 가르침의 하찮음을 나타내는 증거가 되고 있는 사실——이 오히려 학자들에게는 이들 가르침이

---

11) 기원전 384년~322년 사이에 살았던 고대 그리스 철학자로서 플라톤의 제자이며 알렉산더 대왕의 스승. 소요학파(逍遙學派)의 창시자이기도 하다. 관찰과 경험을 중요시했다.

12) Bacon, Francis(1561~1626), 영국의 철학자로서 근대 경험론의 선구자. 스콜라 철학에 반대하여 모든 선입견과 오류, 즉 우상(偶像)을 없애고 관찰과 실험을 지식의 유일한 원천이라고 보았음.

13) Comte(1798~1857), 프랑스의 철학자로서 사회학의 개조(開祖)이며 실증주의(實證主義) 창시. 사회는 단순한 개인의 집합 이상의 인류태(人類態)이며 그 연구가 사회학의 목적이라고 주장했음.

진리임을 나타내는 증거로 간주하는 것이다.

그리고 학자들은 바라문, 불타, 조로아스터[14], 노자, 공자, 이사야[15], 그리스도의 가르침이 수없이 많은 사람의 생활에 큰 전기를 제공하였다는 이유만으로 미신이며 오류라고 생각하는 것이다.

비록 왜곡되어 있기는 하지만 이제까지 수많은 사람이 그 가르침을 바탕으로 생활해 왔으며 지금도 그렇게 생활하고 있다는 것은 그것이 사람들에게 인생의 진정한 행복에 대해 해답을 제시하고 있기 때문이라는 사실, 또 이러한 가르침은 모든 시대의 훌륭한 사람들이 공감했을 뿐만 아니라 사상적인 기반이 되고 있다는 사실, 그리고 학자들이 승인하고 있는 이론은 그들 사이에서만 공감되고 있을 뿐만 아니라 항상 비난의 대상이 되어 왔으며 발생한 지 10년도 채 되기 전에, 때로는 발생하자마자 곧 잊혀 간다는 사실, 이런 모든 사실에도 불구하고 학자들은 전혀 당황하지 않는다.

현대 사회가 얼마나 그릇된 학문의 방향을 취하고 있는가는 이제까지 인류를 이끌어 온 인생의 위대한 지도자들의 가르침이 현대 사회에서 차지하고 있는 위치를 보면 곧 알 수 있다. 여러 연감의 통계를 보면 현재 지구상에 살고 있는 사람들이 신봉하고 있는 종교의 수는 천여 가지나 된다고 한다. 이들 종교에는 불교, 바라문교, 유교, 도교, 기독교도 포함되어 있다.

---

14) 조로아스터(Zoroaster, 기원전 660~583)는 페르시아의 예언자로서 조로아스터교의 창시자이다. 조로아스터교는 선신(善神)과 악신(惡神)의 대립 투쟁을 가르쳤다. 선신의 상징인 해, 별, 불을 숭배하여 후에 배화교(拜火敎)라고도 일컬어졌다.

15) Isaiah, 기원전 8세기경의 유대의 대선지자. 구세주 출현을 예언하여 예루살렘 주민들을 격려했음.

현대인들은 천여 가지 종교가 존재한다는 것을 사실로 완전히 믿어 버리고, 그러한 종교 모두 무가치한 것들이므로 연구할 가치가 없다고 생각한다. 또한 스펜서[16]니 헬름호르츠니[17] 하는 사람들이 최근에 말한 경구들을 모르는 것은 수치로 생각하면서도 바라문, 불타, 공자, 맹자, 노자, 에피크테토스[18], 이사야에 관해서는 겨우 그 이름을 알 정도이든가 아니면 이름조차도 모르는 사람도 많다.

그런데 천여 가지 종교가 모두 신봉되고 있는 것이 아니고 단 세 가지, 즉 중국의 종교, 인도의 종교 그리고 유대의 종교——그 한 분파인 이슬람교를 포함해서——만이 신봉되고 있으며 이들 종교의 경전은 5루블만 주면 살 수 있고 2주일이면 통독할 수 있다는 것, 또 예나 지금이나 전 인류가 생활의 근거로 삼고 있는 이 경전 속에는 거의 눈에도 띄지 않는 7퍼센트 정도의 내용 말고는 오늘날의 인류를 만들어 놓은 모든 지혜가 포함되어 있다는 사실을 그들은 전혀 모른다.

그들뿐 아니라 학자들까지도 그러한 사실을 모르고 있다. 특수한 전문가는 예외이지만 이성적인 인간이라면 의식하고 있는 인생의 모순을 해결하고 진정한 행복과 인생을 정의한 저 위대한 사람들의 가르침을 '왜 연구해야 하는가?' 하고 묻는 것이다. 학자들은 이성적인 생활의 출발점인 인생의 모순에 대한 이해 없이 자신들의 눈에 보이지 않는다고 인생에는 어떠한 모순도 없으며 인간의 삶은 동물적인 생존일 뿐이라고 대담

---

16) Spencer, Herbert(1820~1903).
17) Helmholtz(1821~1894). 독일의 생리학자이며 물리학자. 광학, 에너지 보존의 법칙, 열역학, 기하학 등을 광범위하게 연구했다.
18) Epiktetus(55~135?) 그리스 후기 노예 출신의 스토아학파 철학자.

하게 단정 짓는다.

앞이 보이는 사람은 자기 앞에 있는 것을 눈으로 보고 이해하고 판단하지만, 장님은 자기 앞에 있는 것을 지팡이로 두드려 보고 지팡이 끝으로 더듬어 촉감을 느끼는 것 이외에는 아무것도 없다고 단정하는 것이다.

제4장 인생의 목적

학자들은 인간의 동물적인 생존이라는 눈에 보이는 현상을 인간의 생명으로 생각하고 그것으로부터 인생의 목적에 대한 결론을 내리고 있다.

'생명이란 출생에서 죽음에 이르기까지 생물 내부에서 일어나는 모든 현상이다. 사람도 개도 말도 각각 독특한 육체를 가지고 태어난다. 그리고 이 육체는 얼마 동안 살다가 죽으면 분해되어 다른 물질로 변함으로써 처음의 그 생물로서는 존재하지 않게 된다. 생명이 있었지만 그 생명은 끝나 버리고 마는 것이다. 심장이 고동치고, 폐가 호흡하고, 육체가 분해되지 않은 것, 그것이 사람이건 개이건 말이건 살아 있는 상태이다. 그러나 심장이 고동을 멈추고 폐가 호흡을 멈추고 육체가 분해되기 시작하면 그것은 죽은 것이며 생명이 없어진 것이다. 즉 생명이란 출생에서 죽음에 이르기까지 인간 및 동물의 육체에서 일어나는 현상에 불과하다. 이보다 더 명백한 것이 있겠는가?'

동물의 상태에서 겨우 벗어난 매우 천박하고 무지몽매한 사람들은 생명에 대해 이렇게 생각해 왔으며 지금도 그렇게 생각하고 있다. 그런데 오늘날 과학자라고 하는 학자들의 가르침마저도 생명에 대한 가장 천박하고 원시적인 이 견해를 유일한 진리로서 인정하고 있다. 이 그릇된 가르침은 지금까지 획득한 인체에 관한 물리적 지식을 총동원하여 그것을 무기 삼아 수천 년에 걸쳐 온갖 노력과 노고를 기울임으로써 벗어난 저 무지의 암흑 속으로 인류를 다시 끌어들이는 것이다.

이 학설은 다음과 같이 주장한다. '우리의 의식으로는 생명을 정의할 수 없으며 또한 생명을 우리 내부에 존재하는, 눈으로는 볼 수 없는 어떤 것으로 생각하는 것은 오류이다. 우리의 의식 속에서는 행복에 대한 욕구가 생명의 근원을 이루고 있지만 그러한 행복의 개념은 기대할 수 없는 환상에 지나지 않는다. 그러므로 생명은 그러한 의식으로는 이해될 수 없는 것이며 생명을 이해하려면 물질 운동으로서의 생명 현상을 관찰하지 않으면 안 된다. 오직 이러한 관찰과 여기서 끌어낸 법칙에 의해서만 생명 그 자체의 법칙과 인생의 법칙을 발견할 수 있는 것이다.' *

* 자신의 입장과 연구 대상을 알고 있는 겸허하고 강력하며 진정한 과학은 이제까지 결코 그렇게 말한 적이 없다. 물리학이 연구 대상으로 삼는 것은 힘의 법칙과 관계이지 결코 '힘은 무엇인가' 라는 문제를 해명하는 것이 아니며 또 힘의 본질을 해명하는 것도 아니다.

화학이 연구 대상으로 삼는 것은 물질의 관계이지 결코 '물질은 무엇인가' 하는 문제를 해명하는 것이 아니며 또 물질의 본질을 해명하는 것도 아니다.

생화학이 연구 대상으로 삼고 있는 것은 생명의 형태이지 결코 '생명은 무엇인가' 라는 문제를 해명하는 것이 아니며 생명의 본질을 해명하는 것도 아니다.

이처럼 진정한 과학은 힘 그 자체, 물질 그 자체, 생명 그 자체를 연구 대상으로 삼지 않으며 다른 인식의 영역에서 얻어 온 공리(公理)로써 각 분야의 과학이라는 건물을 떠받치는 지점(支點)에서 그것들을 보고 있음에 불과하다. 진정한 과학은 대상을 이렇게 보고 있으며 이러한 과학은 인간을 무지로 빠뜨리는 나쁜 영향을 대중에게 미치지 않는다. 그러나 영리한 척하는 과학은 대상을 이렇게 보지 못하고 '우리는 물질, 힘, 생명을 연구한다. 우리가 연구하고 있는 이상, 그것들을 인식할 수 있다'고 말하는 것이다. 자신들이 연구하고 있는 것이 물질도 아니고 힘도 아니며 생명도 아닌, 단지 그들의 관계와 형태에 불과하다는 것을 모르고 있는 것이다.

이와 같은 학자들의 그릇된 가르침은 인간의 의식에 의해서만 비로소 파악되는 인간 생명에 대한 진정한 개념을 무시하고, 인간 생명의 눈에 보이는 부분에 불과한 동물적 생존을 인간 생명 전체로 생각하여 처음에는 동물로서의 인간에 대해 눈에 보이는 생명 현상을 연구하기 시작하여, 다음에는 일반 동물에 대하여 또 그다음에는 식물, 물질에 대하여 그러한 외관적 생명 현상을 연구해 나가면서 생명 현상의 일부분이 아니라 생명 그 자체를 연구하고 있다고 주장하는 것이다. 그리고 그 관찰이 너무나 복잡다단하고 혼동되게 얽혀 있어서 상당히 많은 시간과 노력이 소비되기 때문에 대상의 일부분을 대상 전체로 간주한 맨 처음의 오류를 차츰 잊게 되고 드디어는 물질, 식물, 동물의 눈에 보이는 부분을 연구하는 것이 생명, 즉 인간의 의식에 의해서만 파악되는 생명 그 자체를 연구하는 것이라고 굳게 믿게 되었다.

이것은 어둠 속에서 사람에게 사물을 보여 주어 착각을 일으키고 그 착각을 그대로 착각이 아닌 것처럼 생각하게 하려는 것과 같다.

'그림자만 보시오. 알겠습니까? 그림자의 실체를 보려고 해서는 안 됩니다. 실체는 없기 때문입니다. 존재하는 것은 그림자뿐이기 때문입니다.' 라고 하는 것과 같은 것이다.

그리고 어리석은 민중에게 영합하려는 오늘날의 그릇된 학자들은 생명의 참된 정의를 무시하고, 인간의 의식에 의해서만 파악되는 '행복하게 되려는 욕구'를 무시한 채 생명을 연구함으로써 이러한 일을 저지르고 있다. (저자 주——생명의 그릇된 정의에 관해 서술한 이 책 끝의 〈첨언 1〉 참조) 그릇된 과학은 '행복하게 되려는 욕구'를 무시한 생명 정의에서 출발하여 생물의 목적을 관찰하고 인간과는 무관한 목적을 생물 내부에서 찾아내어 그것을 무리하게 인간에게 강요하고 있다.

이러한 외면적인 관찰로 인식한 생물의 목적이라는 것은 자기 및 종족의 보존, 생식, 생존을 위한 투쟁에 불과한 것이며 이러한 공상적인 생명의 목적을 인간에게 강요한다.

인생의 중요한 특질을 이루는 인생의 모순을 무시한, 저 시대에 뒤떨어진 인생관에서 출발한 그릇된 사이비 과학이 도달하는 마지막 지점은 어리석은 부류의 대다수가 요망하고 있는 지점이기도 하다. 즉 그릇된 과학은 어리석은 군중의 요망에 답하고 있을 뿐 아니라 그 군중의 요망보다 앞질러 달리기까지 한다. 즉 그릇된 과학은 인간의 이성적 의식이 처음부터 거부하는 것을 정당화하고, 인간의 생활은 모든 동물처럼 자기 및 종족의 생존을 위해 투쟁하는 것이라는 결론을 끌어낸다. (저자 주——〈첨언 2〉 참조)

제5장 그릇된 가르침

위선적인 바리새인과 학자들의 그릇된 가르침은 진정한 생활의 의미를 설명하지도 생활의 지침을 제시하지도 않는다. 현대인들이 생활의 유일한 지침으로 삼고 있는 것은 합리적인 의미가 전혀 없는 인습이다.

'인생을 정의할 필요는 없다. 인생이 어떤 것이라는 것쯤은 누구나 알고 있다. 그것만으로 족하지 않은가. 어쨌든 사는 것만으로도 좋기 때문에 살아가는 것이다.' 그릇된 가르침을 받은 사람들은 인생에 대한 그릇된 사고방식에 사로잡혀 이렇게 말한다. 그리고 인생이 무엇인지 인생의 행복이 무엇인지 모르면서도 '자신들은 살아 있다'고 믿고 있다. 그것은 목적도 없이 물결대로 떠내려가는 사람이 자신이 가려는 목적지를 향해 스스로 나아가고 있다고 믿고 있는 것과 마찬가지다.

한 어린이가 가난한 가정 혹은 부유한 가정에서 태어나 위선적인 바리새인과 학자들의 가르침을 받으며 자랐다고 하자. 그 어린이가 갓난아기이거나 소년인 동안에는 인생의 모순도 느끼지 못하고 인생에 대한 의문도 품지 않는다. 그러므로 위선적인 바리새인이나 학자의 가르침이 불필요하며 그의 생활 지침이 될 수도 없다. 그는 다만 자신의 주위에서 생활하는 사람들을 유일한 본보기로 하여 생활 방식을 배운다. 그런데 이 본보기가 위선적인 바리새인과 그릇된 학자의 가르침과도 합치하며 그것들과 동일한 것이다. 즉 그들 모두 개인 생활의 행복만을 추구하며 살아가라고 가르치고 있으며 그도 그러한 생활 방식을 배운다.

만약 그의 부모가 가난하다면 부모의 생활 방식에서 '인생의 목적은 될 수 있는 대로 조금 일하고 될 수 있는 대로 많은 빵과 돈을 벌어서 동물적인 자신을 될 수 있는 대로 만족시키는 것'이라고 깨달을 것이다. 부유한 가정에서 태어났다면 '인생의 목적은 부(富)와 명예를 얻어 될 수 있는 대로 유쾌하고 즐겁게 시간을 보내는 것'이라고 인식할 것이다.

가난한 사람이 얻는 모든 지식은 오로지 자기 자신의 복리를 증진하기 위해서만 필요하다. 부유한 사람이 얻는 과학과 예술에 대한 모든 지식은 그 고상한 의의에 대해 들은 바가 있음에도 불구하고 무료함을 쫓아내거나 유쾌하게 시간을 보내기 위해서만 필요하다. 그리하여 가난한 사람도 부유한 사람도 오래 살면 살수록 세상 사람들을 지배하고 있는 이러한 그릇된 사고방식에 점점 진하게 물드는 것이다. 그들이 결혼해서 가정을 갖게 되면 동물적인 생활의 행복을 얻으려는 열망은 가정을 지키려고 하는 마음으로 배가(倍加)된다. 결국 다른 사람과의 투쟁이 점점 격렬하게 되고 개인의 행복만을 추구하며 생활하는 타성에 더욱 빠져들게 된다.

가난한 사람이건 부유한 사람이건 생활의 합리성에 대한 다음과 같은 의문, 즉 '자기 자식들도 계속하게 될 이 무의미한 생존경쟁은 도대체 무엇 때문일까?' '자신에게도 자손에게도 고통으로 끝나게 될 외관뿐인 쾌락을 이렇게 악착스럽게 추구하는 것은 무엇 때문일까?'라는 의문이 이들 중 어떤 사람에게 일어난다고 하더라도 몇천 년 전에 자기와 같은 처지에 놓여 있던 인류의 위대한 지도자들이 이미 이러한 의문을 해결하여 제시한 참된 인생의 정의를 그들 스스로 깨달을 것이라고는 전혀 생각할 수 없다. 위선적인 바리새인과 학자들의 가르침이 그러한 인생의 정의를 모두 그들의 시야로부터 가려 버렸기 때문이다. '인생이란 것은 왜 이렇게 비참한 것인가?' 라는 질문에 대해 어떤 사람들——위선적인 바리새인들——은 이렇게 대답할 것이다. "인생은 원래 비참한 것이다. 여태껏 늘 비참해 왔으며 앞으로도 그렇게 비참할 것이다. 그것은 당연한 일이다. 인생의 행복은 이 세상의 삶에는 없으며 이 세상에 태어나기 전 전생의 삶과 이 세상을 떠난 후 저세상(내세)의 삶에 있는 것이다."

바라문교든 불교든 도교[19]든 유대교든 기독교든 위선적인 바리새인들은 항상 똑같은 말을 한다. "이 세상의 삶은 악이다. 이 악의 원인은 전생에 있다. 즉 이 세계와 인간이 출현한 태초에 있다. 지금 이 악의 상태는 저세상, 즉 사후 세계에서 반드시 응보를 받게 된다. 이 세상에서의 행복은 없으며 저세상에서의 행복을 획득하기 위해 인간이 할 수 있는 것은 우리가 설교하고 있는 가르침을 일편단심으로 믿고 우리가 명령하는 의식을 충실하게 실행하는 것뿐이다."라고.

그러나 자신의 생활 방식에 의문을 품고 있는 사람들은 동물적 개인의 행복만을 추구하며 살고 있는 주위 사람들과 위선적인 바리새인들의 생활 태도를 보고 이러한 설명이 거짓이라는 것을 바로 알 수 있으므로 그들 대답의 의미를 깊이 생각해 보지 않고도 속임수를 감지하여 전혀 신용하지 않는다.

그리하여 이번에는 학자들을 향해 같은 질문을 한다. 그러면 학자들은

---

19) 황제(黃帝)와 노자(老子)를 교조(敎祖)로 하는 중국의 다신적 종교(多神的 宗敎). 무위자연을 주지(主旨)로 하는 노장철학(老莊哲學)의 흐름을 받아들였음.

이렇게 대답한다. "우리가 동물적인 생활 속에서 볼 수 있는 생명 이외의 생명을 설명하는 가르침은 전부 무지가 낳은 것이다. 자기 생활의 합리성에 관해 당신이 품고 있는 의문은 하찮은 망상에 불과하다. 우주의 생활, 지구의 생활, 인간의 생활, 동물의 생활, 식물의 생활은 각각 독자적인 법칙을 갖고 있다. 우리는 그 법칙을 연구하고 있다. 우리는 우주의 기원, 인간의 기원, 동물의 기원, 식물의 기원, 그 이외의 모든 물질의 기원에 관해 연구하고 있다. 우리는 태양이 열을 잃으면 우주가 어떻게 될 것인가 하는 것과 인간뿐만 아니라 모든 동물과 식물의 과거와 미래에 관해 연구하고 있다. 실제로 우리는 이 우주의 만물이 과거에 우리가 주장했던 대로 되었으며 또 그렇게 되리라는 것을 입증할 수 있다. 뿐만 아니라 우리의 연구는 인간 생활의 행복에도 커다란 공헌을 하고 있다. 그러나 당신의 생활과 행복에 대한 당신의 욕구에 대해서는 당신에게 아무것도 가르쳐 줄 수가 없다. '살고 있는 바에야 가능한 한 멋지게 살라'는, 우리가 가르쳐 주지 않아도 이미 당신이 알고 있는 사실 말고는."

이처럼 회의자는 자신의 의문에 대한 확실한 해답을 위선적인 바리새인에게서도 학자에게서도 얻지 못한 채 여전히 자신만의 행복을 추구하는 동물적 본능에 따른 생활 지침 말고는 어떠한 생활 지침도 얻지 못한 상태에 머물러 있는 것이다.

어떤 회의자들은 파스칼[20]의 논법에 따라 '자기들이 명령한 것을 행하지 않으면 저세상에서 응보를 받게 된다고 위협하고 있는 바리새인들의 말이 사실이라면 나는 어떻게 될까? 그들의 말을 전혀 따르지 않았는

---

20) Pascal, Blaise(1623~1662). 프랑스의 사상가이며 수학자, 물리학자. 반이성적 신비성 체험을 강조했다.

데⋯⋯' 라고 생각하여 위선적인 바리새인들의 명령에 틈틈이 따른다.(별로 손해는 없을 것이며 어쩌면 큰 이익을 얻을지도 모른다는 생각에서) 또 어떤 사람들은 학자들에게 동조하여 이 세상의 삶 이외의 모든 삶을 부정하여 모든 종교적 의식을 배격하고 '나뿐만 아니라 누구나 다 이렇게 살아왔고 또 살고 있다. 될 대로 돼라.' 라는 입장을 취한다. 이 두 가지를 비교해 보면 양자 사이 우열의 차이는 없다. 두 가지 모두 지금 자기들이 살고 있는 현재 삶의 의미를 전혀 분명하게 밝히지 못하고 있는 것이다.

그러나 인간은 어쨌든 살지 않으면 안 된다.

인간의 생활은 아침에 일어나 밤에 잠들 때까지 행위의 연속이다. 사람은 매일 할 수 있는 수많은 행위 가운데 자신이 해야 할 행위를 끊임없이 선택하지 않으면 안 된다. 천국 생활의 비밀을 설교하는 위선적인 바리새인들의 가르침도, 우주와 인간의 기원을 연구하여 미래의 운명에 관해 결론을 내리고 있는 학자들의 가르침도 이러한 행위의 지침을 제시하고 있지는 않다. 사람은 자신의 행위를 선택하는 데 지침이 없이는 살아갈 수 없다. 그래서 자신의 이성적 판단을 포기하고 인간의 모든 사회에 존재했던 또 현재 존재하고 있는 외면적인 생활 지침에 따르는 것이다.

이런 지침에 합리적인 면은 전혀 없다. 그렇지만 이 지침이 모든 사람들의 행위 대부분을 좌우한다. 즉 이 지침은 인간의 사회생활 관습이다. 사람은 자기 인생의 의미를 이해하지 못하면 못 할수록 관습에 점점 강하게 지배되는 것이다. 이 지침은 이러이러한 것이라고 명확하게 정의할 수는 없다. 왜냐하면 그것은 때와 장소에 따라 각기 다른 지극히 다양한 사실과 행위로 이루어져 있기 때문이다.

예를 들면 중국인에게는 선조의 위패에 촛불을 밝혀 놓는 것이 지침이요, 회교도에게는 성지 순례가 생활 지침이며, 인도인에게는 일정량의 기도문을 외우는 것이 지침이다. 또 군인에게는 군기에 대한 충성과 군복에 대한 명예가 생활 지침이며 사교계 인사에게는 결투가, 코카서스인에게는 복수가 그 지침이다. 또한 그것은 특정한 날에 특정한 음식을 먹는 것일 수도 있고 자기 자식에게 일정한 방식에 따라 예의범절을 가르치는 것일 수도 있으며 친지의 방문, 일정한 장식품, 장례식과 출산, 결혼식 등의 특수한 행사일 수도 있다. 즉 그것은 인간 생활 전반에 걸쳐 행해지는 수많은 행사와 행위로서 예의범절이라든가 관습이라든가, 혹은 가끔 의무라든가 신성한 의무라고까지 불리고 있다.

그리하여 대부분 사람들은 인생에 대한 위선적인 바리새인과 학자들의 가르침 외에 이러한 지침에도 따르고 있다. 우리는 어릴 적부터 자기 주변 곳곳에서 사람들이 깊은 확신과 외관적으로 엄숙함을 가지고 이러한 행사를 실행하는 것을 보아 옴으로써 자기 삶의 합리적인 의미를 깨닫지 못한 채 똑같은 행사를 실행하기 시작할 뿐 아니라 이러한 행사에 합리적인 의미를 부여하려고 노력하는 것이다. '이러한 행사를 실행하고 있는 사람들은 어떤 확실한 근거가 있기 때문에 하는 것이다.'라고 그는 믿고 싶기 때문이다. '이러한 행사의 합리적인 의미가 내게는 아니지만 다른 사람들에게는 잘 이해되고 있을 것이다.'라고 자신을 납득시키기 시작한다.

그러나 대부분의 다른 사람들도 마찬가지로 인생의 합리적인 의미를 깨닫지 못한, 그와 똑같은 상태에 있는 것이다. 즉 그들 역시 그러한 행사를 행하고 있는 것은 '다른 사람들은 이러한 행사를 행할 근거를 확실하게 가지고 있으며, 나에게 그러한 행사를 행할 것을 요구하고 있다.'고 느껴지기 때문일 뿐이다. 이리하여 사람들은 본의 아니게 서로 속이면서 합리적인 의미가 없는 행사에 점점 익숙해질 뿐 아니라 이러한 행사에 당사자들 자신도 알 수 없는 신비적인 의미를 부여하는 일에 점점 익숙해지는 것이다. 그래서 자신들이 실행하는 행사의 의미가 이해되지 않으면 않을수록, 또 근거가 의심스러우면 의심스러울수록 그들은 점점 그러한 행사를 중요시하고 그것에 익숙해지는 것이다.

부유한 사람이건 가난한 사람이건 모두 자기 주변 다른 사람들이 행하는 것을 보고 그대로 실행하며 '그토록 오래전부터 많은 사람에 의해 실행되어 왔으며, 그토록 많은 사람으로부터 중요하게 평가되고 있으니 이것이야말로 인생의 참된 과업이 아닐 수 없다.'고 스스로 위안하면서 이러한 행사를 자신의 의무 또는 신성한 의무라고 생각하는 것이다. 그래서 사람들은 '왜 우리가 살고 있는 것인지 나는 모른다 해도 다른 사람들은 알고 있다.'고 억지로 자신을 납득시키면서 나이를 먹고 마침내 죽어가는 것이다. 그런데 그들이 목표로 하는 그 '다른 사람들'도 마찬가지로 왜 자기들이 살고 있는 것인지 잘 알지 못한다.

사람들은 끊임없이 새롭게 태어나고 성장해 간다. 그들은 주위의 존경을 한 몸에 받는 백발의 훌륭한 노인들도 그 일원으로 참가하고 있는, '인생'이라고 불리는 동물적 생존의 혼장을 보고 이 무의미한 혼잡이야말로 인생이며 이 이외의 인생은 없다고 확신하면서 진정한 인생의 출입문에서 잠시 서성거리다가 그대로 이 세상에서 사라져 간다. 즉 이제까지 한 번도 집회라는 것을 본 적이 없는 사람이 출입문 앞에서 서로 밀치며 와자지껄하게 떠들고 있는 군중을 보고 그것을 집회라고 믿고 출입문 앞에서 서성거리다가 그 북새통에 혼이 났을 뿐이면서도 자신이 집회에 갔다 왔다는 완전한 확신을 두고 집으로 돌아가는 것과 똑같다.

사람들은 산에 터널을 뚫기도 하고 세계를 비행기로 여행하기도 하며 전기, 현미경, 전화, 전쟁, 의회, 박애, 정당, 대학, 학회, 박물관…… 등등을 만들어 여러 가지 활동을 하기도 한다. 그러나 과연 이런 것들이 인생일까?

무역이라든가 전쟁이라든가 교통, 과학, 예술과 같은 것에 수반되는 혼잡하고 격렬한 인간의 활동은 대부분 진정한 인생의 문 앞에서 여러 사람이 밀치락달치락하며 붐비는 어리석은 군중의 혼잡에 불과하다.

제6장 현대인의 의식 분열

　'진실로, 진실로 너희에게 이르노니 죽은 자들이 하느님 아들의 음성을 들을 때가 오나니, 곧 이때라. 듣는 자는 살아나리라.'[21] 지금 그때가 오고 있는 것이다. 저세상의 삶만이 행복이며 합리적이라든가 자기 자신만 좋다면 멋진 동물적 생활만이 행복이며 합리적이라고 아무리 스스로에게 타일러도 또 아무리 그렇게 다른 사람들로부터 설득당한다 하더라도 이제 사람은 그것을 믿을 수가 없는 것이다. 사람은 마음속 깊은 곳에 '나의 생활을 행복하게 하고 싶다. 내 인생에 합리적인 의미를 부여하고 싶다.' 는 꺼지지 않는 욕구가 있지만 실제로는 그러한 저 세상의 삶이라든가 불가능한 개인 생활의 행복이라든가 하는 것 이외에는 아무런 목표도 없으므로 그 생활은 불행하며 무의미하다.

　'내세의 삶을 위해서 살 것인가?'

　사람들은 자신에게 이렇게 묻는다. 그러나 자신이 알고 있는 유일한 삶의 표본인 이 생활, 즉 자신의 현재 생활이 무의미한 것으로 생각된다면 그는 그 밖의 합리적인 생활이 있을 수 있다는 것이 믿어지지 않을 뿐 아니라 오히려 인생이란 본질적으로 무의미한 것이며, 무의미한 삶 이외에는 어떠한 삶도 있을 수 없다고 확신하지 않을 수 없는 것이다.

---

21) 요한복음 제5장 25절

'나만을 위해서 살 것인가?'

그러나 나 자신만을 위한 동물적인 삶은 악이며 무의미한 것이 아닌가. '그러면 나의 가족을 위해서 살 것인가, 아니면 국가를 위해서 또는 인류를 위해서 살아야 하는가?' 그러나 나 개인의 생활이 비참하고 무의미한 것이라면 다른 모든 사람의 개인 생활도 똑같이 무의미한 것이기 때문에, 그러한 무의미하고 불합리한 생활을 아무리 많이 모았다 하더라도 하나의 행복하고 합리적인 생활을 이루지는 못할 것이다. '무엇을 위해서 살아야 할 것인지도 모르는 채 남들이 살고 있는 것처럼 살아야 하는가? 그러나 남들도 나처럼 자신이 무엇을 위해서 살고 있는 것인지 모른 채 살고 있다는 것을 나는 알고 있지 않은가.'

이리하여 지금 그때가 오고 있는 것이다. 사람의 합리적인 의식이 그릇된 가르침보다 더 크게 성장하여 그러한 가르침에 만족하지 못함으로써 사람이 인생의 정면을 가로막아 서서 인생의 진실한 의미를 구하려고 하는 때가. (〈첨언 3〉 참조)

생활양식이 다른 사람과는 교제를 하지 않는 소수의 특수한 사람들 또는 자신의 육체적인 생명을 유지하기 위해서 호구지책으로 끊임없이 자연과 격렬하게 투쟁하고 있는 사람들만이 스스로 의무라고 부르는 그 무의미한 행위를 실행하는 것이 인생 본래의 의무라고 믿을 수 있을 것이다.

그때가 오고 있다. 아니, 이미 왔다. 저세상에서의 삶의 준비를 위해서 이 세상의 인생을——그것도 말만으로——부정하거나 혹은 개인의 동물적 생활만을 인생으로 인정하거나 소위 '의무'를 인생의 과업으로 인정하는 그릇된 가르침, 이러한 잘못된 가르침의 속임수가 대부분 사람들에게 분명히 밝혀져 궁핍으로 인해 좌절되고 방탕한 생활로 인해 마음이 둔해진 사람이 아닌 이상, 자기 생존의 무의미함과 비참함을 느끼지 않고는 살아갈 수 없는 때가.

사람들은 마치 꿈에서 깨어나듯이 차츰차츰 합리적인 의식에 눈을 떠 가고 있다. 따라서 인생의 근본적 모순을 아무리 숨기려 해도 대부분 사람들의 눈앞에 엄청난 힘으로 명백하게 나타나는 것이다. 합리적인 의식에 눈을 뜬 사람들은 자신에게 이렇게 말한다.

"나의 생활이라는 것은 결국 나 자신이 행복해지려는 욕망에 지나지 않는다. 그러나 나의 이성은 나에게 말한다. 나 혼자만의 행복을 생각하는 것은 망상일 뿐이며 아무리 노력하고 무엇을 얻는다 하더라도 결과는 항상 똑같이 고통과 죽음과 파멸이라고. 나는 행복해지고 싶고, 생명을 맛보고 싶고, 이 인생에 합리적인 의미를 부여하고 싶다. 그러나 나 자신을 살펴보거나 내 주위에 있는 모든 것들을 살펴보아도 존재하는 것이라고는 불행과 죽음과 무의미함뿐이다. 나는 도대체 어떻게 하면 좋단 말인가? 어떻게 살아가야 할까?"

그러나 이에 대한 해답은 없는 것이다.

그는 자신의 주위를 살펴보며 그 해답을 구하지만 찾아낼 수가 없다. 주위에서 발견하는 것은 그가 품지도 않은 문제에 대한 해답뿐이며 찾고 있는 해답은 주위 어디에도 없는 것이다. 눈에 띄는 것이란 무엇을 위해 사는지 알지도 못하고 행하는 사람들의 행위를 자신도 모르는 채 똑같이 흉내 내며 소란을 피우고 있는 사람들의 헛소동뿐이다.

사람들은 모두 자신의 상태가 비참하며 자신이 하는 행위가 무의미하다는 것을 전혀 의식하지 못하고 있는 듯이 살아가고 있다. 그래서 합리적인 의식에 눈을 뜬 사람들은 자신에게 이렇게 묻는다.

"그들이 미친 것인가, 아니면 내가 미친 것인가?"

"저 사람들 모두가 미쳐 있을 리는 없다. 그렇다면 내가 미친 것일까? 그럴 리는 없다. 이런 것을 자신에게 일깨워 주는 이성을 지닌 내가 미쳤다니. 비록 혼자 온 세상 사람들을 상대로 대항할지라도 나는 자신을 믿지 않을 수가 없다."

이리하여 인간은 자신의 영혼을 갈가리 찢는 이런 두려운 의문으로 괴로워하며 온 세계에서 하나뿐인 자신을 의식하고 고독을 뼈저리게 느끼는 것이다. 그렇더라도 그는 살아가야만 한다. 하나의 자아, 즉 그의 동물적 자아가 살아갈 것을 명령하기 때문이다.

그러나 또 하나의 자아, 즉 그의 이성은 살아갈 수 없다고 말한다.

이처럼 인간은 자신이 둘로 분열됨을 인식한다. 그리고 이 분열이 그의 영혼을 괴롭히는 것이다. 그는 이러한 분열과 고통의 원인이 이성에 있다고 생각한다.

인간 최고의 능력인 이성, 살아가기 위해서는 없어서는 안 될 이성, 자연의 폭력 앞에 의지할 곳 없는 벌거숭이 인간에게 생존의 방법과 쾌락의 방법을 가르쳐 주는 이성, 그 이성이 오히려 인간의 생활에 더할 나위 없는 해독을 끼치고 있다.

우리 주위의 생물들을 살펴보면 생물들이 갖고 있는 나름의 독특한 능력은 그들 모두에게 공통된 것이며 꼭 필요한 것으로 행복을 촉진시켜 주고 있다. 식물, 곤충, 동물들은 제각기 자신들의 생활 법칙에 따라 행복과 기쁨에 가득 찬 평온한 생활을 영위하고 있다. 그러나 인간의 경우에는 태어나면서부터 갖고 있는 저 최고의 능력이 오히려 인간을 참기 어려운 괴로운 상태로 몰아넣는 것이다. 그리하여 최고의 능력인 이성 때문에 생겨난 참기 어려운 내적 모순에서 벗어나기 위해, 또한 그러한 모순이 만든 불안에서 벗어나기 위해 사람들은 가끔——최근에는 점점 빈번해져 가고 있지만——자살한다.

제7장 인간 생활과 동물 생활의 혼동

의식의 분열은 인간의 생활과 동물의 생활을 혼동하는 것에서 발생한다.

인간은 자신의 내부에서 눈을 뜬 이성적 의식이 자신의 생활을 분열시키고 정지시켜 버린 것처럼 생각하는데 그것은 인생에 없었던 것, 없는 것, 또한 앞으로도 있을 수 없는 것을 자기의 생활이라고 잘못 생각하기 때문이다.

'인생이란 출생과 동시에 시작되는 개인적 생존일 뿐'이라는 확신을 강하게 심어 주는 현대의 그릇된 가르침을 받으면서 자라온 사람에게는 갓난아이 시절이나 어린 시절에도 자신은 생활하고 있었으며 청년이나 어른이 된 지금까지 끊임없이 생활해 온 것 같은 생각이 드는 것이다. 즉 그는 훨씬 전부터 자신은 생활하고 있었으며 또한 끊임없이 생활을 해 왔다고 생각한다. 그런데 갑자기 이제까지 살아왔던 것처럼 살아갈 수는 없다는 것, 자신의 생활이 정지해 있으며 분열되고 있다는 것을 분명히 깨닫는다. 그릇된 가르침은 '인생이란 출생에서 죽음에 이르기까지의 기간'이라는 관념을 그의 머릿속에 확고하게 심어 주었다. 그래서 그는 눈에 보이는 동물적 생활을 보고, 이 동물적 생활의 관념과 자신의 의식을 혼동하여 자기 눈에 보이는 이 동물적 생활이야말로 자신의 인생이라고 확신해 버리게 된 것이다.

그러나 내부에서 눈을 뜬 이성적 의식은 동물적 생활로는 채워질 수 없는 여러 가지 요구를 함으로써 그러한 인생관이 그릇된 것임을 일깨워준다. 그러나 머릿속 깊이 파고들어 있는 그릇된 가르침은 그가 자신의 오류를 인정하지 못하도록 방해한다. 그리하여 동물적 생존을 인생이라고 보는 그릇된 인생관을 버리지 못하고 오히려 이성이 눈을 떠서 자신의 생활이 정지되고 분열되어 버렸다고 생각하는 것이다. 그러나 그가 자신의 생활이라 부르는 것, 그가 이성에 의해 정지되어 버렸다고 생각하는 것, 그것은 실제로는 이제까지 존재한 적이 없었다. 그가 자신의 생활이라고 부르는 것, 즉 태어나면서부터 유지해 온 그의 생존은 결코 자신의 생활이라고는 할 수 없는 것이다. 태어나면서부터 이 순간까지 끊임없이 생활에 왔다고 생각하는 그의 관념은 마치 꿈을 꿀 때의 착각과도 같은 의식의 혼미일 뿐이다. 즉 잠에서 깰 때까지는 그것이 꿈이라는 것을 깨닫지 못하고 꿈에서 깨어나는 순간에야 비로소 그것이 꿈이었음을 알 수 있는 것이다. 이와 마찬가지로 이성적 의식이 눈을 뜨기까지는 아무런 생활도 없는 것이며 이성적 의식이 눈을 뜰 때야 비로소 과거 생활에 대한 관념이 생겨난다.

인간은 어릴 적에는 동물로서의 생활할 뿐, 인생에 대해서는 아무것도 모른다. 그러므로 만일 그가 10개월밖에 살지 못했다면 마치 어머니의 태내에서 죽은 경우와 마찬가지로 그는 자신의 생활에 대해서뿐 아니라 다른 사람들의 생활에 대해서도 전혀 알지 못할 것이다. 그런데 유아뿐 아니라 우둔한 어른과 완전한 백치도 마찬가지로 자신과 타인의 삶의 의미를 알지 못한다. 따라서 그들은 인간으로서의 생활하고 있는 것이 아니다.

이성적 의식이 없는 한 인간으로서의 생활도 없다. 이성적 의식이 나타나야 비로소 인간은 현재 및 과거의 자기 자신과 타인의 생활, 그리고 그러한 자타의 생활 관계로부터 필연적으로 발생하는 모든 고통과 죽음을 분명하게 보게 된다. 또한 이성적 의식으로만 인간은 동물적 개인의 행복을 부정하게 되며 자신의 생활을 정지시키고 있다고 생각하는 모순을 체험하게 된다.

인간은 눈에 보이는 것들의 생존과 마찬가지로 자신의 생활까지도 시간으로 정의하려고 한다. 그런데 이때 갑자기 그의 내부에 육체의 출생 시간과 일치하지 않는 생활에 눈을 뜬다. 그러나 그는 생활이 시간으로 정의될 수 없다는 것을 인정하려 하지 않는다. 하지만 자신의 이성적인 생활의 시작이라고 생각되는 한 점을 시간 속에서 아무리 찾으려 해도 결코 발견할 수 없을 것이다.*

* 인간의 생명 내지 생명 일반의 발생과 발달을 시간의 틀 속에서 나타낼 수 있다고 하는 견해만큼 익숙한 것도 없을 것이다. 그러한 견해를 가진 사람들은 스스로 매우 견고한 현실의 기반 위에 서 있다고 생각하고 있지만 이런 견해만큼 공상적인 것은 없다. 이 같은 견해는 하나의 선을 측정하려는 사람이 발아래의 자기가 잘 알고 있는 한 점을 기준으로 잡지 않고 무한한 선 위에 자기 위치에서 일정하지 않은 거리에 있는 몇 개의 점을 임의로 선택하여 그 점으로부터 자기까지의 거리를 측정하려는 것과 마찬가지다. 인간 내면의 생명의 발생과 발달에 관해 생각할 때도 그러한 견해를 가진 사람들은 이처럼 어리석은 짓을 저지르지 않겠는

가? 즉 예를 들어 그 무한한 선이 인간 생명의──과거로부터의──발달을 나타내는 것이라고 한다면 이 공상적인 역사의 기점이 될 수 있는 임의의 점을 무한한 선 위의 어디에서 취할 것인가? 갓난아기의 출생에서인가 혹은 그 부모의 출생에서인가, 먼 과거로 거슬러 올라가 원생동물 혹은 원형질에서인가, 아니면 태양에서 떨어진 최초의 파편에서인가? 이렇게 볼 때 결국 그러한 견해는 근거가 없는 일시적인 것으로 척도 없이 측량하려는 것과 마찬가지이다.

인간은 자신의 추억 속에서 이 한 점──이성적인 의식의 기점──을 결코 발견할 수 없을 것이다. 그에게는 이성적인 의식이 항상 자기 내부에 있었던 것처럼 생각된다. 비록 그가 이성적 의식의 기점인 듯한 것을 발견한다 하더라도 결코 자기 육체의 출생이라는 점에서가 아니라 그와는 전혀 관계가 없는 곳에서 발견하게 될 것이다. 즉 자신의 이성적 의식의 기원을 그의 육체적 출생과는 전혀 다른 것으로 의식하게 된다. 자신의 이성적 의식의 기원에 대하여 생각할 때 이성적 존재인 자기 자신이 어느 어느 해에 태어난 부모의 자식이며 조부모의 손자라는 식으로는 결코 생각하지 않는다. 그는 항상 자신을 그러한 자손으로서가 아닌, 시간적으로나 공간적으로나 그와는 거의 인연이 없는──예를 들면 수천 년 전에 세계의 반대편에서 살고 있던──다른 이성적 인간의 의식과 하나로 융합하고 있는 존재라고 생각하는 것이다.

그러므로 이성적 의식 속에서 자신의 출신 따위는 문제가 되지 않으며 다른 이성적 의식과 시공을 초월하여 하나로 융합하고 있음을 의식한다. 따라서 다른 이성적 인간의 의식이 그가 되고, 그가 다른 이성적 인간의 의식이 된다. 그리하여 인간의 내부에서 눈을 뜬 이성적 의식이, 인생에 대해 그릇된 사고방식에 사로잡혀 있는 사람들이 '생활'이라고 여기고 있는 생활 모조품을 마치 정지시키는 작용을 하는 것처럼 보인다. 결국 인생에 대해 그릇된 사고방식에 사로잡혀 있는 사람들이 이성적 의식에 눈을 뜨는 순간부터 자신들의 생활이 정지되었다고 느끼는 것이다.

제8장 그릇된 가르침에 의한 분열과 모순

분열과 모순은 존재하지 않는다. 그것은 그릇된 가르침에 의해서만 나타날 뿐이다.

이성적 의식이 사람의 내면에 나타남으로써 견디기 어려운 분열 상태에 빠지는 것은 오직 그 사람에게 인식되어 그를 지탱하고 있던 그릇된 가르침 때문이다. 즉 '인생이란 출생에서 죽음에 이르기까지 동물적 생존에 지나지 않는다.' 는 그릇된 가르침 때문이다.

인생에 대해 이러한 그릇된 사고방식을 갖고 있는 사람에게는 자신의 생명이 내부에서 두 개로 분열해 가고 있는 것처럼 생각되는 것이다.

자신의 생명이 하나라는 것을 알고 있음에도 불구하고 그것이 두 개처럼 느껴지는 것이다. 사람이 두 개의 손가락을 비틀어 그사이에 구슬을 넣고 회전시킬 때 구슬이 하나라는 것은 알지만 두 개처럼 느껴진다. 이와 같은 일이 인생에 대한 그릇된 사고방식을 갖고 있는 사람에게도 일어나는 것이다.

그런 사람의 이성은 그릇된 방향으로 향하고 있다. 그는 인생일 수 없는 자기의 동물적·육체적 생존을 인생으로 해석하도록 교육받아 온 것이다.

이처럼 실제 생명이 아닌 것을 생명이라고 생각하는 그릇된 사고방식 때문에 그는 두 개의 인생, 즉 자신이 인생이라고 믿고 있는 인생과 실제 인생을 보게 된다.

이런 사람에게는 이성적 의식에 따라 동물적 개인의 생존 행복을 부정하고 다른 행복을 구하는 것은 이상하고 부자연스러운 일처럼 생각된다.

그러나 이성적 존재로서의 인간이 개인 행복을 부정하고 동물적 생활을 버리는 일은 동물적 생활 조건이 가져온 필연적 결과이며 또 동물적 생활과 결부한 이성적 의식의 특질이 가져오는 필연적 결과이다. 따라서 개인 행복을 부정하고 동물적 생활을 버리는 것은 이성적 존재에게는 새가 발로 뛰지 않고 날개로 나는 것처럼 매우 자연스러운 생활의 본질인 것이다. 날개를 갖지 못한 어린 새가 발로 뛴다고 그것이 새의 본질은 나는 것이 아니라는 증명이 되지 못한다.

마찬가지로 비록 개인적 행복을 추구하는 것을 자신의 인생이라고 생각하는, 이성적 의식에 눈을 뜨지 않은 사람들을 주위에서 본다더라도 그것이 인간의 본질은 이성적 생활을 영위하는 것이 아니라는 증명이 될 수 없다. 오늘날 전 세계 사람들에게 인간의 본질적으로 참된 생활에 대한 의식이 비상한 긴장을 불러일으키는 것은 그릇된 가르침이 인생의 환영을 인생 그 자체라느니, 참된 생활의 출현이 생명을 파괴한다느니 하며 사람들을 교묘하게 기만하기 때문일 뿐이다.

참된 생활에 들어가려고 하는 현대인들에게는 여성의 특질이 아직 감춰져 있는 처녀에게 일어나는 것과 흡사한 일이 일어난다. 즉 이러한 처녀는 성적 성숙의 징후를 몸에 느끼면 어머니의 의무와 기쁨이 기다리는 미래 가정생활에의 부름인 그 징후를 이상하고 부자연스러운 상태라 여기어 곧잘 절망에 빠진다. 현대인들은 참된 인간 생활에 눈을 떴다는 최초의 징후가 나타날 때 이와 흡사한 절망을 경험하게 된다.

이성적 의식이 눈을 떴음에도 불구하고 자신의 생활을 동물적 생존으로밖에 인정하지 않는 사람은 견디어 내기 힘든 괴로운 상태에 빠지지 않을 수 없다. 그것은 이를테면 자신의 생명을 물질의 운동으로밖에 인정하지 않으면서 자신의 본래 생활 법칙을 버리고 아무런 노력을 하지 않아도 저절로 이루어지는 물질의 법칙을 따를 뿐, 자기 생활의 의미를 보려고 하지 않는 동물의 상태이다. 그러한 동물들은 견디기 힘든 내적 모순과 분열을 경험하지 않을 수 없을 것이다. 이런 동물은 물질의 법칙에만 자기 육체를 복종시키면 살 수 있다고 생각하기 때문에 누워 호흡만 하면 자신은 살 수 있다고 생각한다. 그러나 그의 자아는 그것과는 전혀 다른 것, 즉 자신을 키우고 종족을 존속시킬 것을 요구한다. 그때는 이 동물도 자신이 분열과 모순을 경험하고 있음을 느낀다.

그는 이렇게 생각할 것이다. '생명이란 중력의 법칙에 따르는 활동이다. 움직이지 않고 누워 몸 안에서 일어나는 화학 작용에 따르기만 하면 되며, 또한 너는 그렇게 하고 있다. 그러나 한편으로 너는 움직여 음식물을 찾지 않으면 안 되고 암컷——혹은 수컷——을 찾지 않으면 안 된다.'라고.

이러한 상태에 빠진 동물은 여기서 견디기 어려운 모순과 분열을 느껴 괴로워할 것이다. 이와 똑같은 일이 인생의 더욱 낮은 법칙——동물적 본능의 법칙——을 자기 생명의 법칙으로 인정하도록 교육받아 온 사람에게도 일어나는 것이다. 요컨대 인생 최고의 법칙——이성적인 의식의 법칙——은 그에게 다른 것을 요구하고 있으며, 한편 주위 사람들의 생활과 그릇된 가르침은 인생에 대한 그릇된 사고방식 속에 그를 붙잡아

두려고 한다. 그리하여 그는 분열과 모순을 느끼지 않을 수 없게 되는 것이다.

그러나 그것은 쓸데없는 괴로움이다. 예로 들었던 그 동물이 그러한 고통에서 벗어나기 위해서는 더욱 낮은 물질의 법칙이 아닌 개체의 법칙을 자신의 법칙으로 인정하여 이를 수행하면서 물질의 법칙을 이용하여 자기 개체의 목적을 이루어 가야 한다. 인간의 경우도 그와 같아서 보다 낮은 동물적 개체의 법칙이 아닌 최고의 법칙――개체의 법칙도 포함된――즉 이성적 의식이 제시한 법칙을 자기 생명의 법칙으로 인정하지 않으면 안 된다. 그렇게 하면 분열과 모순은 사라지고 동물적인 자아는 이성적 의식을 따를 뿐 아니라 이성적 의식에 봉사하게 될 것이다.

제9장 참된 생명의 탄생

인간이라는 존재 속에 참된 생명이 나타나는 과정은 시간의 틀에 맞춰 관찰하면 알 수 있다. 즉 참된 생명은 곡식의 생명이 씨앗 속에 숨어 있는 것처럼 인간의 내면에 숨어 있다가 때가 되면 그 모습을 나타낸다.

진정한 생명은 다음과 같은 과정을 거쳐 나타나는 것이다. 처음에 사람은 동물적인 자신에게 질질 끌려서 동물적이고 개인적인 행복을 추구한다. 그러나 이성적인 의식으로 그는 개인적인 행복이라는 것은 있을 수 없다는 것을 깨닫게 되어 다른 새로운 행복을 제시받는다. 그는 그에게 제시된, 멀리 떨어져 있는 다른 새로운 행복을 응시한다. 그러나 그것을 명확히 분별할 수가 없기 때문에 처음에는 그러한 행복이 있다는 것을 믿지 않고 다시 개인적인 행복으로 되돌아간다.

그러나 다른 새로운 행복을 아직은 애매하게만 제시하고 있는 이성적인 의식도 개인적 행복이란 있을 수 없다는 것에 대해서는 아주 명확하게 또 납득할 수 있게 가르치고 있으므로 그는 다시 개인의 행복을 버리고 그에게 제시된 이 다른 새로운 행복을 응시한다. 그는 아직 이 새로운 행복, 즉 이성적 행복을 분명하게 인식하고 있지는 못하지만 개인적 행복은 완전히 부정하므로 이제까지의 동물적인 생존을 계속할 수 없게 된다. 여기서 그의 내부에는 동물적 자신에 대한 이성적 의식의 새로운 관계가 확립된다. 그리고 그는 참된 인간의 생명을 획득하여 새롭게 태어나는 것이다.

결국 여기서도 물질계에서 물질이 태어날 때 일어나는 것과 같은 일이 일어나는 것이다. 태아가 출생한 것은 태아가 태어나고 싶다거나 태어나는 편이 좋겠다고 생각해서도 아니며 태어나는 것이 좋다는 것을 태아가 알아서도 아니다. 그것은 태아가 성숙하여 이제까지의 형태로는 생존해 갈 수 없게 되었기 때문이다. 즉 태아가 새로운 생활로 들어가지 않으면 안 되는 것은 새로운 생활이 태아를 부르기 때문이 아니라 이제까지의 형태로는 생존할 가능성이 없어졌기 때문이다.

이와 마찬가지로 이성적 의식은 인간의 동물적인 자기 내부에서 눈에 띄지 않게 성장하며 동물적인 자기 내부에 머물러 있는 것이 불가능하게 될 때까지 성장한다.

여기서도 만물이 태어나고 성장할 때 일어나는 것과 똑같은 일이 일어나는 것이다. 곡식의 씨앗——원래 생명의 형태——이 썩어 새로운 싹이 돋고 썩어 가는 씨앗에 의지하여 싹이 영양을 취하여 성장하는, 양자 간 상극처럼 보이는 이러한 현상이 이성적 의식의 성장에서도 발생하는 것이다. 그러나 이성적 의식의 탄생 방식과 눈으로 볼 수 있는 육체의 탄생 방식은 다음과 같은 차이점이 있다. 즉 육체가 탄생하는 경우, 무엇에서 어떠한 방법으로 언제 무엇이 태어나는가는 시간·공간의 틀 속에서 눈으로 볼 수 있다. 즉 씨앗은 일정한 조건에서 싹이 나고 꽃이 피고 그다음에 씨앗과 똑같은 열매가 된다——결국 우리의 눈앞에서 생명의 순환이 행해진다——는 것을 우리는 알고 있다. 그러나 이성적 의식의 경우 그 성장과 순환 과정을 시간의 틀 안에서 볼 수 없는 것이다. 이성적 의식의 성장과 순환 과정을 눈으로 볼 수 없는 것은 우리 자신이 그 성장과 순환을 행하고 있기 때문이다. 즉 우리의 생명이란 우리 내부에서 태어나는, 우리의 눈으로는 볼 수 없는 존재의 탄생이다. 따라서 우리는 그것을 아무리 해도 볼 수 없는 것이다.

우리는 이 새로운 존재의 탄생, 즉 동물적 자아에 대한 이성적 의식이라는 새로운 관계의 탄생을 볼 수는 없다. 그것은 씨앗이 자신의 줄기가 성장하는 것을 볼 수 없는 것과 마찬가지이다. 이성적 의식이 숨어 있던 상태에서 솟아 나와 내면에 모습을 나타내기 시작하면 우리는 자신의 내면에서 모순을 느끼는 듯한 기분이 든다. 그러나 거기에는 아무런 모순이 없는 것이다. 그것은 발아하고 있는 씨앗에 아무런 모순도 없는 것과 마찬가지이다. 발아하고 있는 씨앗에서 우리가 발견하는 것은 원래 씨앗의 껍질 속에 있던 생명이 지금은 그 싹에 있다는 것뿐이다. 그와 마찬가지로 이성적인 의식에 눈뜬 사람의 내면에는 아무런 모순도 없으며 오직 새로운 존재의 탄생, 즉 동물적 자아에 대한 이성적 의식이라는 새로운 관계의 탄생이 있을 뿐이다.

만일 다른 사람이 살고 있다는 것을 모르고, 쾌락이 만족을 주지 못한다는 것을 모르며, 또한 언젠가는 자신이 죽어야 하는 존재임을 모르면서 생존하고 있다면 그는 자신이 살아 있다는 것도, 자기 내면에 아무런 모순이 없다는 것도 모를 것이다.

그와 반대로 만약 다른 사람도 자기와 마찬가지로 살아 있으며, 고통이 자신을 위협하고 있다는 것, 그리고 생존은 그 자체가 완만한 죽음임을 알게 된다면, 그리하여 자신의 내부에서 이성적 의식이 그의 동물적 자아의 생존을 무너뜨리기 시작한다면 그는 더 이상 자신의 생명을 동물적 자신에게 맡겨 둘 수는 없을 것이다. 그때 그는 자신의 생명을 눈앞에 펼쳐진 저 새로운 생활에 맡기지 않을 수 없다. 싹을 틔우고 있는 씨앗에 아무런 모순이 없듯이 이 경우 역시 아무런 모순도 존재하지 않는다.

제10장 이성(理性)에 의한 인생 완성의 법칙

이성이란 인간에게 의식되고 인간 생명의 활동 근거가 되어야 할 법칙이다.

인간의 참된 생활은 동물적 자아를 억제하려는 이성적 의식으로 나타난다. 따라서 동물적 자아가 욕구하는 개인적 행복을 버렸을 때 비로소인간의 참된 생활은 시작된다. 그리고 사람이 동물적 개인의 행복을 버리는 것은 내면에서 이성적인 의식이 눈뜰 때이다.

그렇다면 이성적 의식이란 도대체 무엇인가? 요한복음은 다음과 같은문구로 시작하고 있다. '태초에 말씀이 있었다(말씀이란 'Logos'의 번역으로 이성, 예지, 말 등의 의미가 있음).' '모든 것은 이것에 의해 이루어졌으며, 이루어진 것 중 이것에 의하지 않은 것은 하나도 없다.' 즉 이성은 다른 모든 것을 정의하지만 그것 자체는 어떤 것에 의해서도 정의될 수 없는 것이다.

이성이란 정의를 내릴 수 없는 것이며 또한 정의할 필요도 없다. 왜냐하면 누구나 그것을 알고 있을 뿐만 아니라 우리가 알고 있는 것은 오직이성 하나뿐이기 때문이다. 사람들과 접촉할 때 가장 먼저 느끼는 것은우리가 모두 누구나 알고 있는 이 이성에 구속되어 있다고 하는 것이다. 이성이야말로 살아 있는 우리를 하나로 결합하는 유일한 기초라는 것을 확신하지 않을 수 없다. 인간이 무엇보다 확실하게, 무엇보다 먼저 알고 있는 것은 이성이다. 그러므로 우리가 이 세상에서 알고 있는 것 모두가 확실하게 알고 있는 이 이성의 법칙에 합치해 있으며 그렇기 때문에 우리도 그것을 알고 있고 또한 알 수밖에 없다. 왜냐하면 이성이야말로 이성적 존재인 우리가 생활하는 데 따르지 않으면 안 되는 법칙이기 때문이다.

그것은 동물에게는 번식하기 위해 따라야 하는 법칙, 식물에는 풀이나 나무로 성장하여 꽃을 피우기 위해 따라야 하는 법칙, 천체에 있어서는 지구나 별들이 운행하기 위해 따라야 하는 법칙과 같은 것이다. 즉 우리가 생명의 법칙으로 자기 내면에서 인정하고 있는 이것은 외계의 모든 현상을 지배하고 있는 법칙과 같은 것이다. 단지 이성의 법칙은 우리 자신이 의식적으로 그것을 수행하지 않으면 안 되지만 외계의 현상을 지배하는 법칙은 우리가 관여하지 않아도 저절로 수행된다는 점에 차이가 있을 뿐이다. 천체, 동물, 식물 등 우리의 바깥 세계에서 일어나고 있는 눈에 보이는 현상 모두 이 이성의 법칙에 따르고 있으며 이것이 세계에 대해 우리가 알고 있는 것의 전부이다.

외부 세계에 대해서 우리는 이성의 법칙으로 이러한 종속관계를 눈으로 볼 수 있지만 자기 내면에 대해서는 이 이성의 법칙을 스스로가 수행하지 않으면 안 되는 규범으로 인정하고 있다.

그러나 인생을 생각할 때 사람들은 곧잘 다음과 같은 그릇된 생각을 한다. 즉 인간의 동물적 육체가 육체의 법칙──저절로 눈에 비치는 상태대로의──에 종속해 있는 상태를 인생이라고 생각하는 것이다. 이러한 법칙은 나무라든가 결정체라든가 천체 속에서 작용하는 법칙처럼 동물적 육체──이성적 의식과 결부되어 있기는 하지만──속에서 무의식적으로 작용한다. 그러나 생활의 법칙, 즉 동물적 육체를 이성에 종속시키는 활동은 우리의 눈에 보이지 않는 법칙이며 또한 볼 수도 없는 법칙이다. 왜냐하면 그것은 완전히 수행되어 버린 법칙이 아니라 우리에 의해 생활 내부에서 수행되고 있는 법칙이기 때문이다.

이 법칙을 수행하는 것, 즉 동물적인 자신을 이성의 법칙에 종속시켜 행복을 획득하는 것, 여기에 우리의 인생이 존재한다. 동물적인 자신을 이성의 법칙에 종속시키는 것이 행복이며 생활이라는 것을 이해하지 못하고, 동물적인 개인의 행복과 생존을 인생의 전부라고 잘못 생각하여 우리에게 정해져 있는 인생의 사업을 방기함으로써 우리는 진정한 행복과 진정한 생명을 스스로 버리고 그 대신에 우리와 전혀 관계없이 행해지는, 인생이라고는 할 수 없는 눈에 보이는 동물적 육체의 활동을 인생으로 받아들이는 것이다.

제11장 지식의 그릇된 방향

인간의 동물적 육체에 작용하는 눈에 보이는 법칙을 인생의 법칙이라고 생각하는 그릇된 사고방식은 사람들이 항상 빠져 왔고 지금도 빠져 있는 그릇된 사고방식이다. 이 그릇된 사고방식은 인간 지식의 주요한 목적——동물적인 자신을 이성에 종속시켜서 인생의 행복을 획득하는 것——을 감추고 대신 인생의 행복과는 아무런 관계도 없는 인간의 생존에 대한 연구를 인간 지식의 주요한 목적으로 내세우는 것이다.

그릇된 지식은 인간이 행복을 획득하기 위해서는 동물적인 자신을 이성에 종속시키지 않으면 안 된다는 그 법칙을 연구하는 대신, 또 이 법칙을 인식하고 이를 토대로 세계의 다른 모든 현상을 연구하는 대신에 인간의 동물적인 행복과 생존의 연구——결국 인간의 이 동물적인 자신을 이성의 법칙에 종속시켜 진정한 인생의 행복을 획득하려는 지식의 주요한 목적과는 아무런 관계도 없는——에만 노력을 쏟고 있다.

그릇된 지식은 주요한 목적을 생각하지 않고 과거와 현재 인간의 동물적인 생존 연구——결국 동물로서의 인간 생존 조건 연구——에만 그 힘을 쏟고 있으며 이러한 연구로 인간의 생활을 행복하게 하기 위한 지침을 발견할 수 있다고 믿고 있다.

그릇된 지식의 논리는 다음과 같다. 즉 '인간은 옛날부터 끊임없이 생존해 왔으며 지금도 생존하고 있다. 그러면 인간이 어떻게 생존해 왔는가? 인간의 생존은 시간·공간의 틀 안에서 어떠한 변화를 거쳐 왔는가, 또 그 변화는 어떠한 방향을 취하고 있는가를 조사해 보자. 인간 생존의 역사적인 변화를 살펴보면 인간 생활의 법칙을 발견할 수 있을 것이다.'라는 것이다.

지식의 주요한 목적——인간이 행복을 획득하기 위해서 동물적인 자신을 종속시켜야 할 이성의 법칙 연구——을 생각하지 않는 이러한 부류의 학자들은 자신의 연구 목적으로 내세우고 있는 목적 그 자체로 그 연구의 무익함을 스스로 선고하고 있다. 실제로 만일 인간의 생활이 동물 공통의 생존 법칙에 따라서만 변화해 간다면 인간의 동물적 생활이 저절로 종속하고 있는 그러한 법칙을 아무리 많이 연구했다 하더라도 그것은 전혀 무익하고 쓸데없는 일이다. 인간이 인간 생활의 변화에 대해 이러한 법칙을 알려고 하든 하지 않든 그 법칙은 빈틈없이 행해진다. 그것은 두더지와 바다표범의 생활 변화가 그들이 놓여 있는 조건의 결과로써 이루어지는 것과 똑같다.

인간의 생활이 종속해야 할 이성의 법칙을 알 수 있는 장소는 그것이 제시되고 있는 장소——자신의 이성적인 의식의 내부——밖에 없다. 따라서 동물로서의 인간이 어떻게 생존해 왔는가 하는 것을 아무리 연구한다고 하더라도 인간이라는 존재에 관해서는 그러한 지식이 없더라도 저절로 일어나는 일 말고는 결코 알 수 없을 것이다. 바꿔 말하면 인간의 동물적 생존을 아무리 연구한다고 하더라도 인간 생활의 행복을 위해서 인간의 동물적 생존이 종속해야 할 법칙을 결코 알 수는 없다.

그러한 연구는 인간의 생활에는 조금도 도움이 되지 못하는 무익한 것으로서 역사학이니 정치학이니 하는 따위가 그런 부류에 속한다.

또한 지식이 지향할 유일한 목적을 망각한 연구가 현대에 특히 만연해 있으며 그러한 부류의 학자들은 다음과 같이 말한다. "인간을 관찰의 대상으로 볼 때 음식물을 먹고 성장하고 번식하고 늙고 죽어간다는 점에서는 다른 동물들과 다를 바가 없다. 그러나 인간에게는 어떤 종류의 현상──학자들은 그것을 정지 현상이라고 부른다──이 있어 그것이 정확한 관찰을 방해하며 매우 복잡하게 만들어 버린다. 그러므로 인간을 더욱 정확하게 이해하기 위해서는 우선 더 단순한 현상, 즉 이러한 정신 활동을 수반하지 않는 동물과 식물에서 볼 수 있는 현상과 유사한 현상에서 인간의 생활을 연구해야만 한다. 그러기 위해서는 동물과 식물의 생활을 연구하지 않으면 안 된다. 동물과 식물의 생활을 연구해 보면 거기에는 더욱 단순한 물질의 법칙이 공통으로 작용하고 있다는 것을 알 수 있다. 그런데 동물의 법칙은 인간의 생활 법칙보다 단순하며 식물의 법칙은 더욱 더 단순하기 때문에 연구의 기초는 이 가장 단순한 법칙인 물질의 법칙에 두어야만 한다."라고.

또한 학자들은 계속해서 이렇게 말한다. "동식물의 내부에서 일어나고 있는 것과 똑같은 현상이 인간 내부에서도 일어나고 있다. 그러므로 우리는 인간 내부에서 일어나고 있는 모든 현상은 실험할 수도 있고 눈으로 볼 수도 있는 가장 단순한 무생물 속에서 일어나고 있는 현상으로 설명할 수 있다고 단언한다. 왜냐하면 인간 활동의 모든 특성은 물질 속에서 작용하고 있는 힘과 항상 결부되어 있기 때문이다. 결국 인간의 육체를 구성하는 모든 물질의 변화가 인간의 모든 활동을 변화시키고 파괴하는 것이다. 그러므로 물질의 법칙이야말로 인간 활동의 근본 원인이다."라고. 그러나 인간의 내부에는 동물에서도 식물에서도 무생물에서도 인정할 수 없는 어떤 것이 있으며 이 어떤 것이야말로 지식의 유일한 목적이며 이것을 모르면 다른 것은 전부 무의미하게 된다는 사실을 그들은 태연히 무시하고 있다.

비록 인간의 육체 내에서의 물질 변화가 인간의 활동을 파괴한다고 하더라도 그것은 물질의 변화가 인간의 활동을 파괴하는 원인의 하나라는 것을 증명할 뿐이며 물질의 운동이 인간 활동의 원인이라는 것을 증명하는 것은 절대 아니다. 그것은 뿌리 주변의 흙을 제거하면 식물이 시든다는 사실로 흙이 없으면 안 된다는 증명은 할 수 있어도 식물은 흙만으로 키울 수 있다는 증명은 할 수 없는 것과 마찬가지이다. 그런데 학자들은 인간의 생활에 수반해서 일어나는 현상의 법칙을 해명하는 것을 인간의 생활 그 자체를 해명하는 것으로 생각하여 무생물, 식물, 동물의 내부에서 일어나는 현상을 인간 내부에서도 관찰하려고 한다.

인간의 생활, 즉 인간이 행복해지기 위해 동물적 자신이 따라야 할 법칙을 이해하기 위해 사람들은 인간의 생활 그 자체를 연구하지 않고 그 역사적 변화를 연구하거나 동물, 식물, 물질의 여러 가지 법칙에 대한 종속관계——그것은 인간의 눈으로 볼 수는 있지만 인간에게 의식될 수는 없다——를 연구하고 있다. 이런 사람들은 자신이 지향해야 할 목표를 알지도 못하면서 잘 알지 못하는 여러 가지 사물의 상태를 닥치는 대로 연구하고 있는 사람들과 똑같은 것이다.

물론 우리의 눈에 보이는 인간 생활의 역사적인 흐름을 아는 것이 도움은 된다. 또 인간의 동물적 개체의 법칙과 다른 동물을 지배하고 있는 법칙을 연구하는 것도 마찬가지로 필요하다. 이런 연구들은 모두 인간의 생활 속에서 필연적으로 행해지고 있는 일들을 거울에 비춰 보는 것처럼 명백하게 보여 주기 때문에 인간에게 매우 필요한 것이다. 그러나 눈에 보이는, 이미 행해지고 있는 여러 가지 것에 대한 지식이 아무리 완벽하다 하더라도 그것은 우리에게 필요하고도 중요한 지식——행복해지기 위해 우리의 동물적 자아가 종속해야 할 법칙에 관한 지식——을 줄 수는 없다. 저절로 일어나고 있는 그러한 법칙을 아는 것도 우리에게는 필요하다. 그러나 그것이 필요한 것은 동물적인 자아가 따라야 할 이성의 법칙을 우리가 알고 있을 때뿐이며 이 법칙을 모르고 있을 때는 전혀 쓸모없는 것이다.

나무가 자신의 내부에서 일어나고 있는 모든 화학적 · 물리적 현상을 아무리 잘 관찰했다 하더라도——나무가 그러한 관찰을 할 수 있다고 가정하고 하는 말이지만——이러한 관찰로 얻은 지식을 바탕으로 줄기와 잎과 꽃과 열매를 키우기 위해 자신이 수액(樹液)을 모아 그들에게 분배해야만 한다는 결론을 도출할 수는 없을 것이다.

인간의 경우도 이와 마찬가지다. 인간이 자신의 동물적인 개체를 지배하는 법칙이나 물질을 지배하는 법칙을 아무리 잘 알고 있다 하더라도 그러한 법칙은 손에 들고 있는 빵 한 조각을 어떻게 할 것인가? 아내에게 주어야 할까, 다른 사람에게 주어야 할까, 개에게 주어야 할까, 자신이 먹어야 할까, 아니면 간직해 두어야 할까? 하는 것에 관한 지침은 조금도 가르쳐 주지 않는 것이다. 그러나 인간의 생활은 이러한 문제를 해결하지 않고는 잠시도 영위될 수 없다.

동물, 식물, 물질의 존재 법칙을 연구하는 것은 인간 생활의 법칙을 해명하는 데 유익할 뿐 아니라 꼭 필요한 것이기도 하다. 그러나 그것도 이러한 연구가 이성의 법칙을 해명한다는 인간 지식의 주요한 목적을 지향하는 경우에 한한다.

그와는 반대로 인간의 생활은 동물적 생존에 지나지 않으며 이성적 의식이 제시하는 행복이란 있을 수 없고 이성의 법칙이라는 것도 단지 환영일 뿐이라고 생각한다면 이러한 연구는 무의미할 뿐 아니라 매우 유해한 것이다. 왜냐하면 그로 인해 지식의 유일한 목적이 사람들의 눈으로부터 감춰지고, 환영을 연구함으로써 그 본질을 알 수 있다는 그릇된 사고방식이 조장되기 때문이다. 그러한 연구는 생물의 운동 원인이 그 생물의 그림자의 변화와 그 그림자의 운동에 있다고 생각하여 그것만을 열심히 연구하는 사람의 행동과 다를 바가 없다.

제12장 그릇된 지식의 원인

그릇된 지식의 원인은 사물에 대한 그릇된 견해에 있다.

"진정한 지식이란 알고 있는 것을 안다고 하고 모르는 것을 모른다고 하는 것이다."[22]라고 공자는 말했다. 그렇다면 그릇된 지식이란 모르는 것을 안다고 하고 알고 있는 것을 모른다고 하는 것이다. 우리들 사이에 널리 퍼져 있는 그릇된 지식에 대한 정의로서 이보다 더 정확한 정의는 없다. 즉 현대의 그릇된 지식은 우리가 알 수 없는 것을 안다고 하고 우리가 알고 있는 유일한 것을 알 수 없다고 하는 것이다. 즉 그릇된 지식에 빠져 있는 사람들은 시간과 공간 속에 나타나는 현상은 모두 안다고 생각하지만 자신의 이성적인 의식을 통해서 알고 있는 것은 모른다고 생각하는 것이다.

이러한 사람들은 자기 행복뿐만 아니라 일반적인 행복이라는 것도 인식할 수 없는 것이라고 믿고 있다. 또 그들은 자신의 이성, 즉 이성적인 의식에 관해서도 마찬가지로 거의 인식할 수 없는 것으로 믿고 있다. 그들이 더욱 잘 인식할 수 있다고 생각하는 것은 동물로서의 자기 자신이다.

---

22) 공자(기원전 552~479)의 《논어》에 나오는 말. '知之爲知之 不知爲不知 是知也.'

그보다 더 잘 인식할 수 있다고 생각하는 것은 동물과 식물이며, 가장 잘 인식할 수 있다고 생각하는 것은 무한히 존재하는 무생물이다.

이와 비슷한 일이 인간의 시각에도 일어난다. 사람은 항상 무의식적으로 자신의 시선을 가장 멀리 있는——따라서 색채도 윤곽도 가장 단순하게 보이는——사물, 즉 하늘과 지평선, 먼 들판과 수풀로 돌리려는 경향이 있다. 이들 사물은 멀리 있으면 있을수록 명확하고 단순한 것으로 보이지만 반대로 가까이 있으면 있을수록 그 윤곽과 색채는 복잡하게 보인다.

만일 어떤 사람이 물체까지의 거리를 판단하지 못하고 먼 물체와 가까운 물체를 올바르게 구별하지 못하여 물체의 윤곽과 색채가 단순하고 분명할수록 잘 식별할 수 있다고 생각한다면 이러한 사람에게는 가장 단순하고 잘 식별할 수 있다고 생각되는 것은 끝없이 넓은 하늘일 것이다. 그다음으로 잘 식별할 수 있다고 생각되는 것은 약간 복잡한 윤곽을 갖는 지평선일 것이며 그다음으로 잘 식별할 수 있다고 생각되는 것은 색채와 윤곽이 더욱 복잡한 집과 나무일 것이며 그다음으로 잘 식별할 수 있다고 생각되는 것은 자신의 눈앞에서 움직이는 자기 손일 것이다. 그리고 가장 식별하기 어렵다고 생각되는 것은 빛일 것이다.

인간의 그릇된 지식도 이와 같은 오류를 저지르지 않겠는가? 인간에게 있어서 의심의 여지도 없이 분명한 것, 즉 이성적 의식은 가까이 있어 단순하게 보이지 않기 때문에 이해하기 어려운 것으로 생각되며, 의심할 여지도 없이 이해하기 어려운 것, 즉 무한하고 영원한 것은 그로부터 멀리 떨어져 있어 단순하게 보이기 때문에 그에게는 이해하기 쉬운 것으로 생각되는 것이다.

그러나 실제로는 그와 정반대이다. 모든 사람이 무엇보다도 먼저 그리고 확실하게 알 수 있으며 현재도 알고 있는 것은 자신이 욕구하는 행복이다. 그리고 그와 마찬가지로 확실하게 알고 있는 것은 그러한 행복을 그에게 가르쳐 온 이성이다. 그다음으로 그가 확실하게 알고 있는 것은 그 이성에 종속된 동물적 자아이다. 그다음에 그가 볼 수 있는 것이——알고 있는 것은 아님——시간과 공간의 틀 속에서 나타나는 그 밖의 모든 현상이다.

그릇된 인생관에 빠진 사람들은 시간과 공간으로 정확하게 한정되어 있는 물체일수록 더욱 잘 이해할 수 있다고 생각한다. 그러나 실제로 우리가 완전하게 알고 있는 것은 시간과 공간으로 규정되어 있지 않은 것, 즉 행복과 이성의 법칙뿐이다. 우리가 외계의 사물을 인식하면서 우리의 의식을 통하지 않으면 않을수록 그 물체를 시간과 공간 속에서 그것이 점유하고 있는 위치에 따라 판단해야 하므로 그 물체에 관한 우리의 인식 정도는 그만큼 낮아진다. 결국 물체가 시간과 공간에 의해 분명하게 규정되어 있으면 있을수록 우리가 인식하기 어려운 것이다.

육체에 대한 인간의 참된 지식은 자신이라는 개체, 즉 동물적 자아에 대한 인식에서 끝난다. 행복을 욕구하며 이성의 법칙에 따르는 동물적 자아를 사람들은 자신이 아닌 다른 모든 존재를 인식함으로써 확실히 알게 되는 것이다. 실제로 사람들은 동물적 자아를 알고 있다. 그러나 그가 그러한 자신을 알고 있는 것은 인간이 시간 및 공간에 규정된 존재라서가 아니라——그는 시간 및 공간에 규정된 현상으로서의 자신을 결코 인식할 수는 없다——인간이 자기 행복을 위해 이성의 법칙에 종속해야만 하는 존재이기 때문이다. 결국 사람은 그러한 동물적 자아를 시간과 공간을 초월한 존재로서 알고 있다.

사람이 '시간과 공간의 틀 속에서 자신은 어떠한 위치를 차지하고 있는 존재인가?' 하고 자문할 때 그의 머리에 먼저 떠오르는 것은 앞뒤로 무한히 뻗어 있는 시간 가운데 한 점에 서 있는 자기 모습과 표면이 존재하지 않는 구(球)의 중심점에 서 있는 자신의 모습이다. 실제로 인간은 시간과 공간을 초월한 자기 자신을 알고 있다. 육체에 대한 인간의 참된 지식은 이러한 자신의 자아에 대한 인식에서 끝난다. 이러한 자아 이외의 것에 관해서는 일절 모르며 외부에 대해서는 단지 외면적으로 또 조건부로 관찰하고 판단할 뿐이다.

행복을 욕구하는 이성의 중심인 자기 자신, 즉 시간과 공간을 초월한 존재인 자기 자신을 알고 있다는 사실에서 잠시 떠나면 인간은 비로소 자신이 눈에 보이는 시간과 공간에 의해 규정된 세계의 일부분이라는 것을 조건부로 인정할 수 있는 것이다. 이와 같이 시간과 공간의 규정 속에서 파악된 자신을 다른 사람과 관련지어 연구해 가는 동안 자기 자신에 대한 참된 내적 지식을 자신에 대한 외적 관찰과 결부하여 다른 모든 사람들과 똑같은 인간으로서의 자신에 관한 관념을 갖게 된다. 자신에 관한 이러한 조건부 지식에 의해 사람은 다른 사람에 관해서도 약간의 외면적인 관념을 갖게 되지만 그렇다고 해서 다른 사람을 아는 것은 아니다.

사람은 타인을 참되게 알 수는 없다. 왜냐하면 인간은 다른 사람을 한 사람 혹은 수백 명, 수천 명으로 보지 않으며 더욱이 결코 본적도 없고 볼 수도 없는 다른 사람이 무수하게 존재했을 것이라는 점을 알고 있기 때문이다. 그리고 인간은 사람들의 저편——자신으로부터 더욱 멀리 떨어진 곳——에서 사람들과는 다른 여러 종류의 다양한 동물을 시간과 공간 속에서 본다.

만일 사람이 인간 일반에 관한 지식을 갖고 있지 않다면 그는 사람에게는 전혀 이해될 수 없는 존재일 것이다. 그러나 사람은 인간 일반에 관한 지식을 갖고 있다. 그래서 그는 인간에 관한 개념에서 이성적인 의식을 제거함으로써 이들 동물에 관해서 어느 정도의 관념을 가질 수가 있다. 그러나 이 관념은 그가 갖고 있는 다른 사람들에 관한 관념보다도 희미한 것이다. 사람은 수많은 종류의 동물들을 수없이 보기 때문에 그 수가 많으면 많을수록 그 동물들을 분명히 인식하기가 어렵게 된다. 그리고 사람은 자신으로부터 더욱 멀리 떨어진 곳에서 식물을 본다. 식물이 세계에 퍼져 있는 정도는 더욱더 심하며 사람이 그것을 인식하기는 더욱 어렵다.

그리고 사람은 동물과 식물의 저편에——자신으로부터 더욱 멀리 떨어진 곳에——형체의 구별이 거의 없거나 혹은 전혀 없는 무생물을 시간과 공간 속에서 본다. 이 무생물이 사람에게는 가장 이해하기 어려운 것이다. 무생물의 형태에 관한 사람의 지식은 지극히 막연하다. 사람은 무생물에 관해서 알고 있지 못하며 단지 그것에 관해 상상할 뿐이다. 그에게 무생물은 시간과 공간 속에서 더욱 무수히 존재한다고 생각되기 때문이다.

제13장 사물의 인식

사물을 인식할 수 있는가 없는가는 그것이 시간과 공간 속에서 나타나고 있는가에 따라서가 아니라 그것과 우리가 따르는 법칙이 일치하는가에 따라 결정된다.

개가 아파하고 있다. 송아지가 나를 잘 따라서 귀엽다. 작은 새가 즐겁게 지저귄다. 말이 무서워하고 있다. 친절한 사람, 사나운 동물, 이러한 말보다도 이해하기 쉬운 것이 있겠는가? 이렇게 지극히 중요하면서도 이해하기 쉬운 말은 어느 것도 공간이나 시간으로 규정되어 있지 않은 것이며 이와는 반대로 어떤 사물의 현상을 지배하는 법칙을 우리가 이해하기 어려우면 어려울수록 그 현상은 그만큼 시간과 공간으로 엄밀하게 규정되어 있는 것이다. 지구, 달, 태양의 운동을 지배하고 있는 저 '인력의 법칙'을 이해하고 있다고 누가 단언할 수 있겠는가? 오히려 일식(日蝕)은 시간과 공간으로 가장 엄밀하게 규정되어 있는 것이다.

우리가 완전히 알고 있는 것은 우리의 생명뿐이다. 즉 행복하게 되려고 하는 욕구와 이 행복을 우리에게 제시하는 이성뿐이다. 그다음으로 확실하게 알고 있는 것은 행복을 요구하며 이성의 법칙에 따르고 있는 우리의 동물적 자아이다. 그러나 이 동물적 자신에 대한 지식에는 볼 수 있다든가, 만질 수 있다든가, 관찰할 수 있다든가 하는 이해하기 어려운 시간적, 공간적 조건이 이미 포함되어 있다. 다음으로 우리가 확실하게 알고 있는 것은 우리와 같은 동물적 개체를 갖는 다른 사람이며, 그들의 내면에도 우리가 갖고 있는 행복에 대한 욕구와 이성적 의식이 존재한다는 것을 인정한다. 그리고 다른 사람들의 생활이 행복에 대한 욕구와 이성의 법칙에 동물적 자아를 종속시키는 생활의 법칙에 가까우면 가까울수록 그들을 이해하기 쉬워지며 공간적, 시간상으로 규정되어 있으면 있을수록 이해하기가 어려워지는 것이다. 그러므로 우리가 가장 잘 알고 있는 것은 인간이며 그다음으로 잘 알고 있는 것은 동물이다. 동물들도 우리처럼 행복을 요구하는 동물적 자아를 가지고 있다는 것은 인정하지만 이성적 의식을 가지고 있다는 것은 거의 인정할 수 없다.

우리가 이성적 의식을 통해 동물들과 교류할 수는 없는 것이다. 동물 다음으로 우리가 잘 알고 있는 것은 식물이다. 식물의 경우에는 동물적 자아와 같은 행복을 욕구하는 자아를 인정하기 어렵다. 이들의 존재는 우리에게는 거의 시간적, 공간적으로 규정된 현상으로 보이므로 이해하기가 더욱더 어려운 것이다.

어쨌든 우리가 그러한 존재를 아는 것은 우리의 동물적 자아와 비슷한 것이 거기에서 인정되기 때문이다. 즉 그것이 우리의 동물적 자아처럼 행복을 욕구하며 시간과 공간 조건 속에서 물질을 그 나름대로 이성의 법칙에 종속시키고 있는 자아와 비슷한 것이 그들에게서도 인정되기 때문이다.

우리가 더욱더 알기 어려운 것은 무생물이다. 거기에서는 이미 우리의 동물적 자아와 같은 것을 인정할 수 없으며 또한 행복에 대한 욕구도 인정할 수 없다. 우리가 무생물에서 인정할 수 있는 것은 그것이 따르는 이성의 법칙의 시간적, 공간적 현상뿐이다. 어떤 물체에 대한 우리의 지식이 참인가 아닌가는 그 물체가 시간과 공간 속에서 관찰되는가 아닌가로 결정되는 것이 아니다. 오히려 그와는 반대로 그 물체가 시간적, 공간적 현상으로 관찰될수록 우리에게는 이해되기가 그만큼 어려워지는 것이다.

세계에 관한 우리의 지식은 행복하게 되려고 하는 욕구와 이 행복을 획득하려면 동물적 자아를 이성에 종속시켜야만 한다는 의식에 기인하는 것이다. 만일 우리가 동물의 생활을 알고 있다면 그것은 그 동물 속에서 행복하게 되려는 욕구와 그 동물이 유기체의 법칙——이성의 법칙이 동물에게 있어서는 유기체의 법칙으로서 나타난다——에 따라야만 하는 필연성을 인정하기 때문일 뿐이다.

만일 우리가 물질을 알고 있다면 그것은 비록 물질의 행복이라는 것을 이해할 수는 없다 하더라도 그 물질 속에도 우리 자신에 있어서와 같은 현상을——물질을 지배하는 이성의 법칙에 그 물질이 따라야만 한다는 필연성을——인정하기 때문일 뿐이다.

우리가 갖고 있는 지식이라는 것은 그것이 무엇에 관한 지식이건 우리가 정말로 알고 있는 유일한 것, 즉 '인생이란 이성의 법칙에 따라 행복하게 되려고 하는 욕구' 라는 지식을 다른 사물에 적용하는 것에 지나지 않는다.

우리가 동물을 지배하는 법칙으로 자기 자신을 알 수는 없다. 오히려 자신의 내부에서 인정하고 있는 법칙으로 동물을 알 수 있는 것이다. 그러므로 우리는 물질의 현상에 옮겨진 자신의 생활 법칙으로 자기 자신을 결코 알 수 없다.

사람이 외계에 관한 지식을 갖는 것은 자신을 알고 있기 때문이며 또 '세계에 대한 각기 다른 세 가지 단계의 관계'를 자신 안에서 발견하기 때문일 뿐이다. 그 하나는 '세계에 대하여 자신의 이성적 의식이 갖는 관계'이며, 또 하나는 '세계에 대하여 자신의 동물적 의식이 갖는 관계'이고, 세 번째는 '세계에 대하여 자신의 육체──동물로서의 자기 육체를 구성하는 물질──가 갖는 관계'이다. 그는 서로 다른 이 세 가지 관계를 자신의 내부에서 발견하는 것이다. 따라서 그가 세계 속에서 보는 모든 것은 항상 거리가 각기 다른 위치에 있는 세 개의 원경(遠景)으로서, 즉 (1) 이성적 존재, (2) 동물 · 식물, (3) 무생물이라는 상태로 그의 앞에 나타난다.

사람들이 세계 속에서 항상 이들 세 종류의 사물을 보는 것은 자신의 내부에도 인식의 대상으로 이들 세 가지가 포함되어 있기 때문이다. 그는 자신을 (1) 동물적 자아를 종속시키고 있는 이성적 의식으로서, (2) 이성적 의식에 종속하고 있는 동물적 자아로서, (3) 동물적 자아에 종속하고 있는 물질로서 인식하고 있다.

일반적으로 생각되고 있는 것처럼 우리가 유기체의 법칙을 알 수 있는 것은 물질의 법칙을 알고 있어서가 아니며, 또 이성적 의식으로서의 자신을 알 수 있는 것은 유기체의 법칙을 알고 있어서가 아니다. 오히려 그 반대이다. 무엇보다 먼저 우리가 알 수 있고 또 알아야만 하는 것은 자기 자신, 즉 우리의 행복을 위해서 우리의 동물적 자아가 따라야만 하는 이성의 법칙이다. 그것을 알아야만 비로소 우리는 자기 동물적 개체의 법칙 및 다른 존재의 그것과 흡사한 법칙을, 그리고 자신으로부터 훨씬 먼 위치에 있는 물질의 법칙을 알 수 있고 또한 알아야만 하는 것이다.

우리가 알지 않으면 안 되는 것은 자기 자신뿐이며 현재 알고 있는 것 또한 자기 자신뿐이다. 동물의 세계라는 것은 우리에게는 자신의 내부에서 이미 알고 있는 것의 반영에 지나지 않으며 더욱이 물질의 세계라는 것은 그 반영의 반영과 같은 것이다.

이처럼 물질의 법칙이 우리에게 특별히 이해하기 쉽고 분명한 것으로 보이는 것은 그것이 천편일률적인 것으로 생각되기 때문이다. 그리고 물질의 법칙이 그렇게 생각되는 것은 우리가 알고 있는 생명의 법칙으로부터 특히 먼 위치에 있기 때문이다.

유기체의 법칙도 물질의 법칙과 같이 우리로부터 먼 위치에 있기 때문에 생명의 법칙보다 단순한 것처럼 생각된다. 그러나 거기서도 다만 그 법칙을 관찰할 뿐이며 우리가 수행해야만 하는 이성적 의식의 법칙만큼 알고 있지는 않은 것이다.

우리는 이들 동물적 생존과 물질적 생존 그 어느 것도 모른다. 단지 자신의 밖에서 보고 관찰할 뿐이다. 우리가 확실히 알고 있는 것은 우리의 이성적 의식의 법칙뿐이다. 왜냐하면 이성적 의식의 법칙은 우리의 행복을 위해 없어서는 안 되는 것이며 또한 우리는 이 의식에 의해 살고 있기 때문이다. 그런데도 이성적 의식을 눈으로 볼 수 없는 것은 그것을 내려다보고 관찰할 수 있는 보다 높은 존재를 우리가 갖고 있지 않기 때문이다.

우리의 이성적 의식이 동물적 자아를 자기에게 종속시키고 있는 것처럼, 또 동물적 개체——유기체——가 물질을 자기에게 종속시키고 있는 것처럼 만약 이성적 의식을 자기에게 종속시킬 수 있는 더 높은 존재가 있다면 그 존재는 우리가 자신의 동물적 존재와 물질적 존재를 볼 수 있는 것처럼 우리의 이성적 생활을 볼 수 있을 것이다.

인간의 생활은 그 속에 내포된 두 가지 생존 양식, 즉 동식물——유기체——적 생존과 물질적 생존으로 단단하게 결합하여 있다.

인간은 자신의 진정한 삶을 스스로 만들어 내고 영위해 간다. 그러나 자신의 생활과 결합해 있는 이 두 가지 생존 양식에는 참가할 수 없다. 인간을 구성하는 육체와 물질은 스스로 독립하여 생존하고 있기 때문이다.

인간의 생활 속에 포함된 이러한 두 가지 생존 양식은 인간의 생활 속에 계속해서 남아 있는 이전 생활과 같은 것으로, 말하자면 이전 생활의 추억과 같은 것이다.

인간이 참된 생활을 영위하는 경우 이 두 가지 생존 양식이 인간 활동의 도구와 재료는 제공하지만 인간 활동 그 자체는 제공하지 않는다.

사람이 자신의 활동 도구와 재료를 연구하는 것은 유익한 일이다. 사람이 그러한 자기 활동의 도구와 재료를 잘 알면 알수록 활동하기가 그만큼 쉬워질 것이다. 즉 인간의 생활에 내포된 이 두 가지 생존 양식——동물적 생존과 그것을 구성하는 물질적 생존——을 연구함으로써 모든 존재의 공통적인 법칙——즉 이성의 법칙에의 종속——을 거울에 비춘 듯이 분명하게 볼 수 있을 것이다. 그럼으로써 그는 동물적 자아를 이성의 법칙에 종속시켜야만 한다는 것을 확신하게 되는 것이다. 그러나 사람은 자신의 활동 도구와 재료를 자신의 활동 자체와 혼동할 수 없고 또 혼동해서도 안 되는 것이다.

사람이 자신과 다른 사람들 속에서 눈으로 볼 수도 있고 손으로 만질 수도 있고 관찰할 수도 있는 생활, 즉 그가 아무런 노력을 하지 않아도 저절로 이루어지고 있는 생활을 아무리 연구한다고 하더라도 그 생활은 그에게는 항상 신비스러운 상태로 남아 있을 것이다. 이러한 관찰로는 그가 의식하고 있지 못한 생활을 결코 이해할 수 없을 것이다. 끝없는 시간과 공간 속에 항상 숨겨져 있는 이 신비한 생활에 대한 관찰만으로는 자신의 의식 속에서 알려 주고 있는 자신의 진정한 생활을 결코 밝힐 수 없다. 진정한 생활은 그가 가장 잘 알고 있는 완전히 독자적인 '자신의 행복'을 획득하기 위해, 그가 가장 잘 알고 있는 완전히 독자적인 '동물적 자아'를, 그가 가장 잘 알고 있는 완전히 독자적인 '이성의 법칙'에 종속시킴으로써 이루어지는 것이다.

제14장 참된 인간 생활

인간의 진정한 삶은 시간과 공간의 틀 속에서 이루어지는 것이 아니다.

인간은 행복해지려는 욕구에 의해 자기 내면에서 자신의 생명을 인식한다. 그리고 이 행복은 동물적 자아를 이성의 법칙에 따르게 함으로써 얻어지는 것이다.

인간은 그것 말고는 어떤 형태의 인간 생명도 모르며 또한 알 수도 없다. 동물을 구성하고 있는 물질이 물질 자신의 법칙뿐만 아니라 더욱 높은 유기체의 법칙에 따르고 있을 때 비로소 사람은 그 동물을 살아 있다고 인정한다.

물질의 일정한 결합 속에 더욱 높은 유기체의 법칙에 대한 이런 종속관계가 존재하는 경우에만 우리는 이 물질의 결합 속에 생명을 인정한다. 그러나 이러한 종속관계가 아직 시작되지 않았거나 혹은 끝나 버린 경우에는──기계적, 화학적, 물리적인 법칙만이 작용하고 있는 다른 모든 물질과 그 물질을 구별할 수 있는 점이 존재하지 않기 때문에──우리는 그것에 동물로서의 생명을 인정할 수가 없다. 이와 마찬가지로 우리의 동물적 자아가 유기체의 법칙에 종속하고 있을 뿐만 아니라 더욱 높은 이성적인 의식의 법칙에 따르고 있을 때 비로소 우리는 자신 및 다른 사람을 살아 있다고 인정하는 것이다.

이성의 법칙에 대한 동물적 자아의 종속관계가 없어지면, 다시 말해 인간 내부에서 인간을 구성하는 물질을 종속시키는 개체의 법칙만 작용하게 된다면 우리는 곧 자신의 내부에서도 타인의 내부에서도 인간의 생명을 인정할 수 없게 된다. 그것은 자신의 법칙에만 종속하고 있는 물질에 대해 동물의 생명을 인정할 수 없는 것과 마찬가지이다.

얼빠진 사람, 정신착란 상태에 있는 사람, 임종의 고통스러운 상태에 있는 사람, 만취 상태에 있는 사람, 혹은 정욕에 빠진 사람, 이러한 사람들의 행동이 아무리 급격할지라도 우리는 그러한 사람들을 참으로 살아 있다고는 인정하지 않으며 다만 생명의 가능성만을 인정할 뿐이다. 그러나 아무리 병약하여 움직이지 못한다고 하더라도 그 사람이 동물적 자아를 이성에 종속시키고 있다는 것을 알게 되면 우리는 그 사람을 참으로 살아 있다고 인정하고 또 그렇게 취급한다.

우리는 인생을 이성의 법칙에 동물적 자아를 종속시키는 활동으로밖에 이해할 수 없다.

물론 인생은 시간과 공간 속에 나타나지만 그것은 시간적, 공간적 조건에 따라 규정되는 것이 아니라 오직 동물적 자아를 이성에 종속시키는 정도에 따라서만 규정되는 것이다. 인생을 시간적, 공간적 조건으로 규정하려 하는 것은 마치 물질의 높이를 가로와 세로의 길이로 산정하려는 것과 같다.

인간의 참된 생활과 동물적 자아 생존의 관계——참된 생활과 시간적, 공간적으로 규정된 생활의 관계——는 평면을 움직이면서 동시에 위로 진행하는 물체의 운동과 매우 흡사하다. 위로 진행하는 물체의 운동은 평면에서의 물체의 운동과는 관계가 없다. 즉, 위로의 진행은 그 물체의 평면운동에 의해 증대할 수도 없고 또한 감소할 수도 없다. 인간 생활에서도 이와 똑같다. 참된 생활은 항상 개체 속에서 나타나지만 그 개체의 존재와는 아무런 관계도 없으며 그 개체의 존재에 따라 증대할 수도 감소할 수도 없는 것이다.

인간의 동물적 자아를 구속하고 있는 시간적, 공간적 조건은 이성적 의식에 동물적 자아를 종속시켜 이루어진 참된 생활에 아무런 영향도 줄 수 없다.

살고 싶어 하는 인간은 시간적, 공간적으로 구속된 자신의 생존 활동을 중지하고 소멸시킬 수는 없다. 그러나 진정한 삶이란 눈에 보이는 시간과 공간에 구속된 생존 활동과는 관계없이 동물적 자아를 이성에 종속시킴으로써 행복을 얻는 활동임이 틀림없다. 동물적인 자아를 이성에 종속시킴으로써 더욱 커다란 행복을 획득하는 활동에만 인간의 삶이 존재한다. 그리고 동물적 자아를 이성에 종속시키는 활동이 끊임없이 증대해 가지 않으면 인간의 생활은 시간과 공간이라는 눈에 보이는 두 개의 방향을 향해 진행하는 단순한 생존에 지나지 않는다. 그러나 위로 진행하는 이 운동, 즉 동물적 자아를 이성에 종속시키는 활동이 끊임없이 증대해 가는 경우 공간과 시간이라는 두 방향으로 진행하는 힘과 위를 향해 진행하는 힘 사이에 일정한 관계가 이루어져 그 결과로 생기는 합력(合力)에 따라 크든 작든 인간의 생존을 생활의 영역으로까지 끌어올리는 운동이 행해진다.

시간적, 공간적 힘은 생명이라는 개념과는 양립할 수 없는 일정하고도 유한한 힘이다. 그러나 동물적 자아를 이성에 종속시킴으로써 행복하게 되려는 욕구는 위로 향하는 힘이며 시간적, 공간적 한계가 없는, 즉 시간과 공간을 초월한 생명력 그 자체이다.

사람은 이성적 의식에 눈을 뜰 때 자신의 생활이 정지하고 분열하는 것처럼 느낀다. 그러나 이러한 정체와 동요는 의식의 혼미——인간의 의식이 일으키는 착각과 같은——일 뿐이다. 참된 생활에는 정체와 동요란 없으며 있을 수도 없는 것이다. 그러한 생각을 하는 것은 우리가 그릇된 인생관을 갖고 있기 때문이다.

사람이 참된 생활을 영위하기 시작하면——동물적인 생존보다 한 단계 높은 상태로 올라가면—— 그는 그 높은 상태에서 죽음으로 끝나 버리고 마는 환상 같은 자신의 동물적 생존을 내려다보고 그 동물적 생존이 위치하고 있던——자신이 이제까지 머물러 있던—— 아래쪽이 사방 절벽으로 단절되어 있다는 것을 알게 될 것이다. 그리하여 그는 내려다보이는 광경을 두려워하며 그런 높은 상태로 올라가는 것을 인생 그 자체로 인정하지 않고 그런 높은 상태로 끌어올린 힘을 자신의 생명이라고 단정한다. 그래서 자신 앞에 전개된 방향으로 나아가지 않고 아래쪽을 향해 내려가기 시작하여 그 절벽이 보이지 않을 때까지 가능한 한 낮은 곳으로 내려간다.

그러나 그의 이성적 의식의 힘이 다시 그를 끌어서 올려 그는 또다시 절벽을 보게 된다. 그러면 공포를 느끼고 절벽이 보이지 않을 때까지 아래쪽을 향해서 내려간다. 이러한 일을 몇 번 반복한 끝에 그는 겨우 다음과 같은 것을 깨닫게 될 것이다. 즉 자신을 파멸로 끌어들인 동물적 생존의 공포에서 벗어나기 위해서는 평면에서의 운동——시간과 공간에 구속되어 있는 생존——은 자기 삶이 아니며 자신의 삶은 위로 나아가는 운동밖에 없고 이성의 법칙에 동물적 자신을 종속시키는 활동으로만 행복과 삶의 가능성이 존재한다는 것, 또한 심연의 밑바닥에서 끌어서 올려 준 날개를 자신이 갖고 있으며 이 날개가 없다면 결코 그러한 높은 상태까지 오르지 못했을 것이고 심연의 밑바닥을 들여다보지도 못했을 것이며 자신의 날개를 완전히 믿고 날개가 끌어서 올려 준 쪽으로 날아야만 한다는 것을.

이 신뢰가 충분하지 않을 때는 참된 생활의 시작이 기이하게 생각되어 동요 현상, 생활의 정체 현상, 의식의 분열 현상이 일어나는 것이다.

자신의 생활을 시간과 공간에 의해 규정된 동물적 생존이라고 생각하는 사람만이 이성적 의식은 동물적 생존 속에 때때로 나타나는 것이라고 생각한다. 그리하여 그들은 언제 어떤 상황에서 이성적 의식이 자신의 내면에 나타난 것일까 하고 자문한다. 그러나 자신의 과거를 아무리 조사해 보아도 이성적 의식이 나타난 때를 결코 발견하지 못할 것이다. 그들에게 그러한 때는 한 번도 없었다고 생각되거나 자기 내면에 항상 존재하고 있었다고 생각되는 것이다. 만일 그가 이성적 의식에 단속(斷續)이 있는 것처럼 생각한다면 그것은 이성적 의식에 기인한 생활만이 참된 생활이라는 것을 인정하지 않기 때문일 뿐이다. 자신의 생활을 시간적, 공간적 조건에 의해 규정된 동물적 생존으로만 보는 사람은 이성적 의식의 눈뜸이나 이성적 의식의 활동까지도 같은 척도로 측정하려 한다. 그리하여 그는 언제 몇 시간 동안 어떤 상황에서 자신이 이성적 의식이 지배하에 있었는가 하고 자문하는 것이다. 그러나 자신의 생활은 동물적 자아의 생활이라고 생각하는 사람에게만 이성적 의식의 활동에 휴지기간이 있는 것이다. 자신의 생활을 사실대로 이성적 의식의 활동으로서 이해하고 있는 사람에게는 이성적 의식의 휴지기간이란 있을 수 없다.

이성적 생활은 존재한다. 오직 그것만이 존재하는 것이다. 이성적 생활에 있어서는 이성적 의식의 휴지기간이 1분이든 5만 년이든 똑같은 것이다. 왜냐하면 이성적 생활에 시간이란 것은 존재하지 않기 때문이다. 인간의 참된 생활——다른 모든 생활을 이해하는 기초가 되는 참된 생활——은 동물적 자아를 이성의 법칙에 종속시킴으로써 얻어지는 행복에 대한 욕구이다. 참된 생활에 있어서는 이성도, 동물적 자아를 이성에 종속시키는 활동도 시간이나 공간에 의해 규정되지 않는다. 인간의 참된 생활은 시간과 공간을 초월하여 영위되는 것이다.

제15장 동물적 자아의 행복 부정

동물적 자아의 행복을 버리는 것은 인간 생명의 법칙이다.

인생이란 행복에 대한 욕구이다. 행복에 대한 욕구가 인생이다. 모든 사람들이 인생을 이렇게 이해해 왔고 지금도 그렇게 이해하고 있으며 앞으로도 계속 그렇게 이해해 나갈 것이다. 그러므로 인생이란 인간적 행복을 얻으려는 욕구이며 인간적 행복을 얻으려는 욕구가 곧 인생인 것이다. 그러나 사물을 깊이 생각하지 않는 세상 사람들은 동물적 자아의 행복을 인간적 행복이라고 생각한다.

그릇된 과학도 인생을 정의할 때 행복이라는 개념을 무시하고 단순히 동물적 생존을 인생이라고 생각한다. 즉 인생의 행복을 동물적 행복으로만 생각함으로써 군중의 그릇된 사고방식에 동조하는 것이다.

그릇된 과학과 세상 사람들이 이와 같은 그릇된 사고방식에 빠져 있는 것은 동물적 자아, 즉 학자들이 말하는 개체성과 이성적 의식을 혼동하기 때문이다.

이성적 의식은 그 안에 동물적 자아를 내포하고 있지만 동물적 자아는 그 안에 이성적 의식을 내포하고 있지 않다. 동물적 자아, 즉 개체성은 동물의 특성이며 동물로서의 인간의 특성이다. 그러나 이성적 의식은 오직 인간만이 갖는 특성이다.

동물은 자기 육체를 위해서만 살 수 있다. 동물이 그러한 방식으로 살아가는 것을 방해하는 것은 아무것도 없다. 동물은 동물적 자신의 욕구를 만족시키면서 무의식적으로 자기 종족에게 봉사하고 있지만 자신이 개체, 즉 하나뿐인 존재라는 것은 모른다. 그러나 이성을 갖고 있는 인간은 자기 육체만을 위해서 살 수 없다. 인간은 결코 그런 식으로는 살 수가 없는 것이다. 왜냐하면 인간은 자신이 개체, 즉 자기 하나뿐인 존재라는 것을 알고 있을 뿐 아니라 다른 사람도 자기처럼 하나뿐인 존재라는 것과 그러한 개인과 개인 사이의 관계로부터 필연적으로 발생하는 모든 것을 분명히 알고 있기 때문이다.

　만일 사람이 자기 행복만을 구하고 자신만을, 자기의 자아만을 사랑하게 된다면 동물의 경우와 마찬가지로 다른 사람도 역시 자기 자신을 사랑하고 있다는 사실을 모를 것이다. 그러나 만일 사람이 자신도 자기 주위의 모든 개체가 구하고 있는 것과 같은 것을 구하고 있는 개체라는 것을 알게 되면 그는 자신의 이성적 의식에 비추어 볼 때 악으로밖에 보이지 않는 개인적 행복을 더 이상 추구할 수 없을 것이다. 그러한 개인적 행복만을 추구하는 것을 생활의 목적으로 삼을 수는 없게 될 것이다. 그러나 사람은 때때로 동물적 자아의 욕구를 만족시키지 않으면 참된 행복이 아니라고 생각한다. 이런 그릇된 생각을 하는 것은 그가 자신의 동물적 자아 안에서 일어나는 것을 이성적 의식의 활동 목표라고 잘못 이해하고 있기 때문이다. 그것은 마치 꿈에서 깨어난 후 꿈에서 본 것을 계속해서 이어 나가려 하는 것과 같다.

　더구나 이런 그릇된 사고방식이 그릇된 가르침의 지지를 받게 되면 이성적 의식과 동물적 자아의 혼동이 일어나게 된다.

그러나 이성적 의식은 항상 동물적 자아의 욕구를 만족시키는 것이 인간의 행복일 수 없으며 따라서 인간의 생활일 수 없다는 것을 가르치고 있다. 그리하여 이성적 의식은 참된 행복, 즉 인간만이 가질 수 있는 삶, 동물적 자아 안에서는 용납될 수 없는 삶으로 인간을 인도하는 것이다.

보통 세간에서는 개인적 행복, 즉 자기 혼자만의 행복을 버리는 것이 훌륭한 일이고 미덕이라고 생각하며 또 그렇게 말들을 한다. 그러나 실제로 자기 행복을 버리는 일은 훌륭한 일도 미덕도 아니다. 그것은 인간 생활의 필연적 조건의 하나일 뿐이다. 인간은 자신을 전 세계로부터 분리된 개체로 생각함과 동시에 다른 사람 또한 전 세계에서 분리된 개체로 인정한다. 그리고 개인 사이의 상호관계와 자기 혼자만의 행복이란 환상일 뿐이라는 것을 알고 있으며 이성적 의식을 만족시키는 행복만이 행복의 실체임을 인식하고 있다.

동물의 경우 자기 하나만의 행복——본능의 만족——을 목적으로 하지 않고 자기의 행복에 정면으로 대립하는 행위는 삶을 부정하는 것이다. 그러나 인간의 경우에는 그와 정반대이다. 자기 혼자만의 행복을 획득하기 위한 인간의 행위는 인생을 완전히 부정하는 것이다.

생존의 유한하고 비참함을 가르쳐 주는 이성적 의식을 갖지 못한 동물의 경우 생활의 최고 목적은 자기 하나의 행복이며 그 결과로 자기 종족이 존속된다. 그러나 이성을 가진 인간은 그러한 낮은 동물적인 생존 단계에 머물러 있을 수 없으며 그러한 동물적 행복이 아닌 이성적 의식이 제시하는 인생의 진정한 행복을 구하지 않으면 안 된다.

인간에게 있어 동물적 자아에 대한 의식은 생활 그 자체가 아니라 생활이 시작되는 경계선에 지나지 않는다. 즉 그 경계선으로부터 동물적 행복과는 전혀 관계가 없는, 인간만이 가질 수 있는 행복을 점차 확고하게 획득해 가는 인간으로서의 생활이 시작되는 것이다.

일반 사람들에게 널리 퍼져 있는 인생관에 따르면 인생이란 동물적 육체의 출생에서 죽음에 이르기까지의 짧은 시간이다. 그러나 그것은 인생이 아니라 동물적 자아로서의 인간의 생존일 뿐이다. 인간의 생활은 동물적 생존이라는 형태로 나타나지만 결코 동물적 생존만이 전부는 아니다. 그것은 유기체의 생명이 물질의 존재라는 형태로 나타나지만 단순히 그것만은 아닌 것과 마찬가지이다.

사람은 무엇보다 먼저 자기 눈에 보이는 목적을 인생의 목적이라고 생각하는 경향이 있다. 그러한 목적은 눈에 보이므로 이해하기 쉬운 것처럼 여겨진다.

그러나 인간의 이성적 의식이 제시하는 인생의 목적은 눈에 보이지 않기 때문에 이해하기 어려운 것처럼 보인다. 그래서 사람들이 처음에는 눈에 보이는 것을 버리고 눈에 보이지 않는 것을 따르기를 두려워하는 것이다.

현대의 그릇된 가르침에 중독된 사람에게는 자신의 경우나 다른 사람의 경우나 눈에 보이는 형태로 저절로 이루어지는 동물적 자아의 요구가 단순하고 분명한 것으로 생각된다. 그리고 눈에 보이지 않는, 이성적 의식의 완전히 이질적인 요구는 그것에 대립하는 것처럼 생각한다. 저절로 이루어지는 것이 아니라 노력하지 않으면 이루어지지 않는 이 요구는 복잡하게 느껴지고, 눈에 보이는 인생관을 버리고 눈에 보이지 않는 의식에 따르는 것은 두렵고 기분이 내키지 않는 것이다. 그것은 자기가 앞으로 태어나리라는 것을 안다면 태아는 태어나는 것이 두렵고 기분이 내키

지 않는 것과 마찬가지다. 그러나 눈에 보이는 인생관은 죽음으로 인도
하고 눈에 보이지 않는 의식만이 생명을 준다는 것은 확실하므로 어쩔
수 없는 일이다.

제16장 동물적 자아는 인생의 도구이다

동물적 생존은 끊임없이 죽음을 향해 멸망해 가고 있을 뿐이다. 그러므로 이러한 동물적 자아 속에 참된 삶이란 있을 수 없다. 이 명명백백한, 의심할 여지 없는 진리는 어떠한 논법으로도 가릴 수 없다.

태어나서 나이를 먹고 늙어 죽음에 이르는 인간 개체의 생존은 피할 수 없는 죽음으로 끝나는 동물적 자아의 끊임없는 소모와 쇠약에 지나지 않는다는 것을 인정하지 않을 수 없다. 그러므로 자아의 확장과 불멸만을 욕구하는 동물적 자아 속에 인간의 삶이 존재한다고 생각하는 사람은, 인생의 유일한 의미가 행복해지려고 하는 것임에도 불구하고 끊임없이 모순과 고통에 시달리지 않을 수 없고 항상 자신을 불행하다고 생각하지 않을 수 없는 것이다.

진정한 행복이 어디 있든지 간에 인간이 동물적 자아의 행복을 버리는 것은 인간으로서 피할 수 없는 일이다.

동물적 자아의 행복을 버리는 것은 인간 생활의 법칙이다. 만일 이 법칙이 이성적 의식에 따라 자유롭게 행해지지 않는다면 동물적 자아가 육체적으로 죽게 될 때, 즉 인간이 고통의 중압에 견딜 수 없어 오직 한 가지——멸망해 가는 자아의 괴로운 의식으로부터 도피해 생존의 다른 형태로 옮아가는 일——를 원하게 될 때 이 법칙은 인간의 내부에서 강제적으로 행해지게 된다.

참된 인간 생활의 첫걸음을 내딛는 사람이 경험하는 것은 말이 마구간에서 끌려 나와 마차에 묶일 때 그 말의 몸에 일어나는 것과 매우 흡사하다. 마구간에서 나온 말은 바깥세상의 빛을 보고 자유를 느낀다. 그리고 이 자유에 자기 자신의 생활이 있다고 생각한다. 그러나 말은 마차에 묶이고 달릴 것을 명령받게 된다. 말은 등에 무게를 느낀다. 자유롭게 달리는 것에 자신의 생활이 있다고 생각하게 되면 그 말은 발버둥치고 몸부림칠 것이며 때로는 죽기도 할 것이다. 설사 죽지는 않는다 하더라도 그 말이 선택할 수 있는 길은 두 가지 방법밖에 없다. 그중 하나는 그대로 마차를 끌고 달리는 것이다. 달리는 동안에 말은 마차의 무게 따위는 아무것도 아니며 마차를 끌고 달리는 것이 고통스럽지 않고 즐겁다는 것을 깨닫게 된다. 다른 한 가지 방법은 달리라는 주인의 명령을 끝까지 거부하는 것이다. 그러면 그 말은 주인에 의해 방앗간으로 끌려들어가 방아를 발밑에서 회전시키면서 어둠 속에서 괴롭게 제자리걸음을 계속해야만 한다. 그러나 이 경우에도 말의 노력은 결코 헛된 것이 아니다. 말은 하기 싫은 일을 하고 있지만 법칙은 정확하게 수행되고 있는 것이다. 단지 차이가 있다면 앞의 경우에는 말이 즐겁게 일하고 있는데 반해 뒤의 경우에는 말이 괴로워하면서 하기 싫은 일을 억지로 하고 있다는 것뿐이다.

"그러나 인간인 자신이 살아가기 위해서 자아의 행복을 부정해야만 한다면 그 자아라는 것은 도대체 무엇을 위해 존재하는 것일까?"자신의 동물적 생존을 인생이라고 생각하고 있는 사람들은 이와 같은 말을 한다.

인간의 참된 생활의 발현을 방해하는 이러한 자아의 의식은 도대체 무엇 때문에 인간에게 주어진 것일까? 이러한 의문에 대해서는 이와 흡사한 질문으로 대답할 수 있다. 즉 오직 자기의 생명과 종족의 보존만을 목적으로 삼고 살아가는 동물들은 다음과 같은 의문을 품을 것이다.

'이 물질과 물질의 법칙은 무엇 때문에 있는 것일까? 내가 나의 목적을 달성하기 위해서 상대하여 싸우지 않으면 안 되는 이 물리적, 화학적 법칙 따위는 도대체 무엇 때문에 있는 것일까? 만일 나의 사명이 동물로서의 생활을 해 나가는 것이라면 내가 극복하지 않으면 안 되는 이런 장애물들은 무엇 때문에 존재하는 것일까?'

우리가 알고 있듯이 동물에게 싸움의 대상이며 동물이 자신의 생존을 위해 싸우고 있는 물질과 그 법칙은 장애물이 아니라 동물이 자기의 목적을 달성하기 위한 수단인 것이다. 물질을 섭취하고 물질의 법칙을 이용함으로써 동물은 살아갈 수 있는 것이다. 인간의 생활도 이와 다를 바가 없다. 인간이 그 속에서 자신의 존재를 확인하는 동물적 자아──인간이 이성적 의식에 종속시키지 않으면 안 될 동물적 자아──는 장애물이 아니라 자기의 행복이라는 목적을 달성하기 위한 수단이다. 즉 인간에게 있어 동물적 자아는 활동에 반드시 필요한 도구이다. 예컨대 동물적 자아는 땅을 파기 위해서 이성적인 존재에게 주어진 쟁기이다. 닦아서 두기 위한 쟁기가 아니라 땅을 파 나아감으로써 닳아 무디어지면 다시 예리하게 갈고 또다시 닳아 없애기 위한 쟁기이다. 말하자면 그것은 보관해 두기 위해서가 아니라 더욱 발전시키기 위해서 인간에게 주어진 도구인 것이다.

'누구든지 제 목숨을 구하고자 하면 잃을 것이요, 나를 위하여 제 목숨을 잃으면 얻으리라.'[23] 이 말이 의미하고 있는 것은 멸망하지 않으면 안 되는 것, 끊임없이 멸망해 가고 있는 것을 억지로 보존할 수 없다는 것이다. 즉 멸망해 가고 있는 것, 멸망해야 하는 것——우리의 동물적 자아——을 버림으로써 비로소 우리는 멸망하지 않으며 멸망할 수 없는 참된 생명을 얻을 수 있다는 것을 뜻하고 있다. 우리의 삶일 수 없고 우리의 삶이 아닌 것, 즉 우리의 동물적인 생존을 우리의 삶이라고 생각하는 그릇된 생각을 버릴 때 비로소 진정한 삶이 시작된다는 것을 의미하고 있는 것이다. 생명을 유지해 주는 음식물을 얻기 위해 주어진 쟁기를 아껴 둔 사람은 쟁기를 아껴 두었기 때문에 음식물과 생명을 잃을 것이라는 의미이다.

23) 마태복음 제16장 25절.

제17장 영(靈)의 탄생

"내가 네게 거듭나야 하겠다 하는 말을 기이하게 여기지 말라."[24] 하고 예수는 말했다. 이것은 누군가에게 사람으로 태어날 것을 명령한 것이 아니라 인간은 누구나 그렇게 되지 않으면 안 된다는 뜻이다. 참된 생명을 얻기 위해서 사람은 이성적 의식에 의해서 그의 존재 속에서 새롭게 태어나야만 하는 것이다.

인간에게 이성적인 의식이 주어진 것은 그것이 제시하는 행복을 얻는 것에 인생의 목적을 두어야 하기 때문이다. 그러나 이러한 행복을 얻는 것에 인생의 목적을 두지 않고 동물적 자아의 행복을 얻는 것에 인생의 목적을 둔 사람은 바로 그것에 의해 스스로 자신의 생명을 끊는 것이다. 예수가 내린 인생의 정의도 결국 이런 것이다.

개인의 행복을 추구하는 것이 인생이라고 생각하고 있는 사람들은 이런 말을 들어도 그것을 인정하려 하지 않을 뿐 아니라 이해하려고 하지도 않는다. 아니, 이해할 수도 없는 것이다. 그들에게 이런 말은 전혀 무의미한 것, 혹은 감상적이고 신비적인——어떤 사람들은 그렇게 말하기를 좋아한다——기분을 그럴듯하게 꾸민 것으로밖에 여겨지지 않는다. 그들은 자신들이 이해할 수 없는 상태를 표현하는 이 말의 의미를 이해

---

24) 요한복음 제3장 7절.

할 수 없는 것이다. 그것은 마치 이미 말라 버려 싹을 낼 수 없는 씨앗이 발아하고 있는 씨앗을 이해할 수 없는 것과 같다. 말라 버린 씨앗이 보기에는 발아하고 있는 씨앗에게 햇빛을 퍼붓는 태양은 무의미한 것이며 약간의 열과 빛을 제공하는 것으로밖에 생각하지 않는다. 그러나 발아하고 있는 씨앗에게 태양은 생명을 탄생케 하는 요인이다.

이와 마찬가지로 동물적 자신과 이성적 의식의 내적인 모순을 아직 체험하지 못한 사람들에게 이성이라는 태양의 빛은 무의미하고 우연한 것에 불과하며 감상적이고 신비스러운 말에 불과하다. 태양은 그 속에 이미 생명을 품고 있는 것만을 탄생시키는 것이다.

인간뿐 아니라 동물이나 식물에 대해서도 그 생명이 언제 어디서 왜 어떻게 태어나는지 아는 사람은 이제까지 아무도 없었다. 인간의 내부에서 일어나는 생명의 탄생에 대해 예수는 "그것은 아무도 알지 못하며 알 수도 없다."[25]라고 말했다.

사실 인간이 자신의 내부에서 생명이 어떻게 해서 태어나는지 어찌 알 수 있겠는가? 생명이란 인간의 빛이다. 생명이란 목숨이다. 즉 만물의 근원이다. 그 생명이 어떻게 태어나는가에 대해 인간이 어떻게 알 수 있겠는가? 사람에게 있어 태어난다거나 멸망한다고 생각되는 것은 참으로 살아 있는 것이 아니라 시간과 공간 속에 나타나 있는 것이다. 즉 태어날 수도 멸망할 수도 없는 것, 그것이 참된 생명이다.

---

25) 요한복음 제3장 8절.

제18장 이성적 의식은 무엇을 요구하는가

　이성적 의식은 '자신'이라는 개인적 입장에서만 세계를 바라보면 인간, 즉 인간의 자아에는 행복이란 있을 수 없다고 단언한다. 인간이 산다는 것은 자기의, 오직 자기만의 행복을 바라는 것이다. 그러나 그는 그러한 행복이 있을 수 없다는 것을 인정하고 있다.

　그러나 기묘한 일이지만 그러한 행복이 있을 수 없다는 것을 분명히 인정하고 있음에도 불구하고 그는 그 있을 수 없는 행복, 즉 자기만의 행복을 바라고 오직 그것만을 목표로 해서 살고 있다.

　각성한──겨우 눈떴을 뿐인──이성적 의식에 아직 동물적 자아를 종속시키고 있지 않은 사람이 자살하지 않고 살아 있다면 그는 단지 있을 수 없는 이런 행복을 얻기 위해서 살고 있다. 그가 살아서 활동하고 있는 것은 자기 행복을 얻기 위해서일 뿐이다. 그뿐만 아니라 그는 다른 모든 사람과 생물이 그의 행복과 쾌락을 위해서, 또한 그가 고통과 죽음에서 벗어날 수 있도록 활동해 주기를 바라고 있다.

　그의 경험과 주위 사람들의 생활에 대한 관찰, 그리고 그의 이성은 그러한 행복을 획득하는 것이 불가능하다는 것, 즉 다른 모든 사람과 생물이 자기 자신을 사랑하는 것을 중지시키고 오직 그만을 사랑하게 하는 일이 불가능하다는 것을 그에게 분명하게 가르쳐 주고 있다. 그럼에도 불구하고 부(富), 권력, 명예, 명성, 아부, 사기 등 모든 수단을 이용하여 다른 모든 사람과 생물을 자기 자신을 위해서가 아닌 그만을 위해서 살게 하려고, 즉 다른 모든 사람들과 생물들에게 자기 자신이 아닌 그 혼자만을 사랑하게 하려 하면서 살고 있는 것을 볼 때 참으로 놀라지 않을 수 없다.

사람들은 이 목적을 위해서 가능한 모든 일을 해 왔으며 지금도 그렇게 하고 있다. 그들은 자신이 실현할 수 없는 일을 하고 있다는 것을 알고 있으면서도 자신에게 이렇게 말한다. '행복에 대한 염원이 곧 나의 인생이다. 나는 행복해지고 싶다. 다른 모든 사람이 자기 자신을 사랑하는 것보다 더 나를 사랑해 줄 때 비로소 나는 행복을 얻을 수 있다. 그러나 다른 모든 사람은 자기 자신만을 사랑하고 있다. 따라서 그들로 하여금 나를 사랑하게 하려는 노력은 모두 헛수고라고 하더라도 달리 어떻게 할 방법이 없다.'

몇 세기가 흘러 사람들은 천체까지의 거리를 알고 천체의 중량을 산출하고 태양과 달의 성분을 알게 되었다. 그러나 개인적 행복을 얻으려는 욕구와 개인적 행복을 아무리 얻으려 해도 얻을 수 없는 현실 세계의 생활을 어떻게 조화시켜야 하는가 하는 문제는 대다수 사람에게는 오천 년 전과 똑같이 미결 상태로 남아 있는 것이다.

이성적 의식은 사람들에게 이렇게 말한다. "그렇다. 당신은 행복을 얻을 수 있다. 그러나 그것은 모든 사람이 자기 자신을 사랑하는 것 이상으로 당신을 사랑할 때만 가능하다." 또한 이성적 의식은 사람들에게 이렇게 가르친다. '그러나 그런 일은 있을 수 없다. 왜냐하면 사람은 누구나 자신만을 사랑하기 때문이다.' 이렇게 해서 이성적 의식이 인간에게 제시한 유일한 행복이 이성적 의식에 의해서 다시 감춰져 버리는 것이다.

몇 세기가 흘러갔다. 그래도 인생의 행복에 대한 수수께끼는 대다수 사람들에게는 여전히 풀 수 없는 수수께끼로 남아 있다. 그러나 실제로 이 수수께끼는 먼 옛날에 이미 해결된 것이다. 그리고 해답을 찾은 사람들은 어째서 자신이 이 수수께끼를 이제까지 풀지 못했을까 하고 이상하게 생각한다. 그들에게는 훨씬 전에 이미 알고 있던 것을 잠깐 잊고 있었을 뿐이라고 생각되는 것이다. 현대의 그릇된 가르침에 사로잡혀 있는 동안 그토록 해결하기 어렵다고 생각되었던 이 수수께끼가 이렇게 간단히 저절로 풀리는 것이다.

이성적 의식은 분명하고도 강력하게 말한다. "당신은 모든 사람이 당신을 위해 살기를 바라고 있는가? 모든 사람이 자기 자신보다 당신을 더 사랑해 주기를 바라고 있는가? 당신의 그러한 바람이 이루어질 수 있는 경우는 단 한 가지뿐이다. 그것은 모든 사람이 다른 사람의 행복을 위해 살고 자기 자신을 사랑하는 것 이상으로 다른 사람들을 사랑하는 경우이다. 그러한 상태에서만 당신은 다른 사람들과 함께 모든 사람들로부터 사랑받고 당신이 바라는 그 행복을 얻게 될 것이다. 모든 사람들이 자신을 사랑하는 것 이상으로 다른 사람들을 사랑할 때 비로소 당신의 행복이 실현되는 것이라면 살아 있는 존재 중의 하나인 당신도 자신을 사랑하는 것 이상으로 다른 존재를 사랑해야만 한다."

이성적 의식이 가르치고 있는 이러한 조건에서만 비로소 인간의 행복과 삶은 가능하다. 그래야 비로소 인간의 생활을 해치고 있는 모든 것, 즉 생존경쟁, 참기 어려운 고통, 죽음의 공포가 사라지는 것이다.

실제로 무엇이 개인 생존의 행복을 불가능하게 하는 것일까? 그것은 첫째로, 개인의 행복을 추구하는 인간 상호 간의 생존경쟁이다. 둘째로, 생명의 소모, 권태, 고통을 주는 외적인 쾌락이다. 셋째로, 죽음이다. 그러므로 사람이 자기 하나만의 행복을 추구하는 것을 중지하고 다른 사람을 행복하게 하기 위해 노력한다면 행복을 불가능하게 만든 모든 요인들이 사라져 사람들은 실제로 얻을 수 있는 유일한 행복을 곧 발견하게 될 것이다. '개인의 행복을 추구하는 것이 인생'이라는 인생관으로 세상을 본다면 서로 멸망시키려는 인간 상호 간의 비이성적 투쟁만을 볼 수 있을 것이다. 그러나 다른 사람의 행복을 바라는 것이야말로 인생이라고 인정하게 되면 전혀 다른 것을 세상에서 찾아볼 수 있을 것이다. 즉 우발적으로 나타나는 인간 상호 간의 다툼에 앞서 끊임없이 서로 봉사하고 있는 모습을 이 세상에서 볼 수 있을 것이다. 이 상호 간의 봉사 없이는 세계의 존재도 무의미한 것이다.

이것만 인정한다면 원래 얻을 수 없는 개인의 행복을 지향하던 이제까지의 모든 어리석은 활동은 세계의 법칙과 일치하는 다른 활동으로 바뀌게 된다. 즉 자신 및 전 세계의 행복——완전히 얻을 수 있는 저 행복——을 지향하는 활동으로 바뀌게 된다.

동물적인 생활을 비참하게 하고 개인의 행복을 불가능하게 하는 두 번째 원인은 생명의 소모, 권태, 고통을 가져오는 외적인 쾌락, 즉 개체의 쾌락이다. 다른 사람을 행복하게 해 주기 위해 노력하는 것이 자기의 인생이라고 인정하기만 하면 외적인 쾌락에 대한 욕망은 사라진다. 그리고 동물적 자아라는 밑 빠진 독을 채우려는 헛되고 고통스러운 활동은 이성의 법칙과 일치하는 활동, 즉 다른 사람의 생활에 봉사하려는 활동으로 바뀌게 되는데 그것은 자기 행복을 위해서도 반드시 필요한 활동인 것이다.

그리고 생명의 활동을 파괴하는 괴로운 고통도 다른 사람에 대한 동정심으로 바뀌어 즐거운 마음으로 활동할 수 있게 된다. 개인적인 생활을 비참하게 하는 세 번째 원인은 죽음의 공포이다. 동물적 개인의 행복을 추구하는 것을 중지하고 다른 사람을 행복하게 해 주기 위해 노력하는 것이 자기의 인생이라고 인정하게 되면 죽음이라는 괴물은 영원히 사람의 눈앞에서 사라진다.

죽음의 공포는 육체의 죽음으로 인생의 행복까지 잃게 된다는 공포에서 생기는 것이다. 만일 인간이 다른 사람의 행복을 자기 행복이라고 생각한다면, 즉 자기를 사랑하는 것보다 다른 사람을 더 사랑한다면 죽음은 자신을 위해서만 살고 있는 인간이 생각하는 것처럼 행복과 생명의 단절로는 생각되지 않을 것이다. 다른 사람을 위해서 살고 있는 사람에게 죽음은 행복과 생명의 파멸로 생각되지 않을 것이다. 왜냐하면 다른 사람의 행복과 생명은 다른 사람에게 봉사하는 사람의 생명에 의해서 소멸하지 않을 뿐 아니라 오히려 그의 생명의 희생으로 더욱 증대되고 강화되기 때문이다.

제19장 이성적 의식의 요구에 대한 확인

"그러나 그러한 생활은 인생이 아니다. 그것은 인생을 부정하는 것이며 자살과 마찬가지이다." 인생에 관한 그릇된 사고방식에서 벗어나지 못한 인간의 의식은 격분해서 이렇게 말할 것이다. 그에 대해 이성적 의식은 이렇게 대답한다. "그러한 것은 나는 모른다. 내가 알고 있는 것은 이러한 생활이야말로 인생이며 그 이외의 인생이란 있을 수 없다는 것뿐이다. 또한 나는 그러한 생활만이 개인 및 전 세계에 생명과 행복을 가져다준다는 것을 알고 있다. 그렇다. 분명히 이전의 나에게는 나를 포함한 모든 존재의 생활은 불행하고 무의미한 것이라고밖에 생각되지 않았다. 그러나 지금의 '나는 인생이란 인간이 태어나면서부터 알고 있어야 할 이성의 법칙을 몸으로 실행하는 것이다' 라는 것을 확실하게 이해하고 있다. 나는 각 개인이 모든 사람에게 봉사하고 각 개인이 모든 사람으로부터 봉사를 받는다고 하는 이 법칙에 따라야만 비로소 무한히 증대되는 최대의 행복을 얻을 수 있다는 것을 알고 있다."

그릇된 사고방식을 지닌 인간의 의식은 이렇게 말할 것이다.

"그러나 그것은 머릿속으로만 생각할 수 있는 법칙일 뿐, 실제로 행하기는 어려운 법칙이다." 인생에 대한 그릇된 사고방식에서 벗어나지 못한 인간의 의식은 격분해서 다시 말한다. "실제로 지금도 다른 사람은 자기 자신을 사랑하는 것 이상으로 나를 사랑해 주지는 않는다. 그러므로 나는 나 자신을 사랑하는 것 이상으로 다른 사람을 사랑할 수 없다. 또 다른 사람을 위해 나 자신의 쾌락을 잃는다거나 고통을 받기는 싫다. 이성의 법칙 따위는 내게는 쓸모가 없다. 나는 나 자신의 쾌락을 바라며 고통에서 벗어나고 싶다. 더구나 지금도 인간들 사이에는 생존경쟁이 벌어지고 있으며 나 혼자만 다른 사람과 싸우지 않는다면 내가 다른 사람에게 짓밟혀 죽게 될 것이다. 모든 사람 최대의 행복이 어떠한 방법으로 얻어질는지 모르지만 아무래도 좋다. 나에게 지금 필요한 것은 나 자신의 실제 행복, 나 자신의 최대 행복이다."

이성적인 의식은 이렇게 대답한다. "그런 것은 내가 알 바 아니다. 그러나 당신이 쾌락이라고 부르는 것이 행복을 가져다주는 것은 당신 자신이 그 쾌락을 획득하지 않고 다른 사람이 당신에게 주었을 때뿐이라는 것을 나는 알고 있다. 당신이 자신을 위해서 쾌락을 획득하려 할 때 그 쾌락은 지금과 마찬가지로 권태와 고통밖에 주지 않을 것이다. 또한 당신이 실제로 고통에서 벗어날 수 있는 것은 다른 사람들이 그 고통으로부터 구원해 주었을 때뿐이다. 당신이 자신의 힘으로 그 고통에서 벗어나려고 아무리 발버둥을 쳐도——현실도 아닌 상상의 고통에 대한 공포로 스스로 목숨을 끊을지언정——결코 벗어날 수는 없다. 또한 나는 알고 있다. 동물적인 생활——다른 모든 사람이 자신만을 사랑하고, 나는 나 자신만을 사랑하며, 가능한 한 많은 쾌락을 누리고, 고통과 죽음으로부터 벗어날 것만을 바라는 생활——은 끊임없는 고통만 가져올 뿐이라는 것을. 자기 자신만을 사랑하고 다른 사람과 싸우면 싸울수록 그들은 더욱더 강한 적의를 품고 대항해 올 것이다. 고통에서 벗어나려 하면 할수록 고통은 더욱 심하게 될 것이며 죽음에서 벗어나려 하면 할수록 죽음은 더욱 두려운 것이 될 것이다. 또한 인간이 생활의 법칙에 따라 생활하지 않는 한 결코 행복을 얻을 수 없다는 것을 나는 알고 있다. 인간 생활의 법칙이란 서로 다투는 것이 아니라 서로 봉사하는 것이다."

"그러나 나는 나 자신의 내부에서밖에 인생을 인정할 수 없다. 다른 사람을 행복하게 해 주는 것이 인생이라고는 도저히 생각할 수 없다."

이성적인 의식은 이렇게 대답한다. "그런 것은 내가 알 바 아니다. 다만 내가 알고 있는 것은 이전의 나에게는 불행하고 무의미한 것으로밖에 생각되지 않았던 나의 생활과 세계의 생활이 지금의 나에게는 완전히 이성적인 것으로 생각된다는 것이다. 즉 나의 생활이나 세계 모두 나 자신의 내부에서 인정하고 있는 것과 동일한 이성의 법칙에 따름으로써 동일한 행복을 추구하는 완전히 이성적인 것으로 생각된다."

"그러나 나에게는 그러한 일은 불가능하다."고 그릇된 의식은 말한다. 그러나 이 불가능한 일을 하지 않는 사람은 없으며 이 불가능한 일 속에 인생 최대의 행복이 존재한다고 생각하지 않는 사람은 하나도 없다.

"다른 사람의 행복 속에 자기 행복이 있다고 생각할 수는 없다."고 말하면서도 다른 사람의 행복이 자기 행복으로 되는 상태를 경험하지 않은 인간은 없는 것이다. "다른 사람을 위해서 애쓰거나 고통받거나 하는 일 속에 자기 행복이 있다고 생각할 수는 없다."고 말하면서도 일단 다른 사람의 불행을 자신의 불행으로 느끼는 감정에 자신을 맡기면 개인적 쾌락은 의미를 잃을 것이며 그의 생명력은 다른 사람의 행복을 위해 애쓰고 고통받는 일에 바쳐지고 그 고통과 노고가 그에게는 행복이 되는 것이다. "다른 사람의 행복을 위해서 자기 자신의 생명을 희생할 수는 없다."라고 말하지만 다른 사람의 불행을 자신의 불행으로 생각하는 감정에 자신을 맡기면 죽음도 죽음에 대한 두려움도 그의 눈앞에서 사라질 뿐 아니라 죽음이야말로 자신이 획득할 수 있는 최고의 행복이라고 생각되는 것이다.

사람이 자기 행복을 구하는 일을 중지하고 오로지 다른 사람을 행복하게 해 주려고 노력하게 되면 그 사람의 생활은 이제까지와 같이 불합리하고 비참한 것이 아니라 행복하고 합리적인 것이 된다. 이성을 가진 인간이라면 이것을 인정하지 않을 수 없을 것이다. 이성을 가진 인간이 인정하지 않을 수 없는 것이 또 하나 있다. 그것은 다른 사람이나 다른 생물도 이처럼 다른 존재의 행복만을 바라며 생활하게 되면 전 세계의 생활은 불합리하고 잔혹한 것이 아니라 인간만이 구할 수 있는 가장 합리적이고 행복한 생활이 되며 그러면 세계의 생활은 이제까지와 같이 무의미하고 공허한 것이 아니라 인간에게 합리적인 의미를 주게 된다는 것이다.

이성을 가지고 있는 사람들에게 생활의 목적은 전 세계 사람들이 하나로 결합하여 이성적 존재로서 무한히 발전해 나아가는 것이다. 이 목적을 향해 생활을 해나가면서도 모든 사람이 점점 이성의 법칙에 따르게 되면 아직까지는 이성적 인간들만이 이해하고 있는 진리——모든 사람이 자기 혼자만의 행복을 구하려 하지 않고 다른 사람을 행복하게 해 주려는 이성의 법칙에 따르게 되면 인생의 행복은 실현된다는 진리——를 모든 인간들이 이해하게 될 것이고, 또한 이러한 이성의 법칙은 처음에는 인간에게 다음에는 모든 생물에게 파급되어 갈리라는 것을 이해하게 될 것이다.

그뿐만 아니라 인간이 자기 행복을 구하려는 욕망을 다른 사람을 행복하게 해 주려는 욕망으로 바꿀 수 있다는 것을 인정한다면 차츰차츰 자아를 부정하면서 활동의 목적을 자기에서 다른 사람으로 옮겨가는 것은 인류 및 인류와 관계가 깊은 생물의 전진운동일 뿐이라는 것을 인정하지 않을 수 없을 것이다. 역사를 살펴보더라도 인류 생활의 진보는 인간 상호간 생존경쟁의 격화와 증대로 이루어 온 것이 아니라 반대로 불화의 감소와 생존경쟁의 완화로 이루어 온 것이다.

즉 생활의 진보는 이 세계가 이성의 법칙에 따름으로써 적의와 불화로부터 점차 화합과 결속을 향해 나아가는 데서만 발견되는 것이다. 이것을 인정한다면 사람들이 서로 다투는 것을 중지하고, 포로와 그 자식들을 살해하던 사람들이 그런 짓을 그만두고, 인간 살육을 자랑하고 있던 군인들이 그 자만을 버리고, 노예제도를 만들어 낸 사람들이 그것을 폐지하고, 동물을 살육하고 있던 사람들이 그런 짓을 멈추고, 동물의 고기를 먹는 대신 알과 우유를 먹으며 식물들을 마구 베어 버리는 일도 없어져야만 한다는 것을 인정하지 않을 수 없을 것이다.

사람들은 인류 가운데 훌륭한 사람들이 쾌락에 대한 추구를 비난하며 절제를 권하고 있다는 것을 알고 있으며 또 후세 사람들에게 꾸준히 존경받고 있는 훌륭한 사람들이 다른 사람의 행복을 위해 자기 자신을 희생하는 모범을 보인다는 것도 알고 있다.

또한 사람들은 인간의 이성이 요구하는 생활, 즉 자기 행복을 위한 생활이 아니라 다른 사람을 위한 생활이 실제로 이 세계에서 행해지고 있으며 인류의 과거 생활을 보아도 그것이 증명되고 있다는 것을 알 수 있다.

그뿐만 아니라 자기 행복을 위해서가 아닌 다른 사람의 행복을 위한 생활만이 진정한 인생이라는 것을, 이성과 역사보다 한층 더 강하고 설득력 있는 방법으로 가르치는 것이 있다. 그것은 자기 행복을 위한 생활이 아닌 다른 사람의 행복을 위한 생활——이성이 지시하고 있는 생활——속으로 사람을 인도하는 인간의 가슴속에 넘쳐나는 욕구, 즉 사랑인 것이다.

제20장 자아와 이성은 양립하는가

동물적 자아의 요구는 이성적 의식의 요구와는 양립하지 않는 것처럼 생각된다.

이성, 양식, 역사, 내면적 감정 모두가 이처럼 다른 사람을 위한 생활만이 인간의 올바른 생활이라는 것을 사람들에게 확신시키고 있다. 그럼에도 불구하고 현대의 그릇된 가르침을 받으며 성장한 사람들에게는 자신의 이성적 의식과 내면적 감정의 욕구를 충족시키는 것이 인생의 법칙일 수 없는 것처럼 여겨진다.

"'자신의 개인적 행복을 위해 다른 사람과 싸우면 안 된다. 쾌락을 추구해서는 안 된다. 고통을 피하려고 해서는 안 된다. 죽음을 두려워해서는 안 된다'라고 말하고 있지만, 그러한 일은 모두 불가능한 일이다. 그것은 인생 자체를 완전히 부정하는 일이 아닌가! 자기 자아의 요구를 느끼고 그 요구가 올바르다는 것을 나의 이성이 인정하고 있는 이상 어떻게 자아를 부정할 수 있겠는가?" 현대의 교양인들은 확신을 두고 이렇게 말한다.

그러나 거기에는 주목해야 할 현상이 있다. 교육받지 못한 순박한 육체노동자들은 동물적 자아의 요구 따위는 전혀 주장하지 않는다. 오히려 동물적 자아의 요구와는 정반대되는 요구를 항상 자기 내면에서 느끼고 있다. 즉 이성적 의식의 요구를 전적으로 부정하고 그 요구의 정당성을 부정하며 자아의 권리를 주장하는 일은 항상 이성이 발달하고 부유하며 세련된 사람들 사이에서만 볼 수 있는 현상이다.

부유하고 유약하며 한가한 교양인들은 언제나 자아는 절대 불가침의 권리를 갖고 있다는 것을 증명하려고 한다. 그러나 굶주리고 있는 사람은 인간이 먹어야 한다는 것을 증명하려고 하지 않는다. 그러한 것은 누구나 알고 있는 것이며 증명할 필요도 반증할 필요도 없다는 것을 알고 있기 때문이다. 그들은 단지 먹기만 하면 좋은 것이다.

이러한 현상이 생기는 것은 평생 육체노동을 해 온 소위 교양이 없는 순박한 사람은 자신의 이성을 왜곡시키지 않은 채 순수한 이성의 힘을 그대로 보존하고 있기 때문이다.

그러나 무의미하고 무가치한 것, 인간으로서 생각할 필요가 없는 것들에 대해 이것저것 생각하면서 평생을 보내온 사람은 자신의 이성을 왜곡시킨 나머지 그 이성이 자유롭게 작용하지 못하는 것이다. 즉 그의 이성은 본래 이성이 할 일이 아닌 일——자아의 요구를 확장하고 발달시킨다든지 충족시킬 방법을 연구하는 일 등——에 쓰이고 있다.

"나는 지금 동물적 자아의 요구를 느끼고 있다. 따라서 이 요구는 정당하다."라고 현대의 그릇된 가르침을 받고 자라난 소위 유식한 사람들은 말한다.

그들은 동물적 자아의 요구를 느끼지 않을 수가 없다. 이러한 사람들의 모든 생활은 있을 수도 없는 개인 행복의 확대에 바쳐지고 있다. 동물적 자아의 요구를 충족시키기만 하면 행복을 획득할 수 있다고 믿고 있는 것이다. 그들이 자아의 요구라고 말하는 것은 자신의 이성을 집중할 때 결정한 개인적 생존을 위한 모든 조건이다. 따라서 이성에 의해 인식된 요구——이성의 도움을 빌려 확인된 자아의 요구——는 그들의 이성이 거기에만 작용하기 때문에 한없이 확대된다. 그들은 한없이 확대되는 이 동물적 자아의 요구를 충족시키기는 일에 온 마음을 빼앗겨 참된 생활의 요구는 보지 못하는 것이다.

사회학의 연구 토대가 되는 것은 인간의 욕망에 대한 학설이지만 다루기 곤란한 것——인간은 누구나 자살하려는 사람이나 굶어 죽어가는 사람의 경우처럼 아무런 욕망도 없든가 그렇지 않으면 한없는 욕망을 갖고 있다는 것——은 일체 고려하지 않고 있다.

동물적 인간의 생존이 야기하는 욕망은 그 생존의 상황 수만큼 있으며 그 수는 구의 반지름 수만큼 있다. 음식에 대한 욕망, 호흡의 욕망, 근육과 신경 운동의 욕망, 노동 · 휴식 · 오락 · 가정생활상의 욕망, 학문 · 예술 · 종교상의 욕망 등 수없이 많다. 더구나 그 각각의 욕망은 어린아이, 미성년 남자와 여자, 성년 남녀, 노년 남녀에 따라 저마다 차이가 있으며 또한 중국인, 파리 시민, 러시아인, 폴란드인 사이에도 제각기 차이가 있다. 그리고 서로 다른 관습을 갖는 계급의 사람 혹은 병자와 건강한 사람의 욕망도 각각 차이가 있다.

인간의 개인적 생존에서 느끼는 이러한 욕망은 죽을 때까지 세어도 전부 다 셀 수 없을 것이다. 생존 조건이 모두 욕망이 될 수 있으며 그 생존 조건은 무수히 많기 때문이다.

그중에서 욕구라고 불리는 것은 의식된 조건뿐이다. 그러나 의식된 조건이라는 것은 의식되자마자 그 본래의 의미를 상실하고 이성적 의식이 거기에만 작용함으로써 과장된 의미를 지니게 되어 참된 생활을 가려 버리는 것이다.

사람이 욕구라고 부르고 있는 것, 즉 인간의 동물적 생존 조건이라는 것은 어떤 모양으로도 마음대로 부풀릴 수 있는 팽창력을 갖고 있는 무수히 많은 구(球)에 비유할 수 있다. 그리고 이 무수히 많은 구가 모여서 하나의 육체를 형성하고 있다. 그리고 그 구들은 모두 크기가 같고 각각 일정한 장소를 차지하고 있기 때문에 부풀어 오르지 않는 한 서로 압박하는 일은 없다.

인간의 욕망도 모두 똑같은 크기이며 각각 일정한 장소를 차지하고 있어 그 욕망을 의식하지 않은 한 사람에게 고통을 가져오지는 않는다. 그렇지만 하나의 구가 부풀어 오르기 시작하여 다른 구보다 커지면 그것들을 압박하게 되고 또 구 자신도 압박받게 된다. 인간의 욕망도 이와 같다. 이성적 의식이 그 중 어느 욕망 하나에만 작용하더라도 그 의식된 욕망은 즉시 그 사람의 생활 전체를 점령하여 모순을 불러일으키며 그의 전 존재를 고통 속으로 밀어 넣는 것이다.

제21장 자아를 이성에 종속시켜라

필요한 것은 동물적 자아를 버리는 것이 아니라 그것을 이성적 의식에 종속시키는 것이다.

인간이 이성적 의식의 요구를 느끼지 못하고 동물적 자아의 요구만을 느끼는 것은 이성 전체를 동물적 욕망의 증대에만 집중시킨 결과 그 동물적 욕망에 지배되어 인간의 참된 생활을 볼 수 없게 되었기 때문이다. 즉 무성하게 자란 악덕의 잡초가 참된 생활의 싹을 짓밟아 버린 것이다.

현대에 이러한 현상이 일어나고 있는 것은 조금도 이상해할 것이 없다. 왜냐하면 지도자로 간주하는 사람들이 '개개인의 최고의 완성은 자아의 세련된 요구를 전면적으로 발전시키는 것이다' 라든지 '대중의 행복은 대중이 가지고 있는 많은 욕망을 가능한 한 충족시키는 데 있다' 라든지 혹은 '인간의 행복은 욕망의 충족에 있다' 라는 따위의 주장을 아무 거리낌 없이 하고 있기 때문이다.

이러한 가르침을 받으며 자라난 사람들이 '우리는 동물적 자아의 요구를 느끼지 못하며 이성적 의식의 요구만을 느낀다' 고 말한다면 그것이 오히려 이상한 일이다. 자신의 모든 이성을 동물적 자아의 욕망에만 집중하고 있는 그들이 이성의 요구를 느끼지 못하는 것은 어쩌면 당연한 일이다. 동물적 욕망이 생활 전체로 되어 버린 그들이 자기의 동물적 욕망을 버릴 수 없는 것은 당연하다.

이러한 사람들은 항상 "동물적 자아를 부정하는 것은 불가능하다"라고 입버릇처럼 말한다. 그들은 동물적 자아를 이성의 법칙에 종속시킨다는 개념을 동물적 자아를 부정한다는 개념으로 살짝 바꿈으로써 문제를 고의로 왜곡하고 있다.

"그것은 부자연스러운 일이다. 그러므로 그것은 불가능하다." 그들은 이렇게 말한다. 그러나 그들에게 동물적 자아를 부정하라고 말하는 사람은 아무도 없다. 이성적인 인간에게 동물적 자아는 없어서는 안 되는 것이다. 그것은 동물적 생명을 유지하기 위해서는 호흡운동과 혈액순환이 없어서는 안 되는 것과 같다. 동물에게 호흡운동을 중지하라든가 혈액순환을 중지하라고 어떻게 말할 수 있겠는가? 그런 말은 할 수 없는 것이다. 이성적 인간이 생활하는 데 동물적 자아는 필요불가결한 조건이다. 그것은 동물적 생명을 유지하기 위해서는 호흡운동과 혈액순환이 필요불가결한 조건인 것과 마찬가지이다.

동물적 자아는 본래 어떠한 요구도 할 수 없으며 또 요구하지도 않는다. 동물적 자아는 어떠한 요구도 스스로 표명할 수 없으며 또한 표명하지도 않는다. 동물적 자아의 요구를 표명하는 것은 그릇된 방향으로 향한 이성이다. 즉 인간의 생활을 인도하거나 밝게 비춰 주기는커녕 동물적 욕망을 부채질하고 있는 이성이다.

동물적 자아의 정당하고 자연스러운 요구는 항상 저절로 충족된다. 사람은 '무엇을 먹을까?' '무엇을 입을까?' 하고 고민할 필요가 없는 것이다.[26] 만일 사람이 이성적 생활을 영위한다면 '공중의 새', '들의 백합

화'가 그런 것처럼[27] 그러한 요구는 저절로 충족되는 것이다. 실제로 동물적 자아의 요구에 대한 충족이 보장된다고 하더라도 이성을 가진 인간이라면 자기 생존의 비참함이 사라지지 않을 것이라는 사실을 인정하지 않을 수 없을 것이다.

인간 생존의 비참함은 인간이 동물적 자아를 가진 개체라는 데서 생기는 것이 아니라 자기 자신의 개체적 생존이 인생 그 자체이고 행복 그 자체라고 생각하는 데서 생기는 것이다. 사람의 내면에서 일어나는 모순과 분열과 고뇌도 인생과 행복을 그런 식으로 생각할 때 비로소 일어난다.

즉 인간은 자기 이성의 힘을 동물적 자아의 요구에 집중시켜 그 요구가 팽창하면 이성의 요구를 되돌아볼 수 없게 되어 버려 비로소 고뇌를 느끼는 것이다.

그렇다고 해서 인간이 동물적 자아를 부정할 필요는 없다. 아니, 부정할 수도 없는 것이다. 그것은 인간의 생존 조건을 부정할 필요가 없으며 부정할 수도 없는 것과 마찬가지다. 그러나 이러한 생존 조건이 인생 그 자체라고 인정할 수는 없으며 또 그렇게 인정해서도 안 된다. 인간에게 주어진 생존 조건을 이용할 수는 있지만 아니, 이용해야 하지만 그러한 생존 조건을 인생의 목적으로 간주해서는 안 된다는 것이다. 즉 인간은 동물적 자아가 아니라 동물적 자아가 추구하는 행복을 부정해야 하며 동물적 생존을 인생 그 자체라고 생각하는 그릇된 사고방식을 버려야 한다. 그렇게 해야만 비로소 자기 통일을 회복할 수 있으며 인생의 목적인

---

26) 마태복음 제6장 25절.
27) 마태복음 제6장 26, 28절.

참된 행복을 획득할 수 있는 것이다.

먼 옛날부터 인류의 위대한 스승들은 '동물적 생존을 인생 그 자체로 생각하는 것은 삶 자체를 부정하는 것이며 동물적 자아의 행복을 부정하는 것이야말로 생명을 획득할 수 있는 유일한 길이다'라고 가르쳐 왔다.

이러한 가르침에 대하여 현대인들은 곧잘 이렇게 반박한다. "그렇다. 그러나 그것이 도(道)라는 것이 아닌가? 그것은 불교가 아닌가! 그것은 열반이 아닌가! 그것은 기둥 위에 올라서는 것이 아닌가!"라고. 그들은 이렇게 말함으로써 이제까지 수십억의 인간이 인정해 왔으며 지금도 우리들 각자가 마음속으로부터 잘 알고 있는 것, 즉 동물적 목적만이 있는 생활은 무의미하며 파멸을 초래할 뿐으로 이러한 생활에서 빠져나오기 위해서는 개인적 행복을 부정하는 길밖에 없다는 것을 완전히 논파했다고 생각하는 것이다.

인류의 위대한 스승들뿐 아니라 인류의 대부분이 동물적 개인의 행복을 부정하지 않는 한 참된 삶은 얻을 수 없다고 생각해 왔으며 지금도 그렇게 생각하고 있다. 그것은 인생에 대해 그 이외의 이해 방법이 있을 수 없기 때문이다. 그런데도 현대인들은 여전히 인생에 대해 그러한 사고방식을 오류라고 주장한다. 그들은 인생의 모든 문제가 전화라든가 오페라, 세균학, 전등, 폭약 등에 의해 완전히 해결되지는 않을지라도 거의 해결될 수 있다고 믿는다. 따라서 그들에게 동물적 개인의 행복을 부정하지 않으면 안 된다는 사고방식은 무지한 고대의 잔재로밖에 생각되지 않는 것이다.

더구나 이 불행한 현대인들은 열반의 경지로 들어가기 위해 개인적 행복을 부정하며 몇 년 동안이나 한쪽 발로 서 있는 미개한 인도인들이 철도로 세계 각지를 돌아다니기도 하고 동물과 같은 자기 모습을 전등불 아래 드러내며 전신 전화로 바쁜 현대 유럽 사회의 야수 화한 현대인들보다 비교가 안 될 정도로 참되게 살고 있다는 것을 생각조차 못 하는 것이다. 이 인도인은 동물적 생활과 이성적 생활 사이에 모순이 존재한다는 것을 깨닫고 자신의 힘으로 가능한 한 이 모순을 해결하려 하고 있다.

그러나 문명사회의 현대인들은 그러한 모순을 깨닫기는커녕 그것이 존재한다는 것조차 믿으려 하지 않는다. 인생은 인간의 개인적 생존이 아니라고 하는 원칙은 수천 년에 걸친 인류의 정신적 노력의 결정이다. 이 원칙은 인간(동물이 아닌)의 정신세계에서 지구의 회전이나 인력의 법칙처럼 조금도 의심의 여지가 없는 확고한 진리로서 학자이건 무식한 사람이건, 노인이건 어린아이건 올바르게 생각할 수 있는 사람이라면 누구나 이해하고 인정하고 있다. 이 진리를 인정하지 않는 사람은 아프리카와 오스트레일리아의 오지에 사는 야만인들이나 안락한 생활에 빠져 야만인으로 되돌아간 유럽 여러 도시에 살고 있는 사람들뿐이다. 이 진리는 이제 인류의 재산으로 되었다.

인류가 기계학, 대수학, 천문학 등의 제2차적인 지식 분야에서 퇴보하지 않는다면 인생의 정의라는 제1차적인 근본적 지식 분야에서는 더구나 퇴보할 수 없을 것이다. 인류가 몇천 년 동안의 생활에서 얻은 것——즉 개인적인 생활은 공허하고 무의미하며 비참하다는 확신——을 잊는다거나 의식에서 완전히 씻어 버릴 수는 없다.

현대 유럽 사회의 소위 과학이라는 것이 인생을 개체의 생존이라고 보는 진부하고 야만적인 인생관을 부활시키려고 온 힘을 기울여 왔지만 그러한 시도는 결국 인류의 이성적 의식이 성장했다는 사실——어린아이때 입던 옷이 맞지 않을 정도로 인류가 성장했다는 사실――을 한층 더 분명하게 나타낼 뿐이다. 또한 자살에 관한 철학적 이론과 놀라울 정도로 증가하는 자살자의 수는 인류가 옛날의 의식 상태로 되돌아갈 수 없다는 사실을 증명하고 있다.

개인적 생활로서의 인생은 인류가 이미 경험한 것이므로 그러한 인생관으로 되돌아갈 수는 없고 또 인간의 개인적 생존이 무의미하다는 것을 잊어버릴 수도 없는 것이다. 우리가 무슨 말을 하고 무엇을 쓰고 무엇을 발견한다고 하더라도, 또 우리의 동물적 생활이 아무리 개선된다고 하더라도 개인적 행복을 획득하는 것이 불가능하다는 것은 현대의 모든 이성적 인간에게 움직일 수 없는 진리이다.

'그래도 지구는 돌고 있다!' 는 것이다. 문제는 갈릴레이와 코페르니쿠스의 정의를 뒤집어엎는다든지 새로운 프톨레마이오스의 원의 궤도를 생각해 낸다든지――그러한 일은 이미 불가능하다――하는 일에 있는 것이 아니라 이미 인류의 공통된 의식이 되어 버린 그러한 정의로부터 더욱 발전된 결론을 끌어내는 일에 있는 것이다. 바라문교도, 불타, 노자, 솔로몬[28], 스토아학파의 철학자들, 그 외 인류의 모든 진정한 사상가들이 설명해 온 '개인적 행복을 획득하는 것은 불가능하다' 라는 정의에 대해서도 이와 똑같은 말을 할 수 있다. 인간은 이러한 인생의 정의를 보지 않으려고 하거나 온갖 수단을 이용하여 피하려 해서는 안 된다. 오히려 대담하고 분명하게 이 정의를 인정하고 그것으로부터 진보된 결론을 끌어내지 않으면 안 되는 것이다.

---

28) Solomon(기원전 971~932?)
　　이스라엘 제3대 왕으로 다윗(David) 왕의 아들. 지혜로움과 영화로움의 대명사로 되어 있다.

제22장 사랑이란 이성적 의식에 따르는 자아의 활동이다

사랑은 사람이 자신의 이성적 의식을 따를 때 나타난다.

이성적 인간은 동물적 자아의 욕망을 만족시키기 위해서만 살 수 없다. 왜냐하면 그러한 욕망을 얻을 수 있는 길이 모두 막혀 왔기 때문이다. 다시 말해서 인간의 동물적 자아가 요구하는 목표들은 모두 도달할 수 없는 것들뿐이기 때문이다. 그러나 이성적 의식은 그와는 다른 목표를 제시한다. 이 목표는 도달할 수 있을 뿐 아니라 인간의 이성적 의식을 완전하게 만족시키는 것이다. 그러나 현대의 그릇된 가르침의 영향을 받고 있는 인간에게는 처음에는 이 목표가 동물적 자아와 대립하는 것처럼 생각된다.

현대 사회에서 자라난, 터무니없이 팽창한 동물적 욕망에 사로잡혀 있는 사람이 이성적 자아 속에서 자기 자신을 아무리 인정하려 해도 동물적 자아 속에서 느끼는 것과 같은 삶에 대한 욕구는 느끼지 못한다. 그의 이성적 자아는 인생을 관조할 뿐 스스로 생활하고 있지 않으며 삶에 대한 매력도 느끼지 못하는 것이다. 즉 그의 이성적 자아는 삶에 대한 욕구를 느끼지 못하고 그의 동물적 자아는 삶에 대한 욕구는 느끼지만 도달할 수 없는 그 목표 때문에 괴로워한다. 그리하여 그는 산다는 것 자체가 고통일 뿐이며 남은 길은 오직 하나, 인생에서 도망치는 길뿐이라고 생각하게 된다.

쇼펜하우어[29]나 하르트만[30] 같은 현대의 부정적 철학자들은 이러한 문제를 매우 불성실하게 해결하고 있다. 즉 그들은 인생을 부정하면서도 인생에서 도망칠 기회를 잡으려 하지 않고 그대로 머물러 있는 것이다. 이와는 반대로 인생을 악으로밖에 생각하지 않는 자살자들은 이 문제를 성실하게 해결하고 있다. 그들에게는 자살이 현대 인간 생활의 불합리로부터 빠져나가는 유일한 방편으로 생각되는 것이다.

염세 철학자들과 대부분의 자살자의 사고방식을 살펴보면 다음과 같다. '나는 동물적 자아를 느낀다. 내가 느끼는 동물적 자아는 삶에 대한 강한 욕망을 가지고 있다. 이 자아는 삶에 대한 강한 욕망 때문에 끊임없이 요구를 한다. 그러나 그 요구들은 결코 이루어질 수 없고 따라서 나의 동물적 자아는 만족할 수 없다. 한편 나는 또 하나의 자아를 느낀다. 그것은 이성적 자아이다. 이 자아는 삶에 대한 욕망을 전혀 가지고 있지 않으며 동물적 자아가 느끼는 삶의 욕망이라든가 삶의 기쁨을 냉정하게 관찰하여 그 모두를 부정한다. 만일 내가 나를 동물적 자아에 맡긴다면 아무런 의미도 없이 살아가면서 파멸을 향해 한 걸음 한 걸음 나아가 결국 불행의 구렁텅이 속으로 빠져들어 갈 뿐이다. 만일 나 자신을 이성적 자

---

29) Schopenhauer, Arthur(1788~1860)
　　유대인 출신의 독일 철학자. 염세관이 그의 사상의 기조(基調)를 이루고 있다.
30) Hartmann(1842~1906)
　　독일의 철학자로서 형이상학의 기초를 '무의식'에 두어 세계는 무(無)로 돌아간다는 비관적 사상을 가졌음.

아에 맡긴다면 삶에 대한 모든 욕망이 사라져 버릴 것이다. 나는 삶의 유일한 목적인 개인적 행복을 위해서 사는 것은 무의미하며 불가능하다는 것을 알고 있다. 그러므로 내가 아무리 개인적 행복을 위해서 살려고 해도 그럴 수가 없는 것이다. 이성적 의식을 위해서 살 수는 있겠지만 그렇게까지 할 이유가 없으며 그렇게 할 생각도 없다. 내가 태어난 근원, 즉 신을 섬길 것인가? 그러나 무엇 때문에? 비록 신이 존재한다고 하더라도 신을 섬길 사람은 내가 아니더라도 얼마든지 있지 않은가. 내가 신을 섬겨야 할 이유가 어디 있는가? 인생이 연출하는 어리석은 연극을 싫증날 때까지 구경하고 있는 것도 좋을 것이다. 그러다가 싫증이 난다면…… 퇴장하는 것이다. 자살하는 것이다. 나는 그렇게 할 것이다…….'

이상은 인류가 솔로몬과 불타 이전에 갖고 있었던 모순에 빠진 인생관이며 현대의 그릇된 지도자들은 인류를 이러한 인생관으로 다시 끌고 가려고 하는 것이다.

인간의 동물적 욕망은 불합리의 극한까지 이르렀다. 자각한 이성은 이 동물적 욕망을 부정한다. 그러나 동물적 욕망이 터무니없이 팽창하여 인간의 의식을 완전히 덮어 버렸기 때문에 마치 이성이 인생을 완전히 부정하고 있는 것처럼 생각되는 것이다. 그러므로 이성이 부정하고 있는 것을 자신의 생활 의식에서 제거해 버리면 아무것도 남지 않는 것처럼 생각되는 것이다. 그리고 그는 남아 있는 것에는 눈도 돌리지 않는다. 이 남아 있는 것 속에 참된 인생이 있음에도 아무것도 남아 있지 않은 것으로 생각하는 것이다.

빛은 어둠 속에서 빛나지만 어둠은 빛을 덮어씌우지 못한다.[31] 진리의 가르침은 이 딜레마——이대로 무의미한 생존을 계속할 것인가 아니면 부정할 것인가——를 해결하고 있다.

　행복에 대한 가르침[32]이라고 불리는 이 가르침, 즉 진리의 가르침은 동물적 자아가 욕구하는 그릇된 행복 대신, 언젠가 어디선가는 얻을 수 있을 것이라고 욕구하는 행복 대신에 언제라도 지금 당장 여기서도 얻을 수 있으며 절대로 빼앗기지 않을 참된 행복을 가르친다.

　이 행복은 이론으로부터 도출된 것도 아니고 어딘가에서 찾아내야 하는 것도 아니며 시간과 장소의 제약을 받는 것도 아니다. 그것은 타락하지 않은 영혼이라면 모두가 이끌리지 않을 수 없는, 인간에게 가장 친숙한 행복이다.

　인간은 누구나 인생에는 동물적 자아의 행복 말고도 더 높은 차원의 행복이 있다는 것을 어린 시절부터 알고 있다. 그것은 동물적 자아의 욕망 충족과는 아무런 관계도 없을 뿐 아니라 오히려 동물적 자아의 행복을 부정하면 할수록 더욱 증대해 가는 행복이다. 사람은 누구나 인생의 모든 모순을 해결하고 최대의 행복을 가져다주는 감정을 알고 있다. 그것은 바로 사랑이다.

　인생이란 이성의 법칙을 따르는 동물적 자아의 활동이다. 이성이란 인간의 동물적 자아가 자기 행복을 위해 반드시 따라야 하는 법칙이다. 그리고 사랑이란 인간의 유일한 이성적 활동이다.

　동물적 자아는 자칫 개인적 행복에 이끌리기 쉽다. 이때 이성은 개인적 행복이 거짓임을 가르쳐 주고 참된 삶에 이르는 하나의 길을 인간에게 제시한다. 이 길에서의 활동이 곧 사랑이다.

---

31) 요한복음 제1장 5절.
32) 복음서를 가리킴.

인간의 동물적 자아는 행복을 욕구하지만 이성적 의식은 서로 싸우는 모든 존재의 불행을 가르쳐 주고, 동물적 자아의 행복 따위는 있을 수 없다고 가르쳐 주며, 인간이 얻을 수 있는 유일한 행복은 다른 사람과의 다툼도 없고 행복의 중단도 없으며 죽음의 환상이나 공포도 없는 것이라고 가르쳐 준다.

그리하여 인간은 참된 행복이라는 자물쇠——이성이 가르쳐 준 행복, 즉 인간이 얻을 수 있는 유일한 행복——에만 꼭 들어맞도록 만들어진 열쇠, 즉 사랑의 감정을 자신의 영혼에서 발견하는 것이다. 그리고 이 사랑의 감정은 기다리기라도 했다는 듯이 이제까지의 인생의 모든 모순을 해결한다.

인간의 동물적 자아는 자신의 이기적 목적을 위해 다른 사람의 자아를 이용하려 하지만 사랑의 감정은 다른 사람의 이익을 위해 자기 자신의 존재까지도 내던지도록 사람을 인도한다.

동물적 자아는 괴로워한다. 이러한 고통을 완화해 주는 것이 사랑의 활동의 중요한 목적이다. 동물적 자아는 개인적 행복을 추구하면서 한 호흡 한 호흡마다 죽음——생각만 해도 인간의 모든 행복을 파괴해 버릴 것만 같은 죽음——이라는 최대의 불행을 향해 나아가고 있을 뿐이다. 그러나 사랑의 감정은 이 죽음의 공포를 제거할 뿐 아니라 다른 사람들의 행복을 위해 자기 자신까지도 기꺼이 희생하도록 사람을 인도하는 것이다.

제23장 사랑의 감정

사랑의 감정은 자기 인생의 의미를 이해하지 못한 사람에게는 나타나지 않는다.

사랑이라는 감정에는 인생의 모든 모순을 해결하고 인생의 목적인 완전한 행복을 주는 특별한 힘이 있다는 것을 누구나 알고 있다. 그러나 인생의 의미를 이해하지 못한 사람들은 "사랑의 감정은 좀처럼 나타나지 않으며 나타난다고 하더라도 오랫동안 지속되지 않으므로 그 뒤에는 더욱 괴로운 고통이 따른다."고 말한다.

이러한 사람들은 이성적 의식에 눈뜬 사람들처럼 사랑을 생명의 유일하고도 올바른 표현이라 생각하지 않고 인생의 과정에서 나타나는 여러 가지 우연한 현상 중 하나라고 생각한다. 즉 생활하는 가운데 때때로 느끼는 수많은 감정──멋을 내 본다거나, 과학이나 예술에 몰두한다거나, 일이나 명예심 혹은 돈에 빠져든다거나, 누군가를 좋아한다거나 하는 등의 여러 가지 기분──중의 하나라고 생각하는 것이다. 인생을 이해하지 못한 사람들은 사랑이라는 감정을 인생의 본질로 생각하지 않고 생활하는 가운데 부딪치는 다른 모든 기분과 마찬가지로 자기의 의지와는 전혀 관계가 없이 우연히 부딪치는 감정일 뿐이라고 생각한다. 그뿐만 아니라 사랑이란 생활의 올바른 흐름을 방해하는 비정상적인 감정이며 인간을 괴롭히는 감정이라는 견해도 있다. 그들이 사랑에 대해 느끼는 감정은 마치 해가 떠오를 때 올빼미가 느끼는 감정과 흡사한 것이다.

그런데 실은 그런 사람들도 사랑이라는 상태에는 다른 어떤 감정의 경우보다도 더욱 중요한 무언가 특수한 것이 존재한다는 것을 느끼고 있다. 그렇지만 인생의 의미를 이해하지 못하고 있기 때문에 사랑이라는 것을 이해하지 못하고 사랑의 상태를 다른 모든 상태와 마찬가지로 비참하고 속기 쉬운 것으로만 생각하는 것이다.

사랑한다고?
누구를 사랑한다는 말인가?
일시적인 사랑이라면 덧없는 것,
영원한 사랑이란 없다네.

이 시구는 인생을 이해하지 못한 현대인들의 혼란스러운 의식을 잘 표현하고 있다. 그들은 사랑에는 인생의 비참함으로부터의 구원이나 참된 행복과 흡사한 그 무엇이 존재한다는 것을 인정하면서도 사랑은 아무런 구원도 될 수 없다고 생각한다. 그들은 "사랑을 하려고 해도 사랑할 사람이 없으며 모든 사랑은 헛된 것일 뿐이다. 사랑이 행복을 약속하는 것은 사랑하는 상대가 있고 또한 영원히 사랑할 수 있을 때뿐이다. 그러나 그러한 상대는 결코 있을 수 없으므로 사랑은 구원이 될 수 없다. 그러므로 사랑도 다른 모든 것들과 마찬가지로 기만이며 고통일 뿐이다."라고 말한다.

사랑을 이런 식으로밖에 이해하지 못하는 것은 그들이 인생은 동물적 생존에 지나지 않는다는 가르침을 받아 왔고 또 그렇게 가르치고 있기 때문이다.

이런 사람들이 생각하는 사랑은 우리가 자신도 모르게 알고 있는 사랑이라는 관념과 일치하지 않는다. 그들에게 있어서 사랑은 사랑하는 사람에게도 사랑을 받는 사람에게도 행복을 가져다주는 존엄한 활동이 아니다. 동물적 자아의 행복을 인생의 목적으로 보는 사람들이 생각하는 사랑이라는 것은 자기 자식의 행복만을 위하여 굶주리고 있는 다른 갓난아이로부터 그 어머니의 젖을 빼앗으려고 안달하는 여느 어머니의 감정과 다를 바 없으며, 또 자기 자식에게 먹이려고 굶주린 사람의 마지막 빵 한 조각마저도 빼앗으려는 여느 아버지의 감정과 마찬가지이며, 한 여자를 사랑하는 남자가 그 사랑 때문에 자기 자신도 괴로워하고 그 여자도 괴롭히며 나중에는 질투로 인해 자기 자신도 그 여자도 모두 파멸시키려고 하는 남자의 감정, 혹은 한 여자에게 반한 나머지 그 여자를 강간까지 하려는 어떤 남자의 감정 또는 자기 당파의 이익을 위해 다른 당파 사람들에게 해를 입히려고 하는 감정, 도락(道樂)에 열중하여 자신과 주위 사람들을 괴롭히고 불행하게 만드는 감정, 또 사랑하는 조국이 받은 모욕을 참지 못해 싸움터를 적군과 아군의 사상자들로 메우려는 감정 등과 같은 것이다.

그뿐만 아니라 동물적 자아의 행복을 인생이라고 생각하는 사람들에게는 사랑을 실행한다는 것은 고통일 뿐만 아니라 거의 불가능할 정도로 어려운 일이다. 인생을 이해하지 못한 사람들은 "사랑은 이렇다 저렇다 하고 논의할 성질의 것이 아니다. 인간이라면 누구나 경험하여 잘 알고 있듯이 다른 사람에 대해 느끼는 좋다든가, 특별히 좋다든가 하는 솔직

한 감정에 따르지 않으면 안 되는 것이다. 그것이 참된 사랑이다."라고 말한다.

사랑에 대하여 논의한다는 것은 불가능하다. 사랑에 대하여 이것저것 생각한다든지 논의한다면 사랑은 곧 시들어 사라지고 말 뿐이다. 이 점에서는 인생을 이해하지 못한 사람들의 의견도 옳다. 그러나 사랑에 대해 논의하거나 생각하지 않아도 좋은 사람은 이성으로 이미 인생을 이해한, 개인적 생활의 행복을 부정하는 사람들뿐이며 인생을 이해하지 못한, 동물적 자아의 행복을 위해 생존하고 있는 사람들은 사랑을 고찰해 보지 않으면 안 된다. 그런 사람들이 스스로 사랑이라고 부르고 있는 감정에 몸을 맡기려 한다면 사랑에 대해 깊이 생각해 보아야 한다. 곰곰이 생각해 보지 않고, 즉 이 해결되지 않은 문제를 해결하지 않고서는 이러한 사랑의 감정을 올바르게 발휘할 수 없다.

실제로 사람들은 다른 사람의 아이와 다른 사람의 아내와 다른 사람의 친구와 다른 나라보다도 자기 자식과 자기 아내와 자기 친구와 자기의 조국을 좋아하며 이러한 감정을 사랑이라고 부르고 있다.

사랑이라는 것은 일반적으로 좋은 일을 하고 싶다는 마음을 의미한다. 우리는 누구나 사랑이라는 것을 이런 식으로 이해하고 있으며 또 다른 식으로 이해할 수도 없다. 예를 들면 나는 내 자식과 내 아내와 내 조국을 사랑하고 있다. 즉 내 자식과 내 아내와 내 조국이 다른 사람의 자식과 다른 사람의 아내와 다른 나라보다 행복하게 되기를 바라고 있다. 그렇다고 해서 내가 내 자식만을 사랑하고 다른 사람의 자식은 사랑하지 않거나 혹은 내 아내만을 사랑하고 다른 사람의 아내는 사랑하지 않거나 혹은 내 나라만을 사랑하고 다른 나라를 사랑하지 않은 것은 결코 아니며 또 그런 일은 있을 수도 없다. 사람은 누구나 자기 자식과 자기 아내와 자기 조국을 사랑함과 동시에 다른 사람의 자식과 다른 나라를 사랑하는 것이다. 그런데도 사람의 애정에 따라 자신이 사랑하는 사람들을 위해 바라는 행복의 조건은 서로 밀접하게 관련되어 있어서 사랑하는 사람만을 위한 인간의 모든 사랑의 활동은 다른 모든 사람을 위한 사랑의 활동을 방해할 뿐만 아니라 다른 사람들을 손상하는 일까지 하고 있는 것이다.

여기에서 여러 가지 문제가 일어난다. 즉 어떤 사랑을 위해서 어떻게 행동할 것인가? 어떤 사랑을 위해서 다른 사랑을 희생시킬 것인가? 누구를 더 사랑하고 누구에게 더 전념할 것인가? 아내에게인가 혹은 자식에게인가? 처자식에게인가 아니면 친구들에게인가? 아내와 자식에 대한 사랑을 손상하지 않으면서 사랑하는 조국에 봉사하기 위해서는 어떻게 하면 좋을까? 다른 사람에게 봉사하기 위해서 자신의 개인적 행복을 어느 정도까지 희생할 수 있을까 하는 문제를 어떻게 해결해야 좋을까? 다른 사람을 사랑하고 다른 사람에게 봉사하기 위해 어느 정도까지 자신의 일을 생각하면 좋을까? 자신이 사랑이라고 부르고 있는 그 감정을 분명히 이해하려고 해 본 일이 없는 사람들에게 이러한 문제는 모두 다 지극히 간단한 것으로 생각된다. 그러나 실제로 그것은 간단하지 않을 뿐만 아니라 아주 해결하기 어려운 난해한 문제이다.

옛날에 어느 율법 학자가 예수에게 했던 '그러면 내 이웃이 누구이오니까?'[33]라는 질문도 이와 흡사한 것이다. 인생의 참된 조건을 잊고 있는

---

33) 누가복음 제10장 29절.

사람에게는 이 질문에 대답하기가 지극히 쉬운 것처럼 생각된다.

만일 인간이 우리가 상상하는 신과 같은 존재라면 자신이 선택한 사람들만을 사랑할 수 있으며 그들을 다른 사람들보다 더 좋아하는 감정은 참된 사랑이 될 수 있을 것이다. 그러나 인간은 신이 아니다. 모든 생물들은 직접적으로나 간접적으로 항상 상대를 이용하고 서로 잡아먹으며 살고 있다. 인간도 그 예외가 아니며 그러한 생존 조건에서 살고 있는 것이다. 이성적 존재인 우리 인간은 당연히 이 사실을 알아야 하며 또 인정해야만 한다. 더구나 인간의 모든 동물적 행복은 다른 사람을 손상하지 않는 한 얻어질 수 없다는 것도 분명히 알아야만 한다.

모든 사람이 만족할 황금시대가 곧 온다고 종교와 과학이라는 미신이 아무리 사람들을 설득시키려 해도 이성적 인간이라면 인간의 시간적 공간적 생존 법칙은 전체와 개인 그리고 개인 사이의 끊임없는 투쟁이라는 것을 알고 있으며 또 인정하고 있다.

이러한 동물적 이해관계로 인한 인간 상호 간의 충돌과 투쟁이 이 세상의 생활로 되어 있는 한 인생을 이해하지 못한 사람들이 생각하는 것처럼 특정한 사람만을 사랑한다는 것은 불가능하다. 비록 특정한 사람만을 사랑한다고 하더라도 결코 특정한 한 사람만을 사랑하는 것이 아니라 자기의 어머니와 아내, 자식, 친구, 조국, 그리고 다른 모든 사람까지도 사랑하는 것이다. 사랑은——모든 사람이 인정하고 있는 것처럼——말만으로 끝나는 것이 아니라 다른 사람을 행복하게 해 주려는 활동이다. 더구나 그 활동은 어떤 일정한 순서에 따라서 행해지는 것이 아니다. 즉 맨 처음에 가장 강한 사랑의 요구가 표현되고 그다음에 두 번째로 강한 사랑의 요구가 표현되는 식의 형태가 아니다. 사랑의 요구는 아무런 순서도 단계도 없이 항상 동시에 나타나는 것이다. 예를 들어 지금 여기 내가 약간의 호의를 가지고 있는 굶주린 노인이 와서 사랑하는 나의 자식에게 줄 음식을 달라고 한다고 하자. 그때 나는 현재 느끼고 있는 약한 사랑의 욕구와 강하지만 현재 당면하지 않은 사랑의 욕구를 어떻게 저울질해야 하는가?

율법 학자가 예수에게 질문한 '내 이웃이 누구이오니까?'라는 질문은 바로 이러한 의미였다. 실제로 누구누구에게 어느 정도로 봉사해야 하는가를 어떻게 결정해야 하는가? 다른 사람과 조국에게는 이런 정도로, 조국과 자기 친구에게는 이런 정도로, 자기 친구와 자기 아내에게는 이런 정도로, 자기 아내와 자기 부모에게는 이런 정도로, 자기 부모와 자기 자식에게는 이런 정도로, 자기 자식과 자기 자신에게는 이런 정도로 각각 봉사해야 한다는 것을 어떻게 결정하는가? (필요할 때마다 언제나 다른 사람에게 봉사할 수 있으려면 미리 이러한 문제가 해결되어 있어야만 하는 것이다.)

더구나 그것들은 모두 사랑의 요구이며 하나의 요구를 만족시키면 다른 요구를 만족시킬 수 없게 되는 형태로 서로 관련된 것이다. 예를 들어 언젠가 내 자식에게 입히게 될 옷을 누군가가 추위에 떨고 있는 자기의 어린 자식에게 입히기 위해 구걸하였을 때 언젠가 내 자식에게 필요할 때가 올 것이라는 이유에서 그 구걸에 응하지 않을 수 있다면 나는 내 자식 장래의 행복을 구실로 다른 사랑의 요구에 대해서 응하지 않고 지나칠 수 있을 것이다.

조국에 대한 사랑, 특정한 직업에 대한 사랑, 다른 모든 사람에 대한 사랑의 관계에서도 이와 똑같은 것이다. 그러나 이러한 사람들이 더 큰 미래의 사랑의 요구를 위해 가장 작은 현재의 사랑의 요구를 어느 정도까지 거부해야 하는가 하는 문제를 아무리 결론지으려 해도 결코 결론지을 수 없는 것이다. 따라서 이들은 이 문제를 해결하지 못한 채 항상 자신의 구미가 당기는 사랑의 요구만을 선택하게 된다. 즉 사랑이 아니라 자신의 동물적 자아의 만족을 위해서 행동하는 것이다. 그러므로 미래의 더 큰 사랑의 요구를 위해서 현재의 지극히 작은 사랑의 요구는 거절해도 무방하다고 결정했다면 그는 자신이나 다른 사람을 속이고 있는 것이며 자기 한 사람 외에는 아무도 사랑하고 있지 않을 것이다.

미래의 사랑이라는 것은 없다. 사랑은 오로지 현재의 활동이다. 그러므로 현재의 사랑을 행하지 않는 사람은 사랑이 없는 사람이다.

진정한 삶을 깨닫지 못한 사람들은 인생 아닌 것을 인생이라고 생각하듯 사랑 아닌 것을 사랑이라고 생각한다. 만일 인간이 동물이며 따라서 이성을 가지고 있지 않다면 인간은 동물로서 생존할 뿐 인생 따위에 관해서는 생각하지 않을 것이다. 그리고 그러한 인간의 동물적 생존은 정당하며 행복할 것이다. 사랑의 경우에도 이와 마찬가지이다. 즉 인간이 이성을 가지고 있지 않은——예를 들면 늑대 같은——동물이라면 그는 자신이 사랑하는 것——자기의 새끼 늑대와 동료 늑대——을 사랑하면서도 자신이 사랑하고 있다는 것도 모르며, 또 다른 늑대 역시 그의 새끼 늑대와 동료 늑대를 사랑하면서도 사랑하고 있다는 것을 모를 것이다. 결국 늑대가 가지고 있는 그러한 낮은 의식 정도에서 그러한 사랑은 참된 사랑이며 그러한 생활은 참된 생활이다.

그러나 인간은 이성을 가지고 있는 존재이다. 따라서 그는 다른 사람들도 자기와 같은 사랑을 가지고 있다는 것을 알아야 하며, 또 이러한 사랑의 감정은 서로 충돌하여 사랑의 개념과는 완전히 반대되는, 즉 행복과는 거리가 먼 결과를 초래한다는 것을 알아야만 하는 것이다.

만일 인간이 사랑이라고 불리는 이 동물적으로 옳지 못한 감정을 정당화하고 강화하는 데만 자신의 이성을 활용하여 한없이 팽창시킨다면 이 감정은 점점 나빠질 뿐만 아니라 인간을 가장 흉악하고 두려운 동물로 만들어 버릴 것이다(이것은 옛날부터 알려진 진리이다). 즉 복음서에 기록되어 있는 것과 같이 '너의 눈이 나쁘면 온몸이 어두울 것이니 네게 있는 빛이 사라지면 그 어둠이 얼마나 크겠느냐?'[34]와 같은 일이 일어날 것이다.

내부에 자기 자신에 대한 사랑과 자기 자식에 대한 사랑 말고는 아무것도 없다고 하면 현재 사람들 사이에 존재하는 악의 99퍼센트는 사라질 것이다. 왜냐하면 사람들 사이에 존재하는 악의 99퍼센트는 사람들이 사랑이라고 부르며 찬미하는 저 그릇된 감정, 즉 동물의 생활과 인간의 생활이 비슷한 만큼 참된 사랑과 비슷한 저 그릇된 감정에서 발생하기 때문이다.

인생을 이해하지 못한 사람들이 보통 사랑이라고 부르고 있는 것은 자신의 동물적 행복의 한 조건을 다른 조건보다 중요하다고 느끼는 감정에 지나지 않는다. 인생을 이해하지 못한 인간이 자기 자식과 아내와 친구를 사랑하고 있다고 말하는 경우 그는 자기 생활에서 아내와 자식과 친구의 존재가 자신의 동물적 생활의 행복을 증대시키고 있다는 것을 말하고 있는 것에 불과하다.

---

34) 마태복음 제6장 23절.

이처럼 특정한 대상을 선택하여 다른 것보다 좋아하는 감정은 결코 진정한 사랑이 아니다. 그것은 동물적 생존이 인간의 진정한 삶이 아닌 것과 같다. 인생의 의미를 이해하지 못한 사람들이 동물적 생존을 인생이라고 부르고 있는 것과 마찬가지로 그들은 동물적 생존의 어떤 조건을 다른 조건보다 중요하게 여기는 감정을 사랑이라고 부르고 있다.

결국 어떤 특정한 것, 즉 자기 자식이라든가 특정한 직업이라든가 과학이라든가 예술 따위의 특정한 것을 좋아하는 감정을 사람들은 사랑이라고 부르고 있는 것이다. 그러나 무한히 다양한 이 감정은, 눈에 보이고 만져지는 인간의 동물적 생활을 매우 복잡하게 만들 뿐 결코 사랑이라고 할 수는 없는 것이다. 왜냐하면 이 감정은 사랑의 주요한 특징을 가지고 있지 않기 때문이다. 즉 이 감정은 다른 사람을 행복하게 해 주는 것을 목표로 하지 않으며 따라서 다른 사람에게 행복을 가져다주지도 않기 때문이다.

이 감정이 강하게 표현되는 것은 결국 그의 동물적 에너지를 나타내는 것에 지나지 않는다. 그리고 어떤 특정한 사람을 다른 사람보다 더 좋아하는 이 감정, 즉 사랑으로 잘못 불리는 이 감정은 참된 사랑을 접목해야만 비로소 열매를 맺을 수 있는 야생의 나무인 것이다. 야생의 사과나무가 열매를 맺지 못하거나 열매를 맺는다고 해도 단 열매를 맺지 못하고 쓴 열매를 맺는 것처럼, 특정한 사람을 편애하는 감정은 참된 사랑이 아니며 다른 사람을 행복하게 해 주지 못할 뿐만 아니라 오히려 커다란 불행을 가져다준다. 그러므로 과학이나 예술, 조국에 대한 사랑은 물론 자기의 아내나 자식, 친구에 대한, 흔히 미덕으로 간주하고 있는 사랑이라는 것도 결국 자신의 동물적 자아의 욕구를 만족시키기 위한 하나의 조건이며 다른 조건보다 중요하다고 느끼는 일시적인 감정에 지나지 않는다. 따라서 이러한 편애의 감정은 인류에게 가장 큰 불행을 초래하는 것이다.

제24장 생활의 행복과 참된 사랑

진정한 사랑은 개인의 행복을 버린 결과로 탄생한다.

진정한 사랑은 동물적 자아의 행복을 부정할 때 비로소 가능하게 된다. 진정한 사랑의 가능성은 인간이 동물적 자아의 행복 따위는 있을 수 없다는 것을 깨달았을 때 비로소 나타난다. 그때 비로소 동물적 자아라는 야생의 나무줄기에 진정한 사랑이 접목되어 참된 인간 생명의 수액(樹液)이 흘러 들어가는 것이다. 예수의 가르침은 예수 자신이 말한 것처럼 사랑의 접목이다. 그는 '나는 참 포도나무요, 내 아버지는 그 농부라. 무릇 내게서 과실을 맺지 아니하는 가지는 아버지께서 이를 없애 버리시리라.'[35]라고 말하고 있다.

'자기 목숨을 얻으려 하는 자는 잃을 것이요, 나를 위하여 자기 목숨을 잃는 자는 얻으리라.'[36]라는 예수의 말을 단지 머리로만 이해하는 데 그치지 않고 가슴으로 느끼고 생활 속에서 깨달은 사람, 즉 자기의 목숨을 사랑하는 것은 자기의 생명을 멸망시키는 것이며 이 세상에서의 자기의 목숨을 미워하는 것은 영원한 생명 속에 안주하는 것이라는 것을 깨달은

---

35) 요한복음 제15장 1, 2절.
36) 마태복음 제10장 39절.

사람만이 진정한 사랑을 알 수 있다.

'아비나 어미를 나보다 더 사랑하는 자는 내게 합당치 아니하고 아들이나 딸을 나보다 더 사랑하는 자도 내게 합당치 아니하다.[37] 자기를 사랑하는 사람을 사랑했다고 해도 그것은 사랑이 아니다. 원수를 사랑하라. 너희를 미워하는 자를 사랑하라.'[38]

사람이 자신의 자아를 버리는 것은 흔히 생각하는 것처럼 아버지와 어머니, 아들, 아내, 친구, 마음에 드는 사람에 대한 사랑의 결과가 아니라 자기중심의 개인적 생존은 헛되고 또 개인적 행복이라는 것은 있을 수 없다는 것을 깨달은 결과일 뿐이다. 따라서 사람은 자신의 개인적 생활을 버린 결과로 진정한 사랑을 인식하며 아버지와 아들, 아내, 자식, 친구를 진실로 사랑할 수 있는 것이다. 사랑이란 자신보다, 즉 자기 동물적 자아보다 다른 존재를 앞세우는 것이다.

자아를 부정한 결과로 나타난 사랑이 아닌 거짓된 사랑의 경우 사람들이 미래의 이익을 위해 눈앞의 이익을 버리는 일이 흔히 있는데 그것은 자신의 개인적 행복을 위해 특정한 것을 다른 것보다 좋아하기 때문이다. 진정한 사랑은 행위로 나타나지 않을 때도 항상 평소 상태대로 사람의 내면에 존재하고 있어야 한다. 사랑의 근본과 사랑의 근원은 흔히 생각하고 있는 것처럼 이성을 흐리게 하는 감정의 폭발이 아니라 어린아이나 이성적인 사람들에게서만 볼 수 있는 지극히 합리적이고 밝은, 평온하고도 기쁨에 찬 상태이다.

---

37) 마태복음 제10장 37절.
38) 누가복음 제6장 27~35절.

이 상태는 모든 사람에 대한 호의와 경의의 상태로서 어린아이들은 태어나면서부터 갖추고 있지만 어른의 경우에는 개인적 행복을 부정할 때에만 나타나며 그 부정의 정도가 강할수록 강하게 나타난다. 우리는 종종 '나는 어느 쪽이라도 좋다. 내게는 아무것도 필요하지 않다'라는 말을 듣는다. 그러나 이런 말을 들음과 동시에 다른 사람에 대한 그의 악의 있는 태도를 목격하게 된다. 단 한 번만이라도 다른 사람에게 악의를 갖는 순간에 '나는 아무 쪽이라도 좋다. 내게는 아무것도 필요하지 않다'고 진심으로 마음속으로 자신에게 말해 보라. 그리고 그 순간만이라도 자기 자신의 욕망을 완전히 제거해 보라. 그러면 누구나 이 간단한 내면적인 실험으로 마음으로부터 진실로 자신의 개인적 행복을 부정하자마자 모든 악의의 감정은 순식간에 사라지고 이제까지 갇혀 있던 모든 사람에 대한 선의의 감정이 격렬하게 용솟음쳐 흐르는 것을 느끼게 될 것이다.

사랑이란 분명 자기 자신보다 다른 사람을 앞세우는 것이다. 우리는 누구나 사랑을 그렇게 이해하고 있으며, 또 그렇게밖에는 이해할 수도 없다. 사랑의 크기는 다른 사람에 대한 호의와 공감의 감정을 분자로 하고 자기 자신에 대한 사랑을 분모로 하는 분수의 크기와 같다. 여기서 분자는 내 마음대로 되지 않는 것이라 하더라도 분모는 자신의 동물적 자아에 대한 견해에 따라 얼마든지 크게 할 수도 적게 할 수도 있다. 그런데 현대인들은 사랑이나 사랑의 크기를 생각할 때 분모 쪽은 거들떠보려고도 하지 않고 오로지 분자만을 기준으로 하여 이 분수의 크기를 정하는 것이다.

진정한 사랑은 항상 개인적 행복의 부정과 그 결과로 나타나는 다른 모든 사람에 대한 선의를 그 기초로 한다. 다른 사람에 대한 사랑뿐 아니라 육친에 대한 사랑도 이러한 기초 위에서 비로소 참된 사랑으로 성장할 수 있다. 그리고 이러한 사랑만이 인생에 진정한 행복을 가져오며 동물적 자아와 이성적 의식 사이에 존재하는 외적인 모순을 해결하는 것이다.

이와는 반대로 자신의 개인적 행복에 대한 부정과 그 결과로 나타나는 다른 모든 사람에 대한 선의를 기초로 하지 않는 사랑의 경우는 동물적 생활에 지나지 않으며 사랑조차 없는 생활과 마찬가지로, 아니 오히려 그보다 더 큰 불행과 불합리를 가져오는 것이다. 사랑이라고 잘못 불리고 있는 편애라는 감정은 생존경쟁을 제거하지도 않고 쾌락에 대한 욕망으로부터 해방되지도 않으며 죽음의 공포로부터 구원해 주지도 않을 뿐만 아니라 오히려 생존경쟁을 격화시키고 쾌락에 대한 욕망을 강하게 하며 죽음에 대한 공포를 더욱 증대시켜 인생을 점점 어둡게 한다.

동물적인 자아의 생존을 인생이라고 생각하고 있는 사람은 다른 사람을 사랑할 수 없다. 왜냐하면 그에게 사랑은 자신의 생활과 정면으로 대립하는 행위처럼 생각되기 때문이다. 이런 사람의 생활은 오로지 동물적 자아의 행복을 추구하는 것으로 일관한다. 그런데 사랑은 무엇보다 먼저 이 동물적 자아의 행복을 버릴 것을 요구하는 것이다. 인생을 이해하지 못한 사람이 아무리 가슴속으로부터 사랑의 행위에 몰두하려고 해도 그가 인생을 이해하고 인생에 대한 견해를 바꾸지 않는 한 그것은 불가능하다. 즉 동물적 자아의 행복을 추구하는 것이 인생이라고 생각해 온 사람은 부지런히 부를 쌓아 동물적 자아의 행복을 위한 수단 증대에만 전념해 왔을 뿐 아니라 자신의 동물적 자아의 행복을 위해 다른 사람을 희생시켜 온 것이다. 그리고 자신의 동물적 자아의 행복에 꼭 필요한 사람들에게만 이 행복을 어쩔 수 없이 분배해 온 것이다. 즉 자신의 생활이 자기 자신에 의해서가 아니라 다른 사람에 의해서 유지되어 온 것이다. 그러한 사람이 어떻게 자신의 생활을 다른 사람에게 바칠 수 있겠는가? 또 그러한 사람이 자기가 겨우 얻은 행복을 자기 마음에 드는 사람들 중 누구에게 주어야 좋을지, 누구에게 봉사해야 좋을지를 결정하는 것은 더욱 어려운 일이다.

그러한 사람이 자신의 생활을 다른 사람에게 바칠 수 있으려면 먼저 자신의 동물적 자아의 행복을 위해 다른 사람에게서 빼앗은 여분의 것을 버려야만 하며 그다음에 다른 사람 중 누구에게 자신의 생활을 봉사할 것인가 하는 더욱 어려운 문제를 결정해야 한다. 그러한 사람이 다른 사람을 사랑할 수 있으려면, 즉 자신의 동물적 자아의 행복을 버리고 다른 사람을 행복하게 하기 위해 먼저 다른 사람을 미워하는 것, 즉 악을 행하는 것을 중지해야 하며 자신의 동물적 자아의 행복을 위해서 특정한 사람을 다른 사람보다 더 사랑하는 것을 중지해야 한다.

개인적 생활에 행복이 있다고는 생각하지 않는, 따라서 이 거짓 행복을 잡으려고 안절부절못하고, 태어나면서부터 인간에게 갖추어져 있는 모든 사람에 대한 선의를 항상 내면에 간직하고 있는 사람만이 자신에게도 다른 사람에게도 항상 만족을 가져다주는 참된 사랑의 활동을 발휘할 수 있는 것이다. 그런 사람은 생활의 행복이 사랑에 있다. 그것은 마치 식물의 행복이 오직 햇빛에 있는 것과 마찬가지이다. 즉 햇빛이 가려져 있지 않은 식물은 어느 방향으로 뻗어 나아가는 것이 좋을지, 빛이라는 것이 좋은 것인지, 좀 더 좋은 다른 것을 기다려야 할 것인지 하는 따위는 생각해 보려고도 하지 않고 오로지 이 세상에 있는 유일한 빛을 흡수하여 빛의 방향으로 뻗어 나아가려고 할 뿐이다.

이와 마찬가지로 개인적 행복을 버린 사람은 다른 사람으로부터 빼앗은 것 가운데 무엇을, 자기 마음에 드는 사람 가운데 누구에게 주어야 할지, 지금 활동을 요구하고 있는 사랑보다 좀 더 좋은 사랑은 없는지 하는 것을 생각하지 않는다. 단지 그는 지금 자기 눈앞에 있는 가장 가까운 사랑에 자신을, 즉 자신의 존재를 바칠 뿐이다. 그러한 사랑만이 인간의 이성적 본성을 완전히 만족시키는 것이다.

제25장 사랑은 참된 생명이다

사랑은 진정한 생명의 단 하나뿐인 완전한 활동이다.

친구를 위해서 자신의 목숨을 버리는 사랑, 이러한 사랑 이외의 사랑은 없다. 사랑은 이처럼 자기희생인 경우에만 참된 것이라고 할 수가 있다. 사람이 다른 사람을 위해 시간과 노력뿐만 아니라 자기의 육체를 희생하고 생명을 바칠 때 우리는 그것을 사랑으로 인정하며 그러한 사랑 속에서만 행복, 즉 사랑이 주는 보수를 발견할 수 있다. 그리고 사람들에게 이러한 사랑이 존재하기 때문에 이 세계는 존속한다.

갓난아기를 자기 젖으로 양육하고 있는 어머니는 자기 자신을, 즉 자기의 육체를 음식으로 갓난아기에게 주고 있는 것이다. 그것이 없다면 갓난아기는 살지 못할 것이다. 이것이 바로 사랑이다. 또, 다른 사람들의 행복을 위해 노동을 하며 자기의 육체를 소모하고 자기 죽음을 재촉하고 있는 노동자도 마찬가지로 자기 자신, 즉 자기 육체를 음식으로 다른 사람에게 주고 있는 것이다. 이러한 사랑은 사랑하는 사람을 위해 자신을 희생하는 것이 무엇으로도 방해받지 않는 사람에게만 가능하다. 그리고 자기 자식을 유모에게 맡기고 있는 어머니는 그 자식을 사랑할 수 없다. 또한 돈을 벌어 움켜쥐고 놓지 않는 사람도 결코 다른 사람을 사랑할 수가 없다.

"빛 가운데 있다고 하면서 그 형제를 미워하는 자는 지금까지 어두운 가운데 있는 자요, 그의 형제를 사랑하는 자는 빛 가운데 있어 자기 속에 거리낌이 없으나 그의 형제를 미워하는 자는 어두운 가운데 있고 또 어두운 가운데 행하며 갈 곳을 알지 못하나니 이는 어둠이 그의 눈을 멀게 한 것이다."[39] …… "우리가 말과 혀로만 사랑하지 말고 오직 행함과 진실함으로 하자. 이로써 우리가 진리에 속한 줄을 알고, 또 우리 마음을 주 앞에서 굳세게 할 것이다."[40] …… "이로써 사랑이 우리에게 온전히 이룬 것은 우리로 심판 날에 담대함을 가지게 하려 함이니 주의 어떠하심과 같이 우리도 세상에서 그러하니라. 사랑 안에 두려움이 없고 온전한 사랑이 두려움을 내어 쫓나니 두려움에는 형벌이 있음이라. 두려워하는 자는 사랑 안에서 온전히 이루지 못하였느니라."[41]

이러한 사랑만이 사람에게 진정한 생명을 주는 것이다.

"네 마음을 다하고 목숨을 다하고 뜻을 다하여 너의 주 하느님을 사랑하라 하셨으니 이것이 크고 첫째 되는 계명이요, 둘째도 이와 같으니 네 이웃을 네 몸과 같이 사랑하라."[42] 하고 어느 율법 학자가 이 율법의 교훈을 예수를 향해 말했을 때 예수는 "네 대답이 옳도다. 이를 행하라. 그러면 살리라."[43]라고 말했다. 즉 예수는 "신과 이웃을 사랑하라. 그러면 영원한 생명을 얻게 될 것이다."라고 말한 것이다.

진정한 사랑은 생명 그 자체이다. '우리가 형제를 사랑하여 사랑에서

---

39) 요한1서 제29장 9~11절.
40) 요한1서 제3장 18~19절.
41) 요한1서 제4장 17~18절.
42) 마태복음 제22장 37~39절.
43) 누가복음 제10장 27~28절.

옮겨 생명으로 들어간 줄을 알거니와, 사랑하지 아니하는 자는 죽음에 머무느니라."[44]라고 예수의 제자는 말하고 있다. 오직 사랑하는 사람만이 살아 있는 것이다.

예수의 가르침에 의하면 사랑은 생명 그 자체이다. 불합리와 고통으로 가득 찬, 소멸해 가는 생명이 아니라 행복으로 가득 찬 영원한 생명이다. 이 말은 우리들 누구나 알고 있다. 사랑은 이성의 귀결이 아니며 어떤 활동의 결과 또한 아니다. 그것은 사방에서 우리를 둘러싸고 있는 환희에 찬 생명의 활동 그 자체이다. 현대의 그릇된 가르침이 우리의 영혼을 흐리게 하여 이 생명의 활동을 느낄 수 있는 가능성마저 빼앗아 가 버리기 전까지는 누구나 자기 내부에 이 생명의 활동이 있다는 것을 어릴 적부터 알고 있었다.

진정한 사랑, 그것은 특정한 사람이나 대상에 대한 사랑처럼 개인의 일시적인 행복을 증대시키는 것에 대한 집착이 아니라 자기 이외의 다른 대상을 행복하게 해 주려는 욕구이다. 즉 그것은 동물적 자아의 행복을 부정한 후에 남는 자기 이외의 다른 것의 행복에 대한 욕구이다.

살아 있는 사람 가운데 이 행복에 가득 찬 감정을 모르는 사람이 있을까? 한 번이라도 이러한 감정을 경험하지 못한 사람이 있을까? 그것은 우리들 내부의 생명을 짓밟는 그릇된 가르침에 영혼이 아직 더럽혀지지 않은 어린 시절에는 항상 우리 내부에 있었던 축복된 감정이다. 즉 그것은 모든 것——이웃도 아버지도 어머니도 형제도 악인도 원수도 개도 말도 풀도——을 사랑하고 싶어 하는 감정이다. 또 그것은 모든 존재가

---

44) 요한1서 제3장 14절.

축복받고 모든 존재가 행복해지기를 기원하는 감정이다. 또한 그것은 어떻게 해서라도 자신을, 즉 자신의 목숨을 바쳐서라도 모든 존재를 항상 행복하고 기쁨에 넘치게 해 주고 싶어 하는, 행복에 가득 찬 감동적인 감정이다. 이런 감정이야말로, 아니 이런 감정만이 사랑이며 그런 사랑에만 인간의 생명은 존재하는 것이다.

인간의 생명이 존재하는 이러한 사랑은 세상에서 사랑이라고 잘못 불리고 있는 인간의 여러 가지 동물적 욕망——참된 사랑과 흡사하지만 잡초에 불과한 야생의 싹——과 뒤섞여 사람의 마음속에서 간신히 눈에 뜨일 정도의 어렴풋한 싹을 나타낸다. 그래서 처음에는 사람들에게 심지어 자기 자신에게조차 머지않아 새의 둥지가 될 만큼 커다란 나무가 될 이 싹이 다른 잡초의 싹과 조금도 다름이 없는 것으로 생각된다. 그뿐만 아니라 처음에 사람들은 무럭무럭 자라나는 잡초의 싹만을 가꾸어 생명을 그 속에 품고 있는, 오직 하나밖에 없는 그 싹은 성장을 방해받아 그대로 말라 죽고 마는 것이다.

그러나 그보다 더욱 나쁜 일은 사람들이 이 싹들 가운데 생명을 품고 있는 참된 싹이 하나 있다는 말을 듣고 잡초의 싹들 가운데 하나를 생명의 싹으로 생각하여 참된 생명의 싹을 밟아 죽이고 그 잡초의 싹을 사랑이라고 부르면서 가꾸기 시작하는 것이다. 아니 그보다 더욱더 나쁜 일은 사람들이 거친 손으로 바로 그 싹을 움켜잡고서 "이것이다, 이것이다. 찾았다. 이것을 키우자. 사랑이다! 사랑이다! 이것이야말로 최고의 감정이다!" 하고 외치고는 그것을 옮겨심기도 하고 모양을 바로잡기도 하고 만지작거리면서 그 싹이 꽃도 피우지 못하고 말라 죽게 하는 것이다. 그래서 싹이 말라 죽으면 사람들은 "이런 것은 모두 어리석은 것이다. 쓸데없는 것이다. 센티멘털리즘이다."라고 말한다.

사랑의 싹도 맨 처음 싹을 냈을 때는 너무나 연약하여 조금만 건드려도 상처를 입게 되며 어느 정도 성장해야만 비로소 강해진다. 그러므로 사람이 사랑의 싹에 손을 대면 그 싹을 상하게 할 뿐이다. 사랑의 싹이 성장하는 데 필요한 것은 오직 한 가지, 즉 이성이라는 태양의 광선이 아무런 방해도 받지 않고 사랑의 싹을 비출 수 있게 해 주는 것이다.

제26장 참된 생활을 방해하는 것

자신의 생존을 개선하려고 노력하면 할수록 사람들은 유일하고도 진정한 삶의 가능성을 잃는다.

동물적 생존의 허무함과 기만성을 인식하고 사랑이라는 오직 하나뿐인 참된 생명을 자기 내부에서 해방하는 것만이 인간에게 참된 행복을 준다. 그런데 사람들은 이 행복을 얻기 위해 어떤 일을 하고 있을까? 자신의 존재란 육체가 서서히 파멸하여 어쩔 수 없이 죽음을 향해 다가가는 것일 뿐이라는 것을 알고 있음에도 불구하고 사람들은 멸망해 가고 있는 자기 자신을 멸망시키지 않으려고 또 자신의 동물적 욕망을 만족시키려고 온갖 노력을 기울이며 평생을 살아가고 있다. 그리하여 그들은 인생의 유일한 행복인 사랑의 가능성을 스스로 버리는 것이다.

인생을 이해하지 못한 사람들은 오로지 자신의 생존을 위해 다른 사람들과 투쟁하고 쾌락을 추구하며 고통을 회피하고, 피할 수 없는 죽음으로부터 도피하기 위해 평생 끊임없이 활동하고 있다.

그러나 쾌락이 증가하면 할수록 다른 사람과의 투쟁의 긴장감과 고통의 감각도 그만큼 예민해지며 죽음은 더욱 가까이 다가오게 된다. 다가오는 죽음을 잊기 위해 그들에게는 오직 한 가지 방법밖에 없다. 그것은 쾌락을 더욱 증대시키는 일이다. 그러나 쾌락의 증대도 어느 한계에 이르면 더 이상 증대시킬 수 없게 되어 고통을 느끼게 되며 마침내 점점 증가하는 고통과 그 고통 속에서 점점 가까이 다가오는 죽음의 공포만이 남게 된다. 이리하여 고통과 죽음의 공포가 쾌락을 불러일으키고 강화하거나 쾌락이 고통과 죽음의 공포를 불러일으키고 강화하는 악순환이 반복되는 것이다.

인생을 이해하지 못한 사람들의 가장 큰 공포는 그들이 쾌락이라고 생각하는 것, 즉 부유한 생활의 모든 쾌락이 모든 사람에게 평등하게 분배되는 것이 아니라 남에게서 탈취해야만 하는 것이라는 데에서 생겨난다. 즉 쾌락은 사랑의 근원인 모든 사람에 대한 선의의 가능성마저 제거해 버린 악이나 폭력으로 얻어지는 것이다. 그러므로 쾌락은 항상 사랑과는 정면으로 대립하고 있으며 쾌락이 증가하면 할수록 그 대립도 그만큼 증가하게 된다. 따라서 쾌락을 획득하기 위한 활동이 격렬하면 할수록 인간에게 허용된 유일한 행복, 즉 사랑은 점점 멀어져 간다.

일반적으로 인생은 이성적 의식이 이해하고 있는 것처럼 이해되고 있지 않다. 즉 인생은 눈으로는 볼 수 없지만 순간순간 동물적 자아가 이성의 법칙에 따르는 것으로 이해되고 있지도 않으며 또 인간이 태어나면서부터 갖고 있는 모든 사람에 대한 선의와 거기에서 자연적으로 생겨나는 사랑의 활동을 자유롭게 해방하는 것으로도 이해되고 있지 않다. 사람들은 인생을 그들 자신이 결정하여 만들어 낸 모든 사람에 대한 선의의 가능성을 배제하는 조건에서 일정한 기간 존속하는 육체적 생존으로밖에 이해하고 있지 않은 것이다.

현대의 그릇된 가르침에 영향을 받아 자기의 이성을 자신의 생존을 위한 일정한 조건을 만들어 내는 데에만 사용해 온 사람들은 생존의 외적인 조건을 더욱 좋게 조절하기만 하면 인생의 행복을 증대시킬 수 있다고 생각하고 있다. 그러나 생존의 외적인 조건을 더욱 좋게 하기 위해서는 사랑과 정면으로 대립하는 다른 사람에 대한 폭력을 증대시키지 않으면 안 된다. 따라서 생존의 외적인 조건을 더욱 좋게 하려고 하면 할수록 사랑의 가능성, 즉 참된 생명의 가능성은 점점 감소해 가는 것이다. 이러한 사람들은 동물적 자아의 행복 따위는 누구에게나 똑같이 제로(Zero)라는 것을 이해하는 데 자신의 이성을 사용하지 않고, 이 제로를 증대할 수도 감소할 수도 있는 수치로 생각하여 이 값을 어떻게 해서든지 증대시키기 위해 한 번도 사용해 본 적이 없는 자신의 이성을 집중시키는 것이다.

이러한 사람들은 제로는 아무리 많이 더해도 여전히 제로라는 것을 이해하지 못한다. 즉 인간의 동물적 자아의 생존은 모든 사람에게 똑같이 비참한 것이며 어떠한 외적인 조건으로도 행복해질 수 없다는 것을 이해하지 못하는 것이다. 마치 호수의 수면 위의 어떤 장소의 물이라 할지라도 그 호수 전체의 수면보다 높게 할 수 없는 것과 마찬가지로 어떠한 존재라 할지라도 그것이 육체적 존재인 한 다른 육체적 존재보다 더 행복해질 수 없다는 것을 그들은 이해하려 하지 않는다. 자신의 이성을 왜곡시켜 버린 사람들은 이 사실을 깨닫지 못하고 이 불가능한 일에 자신의 왜곡된 이성을 사용하고 있다. 그리고 그들은 호수 수면 여기저기서 물을 호수 전체의 수면보다 높이 끌어올리려고 하는——수영하는 아이들이 맥주를 만들겠다면서 거품을 부글부글 내는 것과 같은——일에 종사하면서 일생을 보내고 있다.

그들에게 인간의 생존은 다소 차이는 있지만 어쨌든 훌륭하고 행복한 것으로 생각되는 것이다. 그들은 가난한 노동자나 병이 든 사람의 생존은 비참하고 불행한 것이지만 부자와 건강한 사람의 생존은 훌륭하고 행복한 것이라고 말한다. 그들은 자신의 이성을 집중시켜 어떻게 해서든지 가난과 병에 시달리는 비참하고 불행한 생활을 피하고 부유와 건강에 둘러싸인 훌륭하고 행복한 생활을 이루기 위해 온갖 노력을 다하는 것이다.

이리하여 그들은 몇 대에 걸쳐 이와 같은 행복한 생활을 이루고 유지해 나가는 여러 가지 방법을 만들어 이 최상의 생활——그들은 자기 동물적 생존을 이렇게 부르고 있다——프로그램을 다음 세대에게 전해 준다. 다음 세대 사람들은 조상으로부터 물려받은 그 행복한 생활을 유지해 나가려고 최선을 다하거나 새롭고 좀 더 행복한 생활을 스스로 만들어 내려고 서로 다투며 노력한다. 그리하여 사람들은 조상으로부터 물려받은 프로그램대로 생활을 계속해 나가거나 새롭고 좀 더 행복한——그들에게는 그렇게 보이는——생활을 만들어 가면서 뭔가 큰일을 하는 것처럼 생각하는 것이다.

이러한 그릇된 생각 속에서 서로 부추기면서 사람들은 때때로 마치 물을 빻는 것과 같은 어리석은 행위——그들 자신도 그것이 무의미한 일이라는 것을 알고 있다——에 인생이 있다고 믿어 버리게 되는 것이다. 그리하여 사람들은 진리의 가르침에서도, 진정한 삶을 얻은 사람들의 실생활에서도, 고동이 멈출지라도 이성과 사랑의 목소리만은 결코 완전히 꺼지지 않는 자신들의 심장에서도 끊임없이 울려 퍼지는 저 진정한 삶의 부름을 아주 간단히 무시해 버리는 것이다.

이성과 사랑으로 가득 찬 생활을 영위할 수 있는 수많은 사람이 마치

불타고 있는 축사로부터 끌려 나오는 양 떼와 같은 상태——그 양들은
자기들이 불 속으로 던져지는 것으로 착각하여 그들을 구출하려는 사람
에게 미친 듯이 필사적으로 반항한다——로 존재하는 것은 참으로 놀라
운 일이다.

이러한 사람들은 죽음을 두려워한 나머지 오히려 죽음에서 벗어나려
하지 않으며 고통을 두려워한 나머지 오히려 자신을 괴롭힌다. 그리하여
그들은 자신에게 오직 하나밖에 없는 행복과 생명의 가능성을 스스로 버
리는 것이다.

제27장 죽음의 공포

죽음의 공포는 해결되지 않은 인생의 모순에 대한 의식일 뿐이다.

"죽음이라는 것은 없다."고 진리의 소리는 말한다. "나는 부활이요 생명이니 나를 믿는 자는 죽어도 살겠고, 무릇 살아서 나를 믿는 자는 영원히 죽지 아니하리니 이것을 네가 믿느냐?"[45]

세계의 위대한 지도자들은 모두 죽음은 없다고 말한다. 또한 인생을 이해하고 있는 수백만의 사람들도 이와 같은 말을 하고 있으며 자신의 생활로 이것을 증명하고 있다. 진실로 살아 있는 인간이라면 누구나 의식이 맑은 순간에 영혼의 깊은 곳에서 그것을 느낀다. 그러나 인생을 이해하지 못한 사람들은 죽음을 두려워하지 않을 수 없다. 그들은 죽음을 보고 있으며 죽음을 믿고 있기 때문이다.

"죽음이 없다고!" 그들은 분개하여 증오에 찬 목소리로 외친다. "그것은 궤변이다. 죽음은 바로 우리 눈앞에 있지 않은가! 죽음은 수많은 사람들을 멸망시켜 왔으며 머지않아 우리들도 멸망시킬 것이다. 죽음이 없다고 아무리 주장해도 죽음은 여전히 그대로 남아 있다. 지금도 여기에 있지 않은가!" 그리하여 그들은 마치 정신병자가 두려운 환상을 보는

---

45) 요한복음 제11장 25~26절.

것처럼 자신이 말하는 죽음을 보는 것이다. 정신병자는 그가 두려워하고 있는 환상과 접촉해 본 적도 없다. 그뿐만 아니라 그는 그 환상이 어떠한 의도를 가졌는지조차 모른다. 그런데도 그는 상상 속의 환상에 대한 괴로움과 두려움으로 살아갈 힘마저 잃고 마는 것이다. 죽음도 이 환상과 마찬가지다. 사람은 자기의 죽음을 모르며 결코 알 수도 없다. 인간은 죽음과 접촉해 본 일도 없으며 또한 죽음이 어떠한 의도를 가졌는지에 대해서도 아무것도 모른다. 그런데 무엇을 두려워 하고 괴로워 하는 것인가?

"죽음은 아직 나를 찾아온 일이 없다. 그러나 곧 나를 찾아올 것이다. 머지않아 죽음이 찾아와서 나를 멸망시키리라는 것은 확실하다. 나는 그것이 두렵다." 인생을 이해하지 못한 사람들은 이렇게 말한다.

인생에 관해 그릇된 사고방식을 갖고 있는 사람이라 할지라도 인생관의 근원으로 돌아가 올바르게 생각하고 냉정하게 판단할 수만 있다면 모든 생물의 내부에서 끊임없이 일어나고 있는 저 변화——내가 눈으로 본, 그리고 내가 죽음이라고 부르고 있는 저 변화——가 육체를 가진 나에게 일어난다고 해도 그것은 그다지 불쾌한 일이 아니며 두려운 일도 아니라는 결론에 도달할 것이다.

언젠가 나는 죽을 것이다. 그러나 어째서 그것이 두려운가? 나의 육체적 존재 속에는 이제까지 여러 가지 변화가 일어났고 지금도 일어나고 있는 것이 아닌가. 더구나 나는 그것을 두려워하지 않았다. 그런데 아직 시작하지도 않은 죽음이라는 변화만을 두려워할 이유가 어디 있는가. 이 변화에는 나의 이성과 경험에 어긋나는 것이 아무것도 없다. 그뿐만 아니라 이 변화는 내가 완전히 이해할 수 있는 친숙한 자연현상이다. 더구나 나는 죽음이 동물과 인간에게 없어서는 안 될 조건이며 심지어 편리한 생활 조건이라고까지 생각해 왔으며 또 지금도 그렇게 생각하고 있지 않은가. 그런데 무엇이 두렵다는 것인가?

엄밀하게 말해 논리적인 인생관은 두 가지뿐이다. 그 하나는 인생을 출생에서 죽음에 이르기까지 자기 육체 안에서 일어나는 눈에 보이는 현상으로 이해하는 그릇된 인생관이며 다른 하나는 내가 자신의 내부에 가지고 있는 눈에 보이지 않는 의식으로 이해하는 참된 인생관이다. 전자는 그릇된 인생관이고 후자는 올바른 인생관이기는 하지만 이들 두 가지 모두 논리적이기 때문에 사람들은 이 두 가지 인생관 중 어느 쪽이라도 취할 수 있다. 그러나 이들 두 가지 중 어느 인생관을 취한다 하더라도 죽음에 대한 공포는 있을 수 없다.

인생을 출생에서 죽음에 이르기까지 육체 속에서 일어나는, 눈에 보이는 현상으로 이해하는 그릇된 인생관은 이 세계와 마찬가지로 먼 옛날부터 존재해 왔다. 이것은 많은 사람이 생각하듯 현대의 유물론적 과학과 철학에 의해 이루어진 인생관은 아니다. 현대의 과학과 철학은 다만 이 인생관을 극단적인 상황으로까지 추진시켰을 뿐이며 그 결과 이 인생관이 인간 본성의 기본적인 요구에 어긋난다는 것이 이전보다 한층 더 분명해진 것이다. 어쨌든 이것은 아주 먼 옛날부터 존재했던 원시적인 인생관이자 발달 단계가 아주 낮은 상태의 인생관이며 중국인들 사이에서도, 불교도들 사이에서도, 유대교도들 사이에서도, 또한 욥기[46]에서도 볼 수 있으며 '사람은 원래 흙이었으므로 흙으로 되돌아갈 뿐이다.' 라는

---

46) 구약성서 「욥기」

격언에도 나타나 있다.

이러한 인생관을 현대식으로 바꿔 말한다면 다음과 같다. 즉 생명이란 시간과 공간의 틀 속에 나타나는 물질 에너지의 우연한 유희이다. 우리가 의식이라고 부르고 있는 것은 생명이 아니라 일종의 착각이다. 즉 이 의식 속에 생명이 존재하는 것처럼 생각될 뿐이다. 의식이란 일정한 상태하에 있는 물질에 일어나는 불꽃이다. 이 불꽃은 활활 타오른 후 차츰 쇠약해져 결국 완전히 연소하여 사라져 버릴 것이다. 이 불꽃, 즉 과거에서 미래로 무한히 계속되는 시간의 흐름 속에서 어떤 한정된 시간 동안에만 물질에 의해 경험되는 의식은 결국 무(無)이다.

의식은 자기 자신과 자기 이외의 무한한 세계를 보고 그 쌍방에 대하여 판단을 내릴 뿐 아니라 이 세계의 우연한 유희를 간파한다. 그리고 가장 중요한 것은 우연이 아닌 어떤 것과 구별하여 이 유희를 우연이라고 부르고 있지만 그런데도 이 의식 그 자체는 생명이 없는 물질이 만들어 낸 것으로, 나타났다고 생각하자마자 아무런 흔적도 의미도 남기지 않고 사라져 버리는 환상에 불과하다. 모든 것은 끊임없이 변화하고 있는 물질의 소산이다. 그러므로 생명이라고 불리고 있는 것도 죽은 물질의 일정한 상태일 뿐이다.

이것이 하나의 인생관이다. 이 인생관은 완전히 논리적이다. 이 인생관에 따른다면 이렇게 된다. 즉 인간의 이성적 의식은 물질의 일정한 상태에 기인하여 생기는 우연한 산물에 불과하다. 따라서 우리가 자신의 의식 속에서 생명이라고 부르는 것은 환상이다. 우리가 생명이라고 부르고 있는 것은 죽음의 장난이다. 그러므로 죽음은 두려운 것일 수 없다. 오히려 삶이야말로 두려운 것이다. 삶이야말로 부자연스럽고 불합리한 것이다. 이러한 인생관은 불교도와 쇼펜하우어, 하르트만과 같은 염세주의자들에게서 보이는 사상이다.

또 하나의 인생관은 다음과 같은 것이다. 즉 생명이란 내가 자신의 내면에서 의식하고 있는 것일 뿐이다. 그것도 '나는 이제까지 존재해 왔다' 라든가 '나는 앞으로도 존재할 것이다' 라는 형태로 의식하는 것이 아니라(나는 내 생명에 관해서 그러한 형태로 생각하지만) '나는 존재하고 있다' 라는 형태로 의식하는 것이다. 즉 시작도 없고 끝도 없이 존재하고 있는, 현재 있는 그대로 나로서 자신의 생명을 의식하는 것이다. 그러므로 나의 생명의 의식은 시간·공간의 관념과는 관계가 없다. 나의 생명은 분명히 시간·공간의 틀 속에서 나타나지만 그것은 그러한 형태를 취해 나타날 뿐이다. 나에게 의식되는 이 생명 자체는 시간과 공간을 초월한 것으로서 의식되는 것이다.

따라서 이러한 인생관에 따른다면 모든 것이 반대로 된다. 말하자면 생명에 대한 의식은 결코 환상이 아니다. 오히려 모든 시간적이고 공간적인 것이야말로 환상이다. 그러므로 육체에 속박된 이 생존이 시간과 공간 속에서 단절되어 버린다는 것은 현실적으로 아무런 의미도 없으며 나의 참된 생명의 흐름을 정지시키거나 손상할 수도 없는 것이다. 즉 죽음은 존재하지 않는다. 이상의 두 가지를 자기 자신의 인생관으로 지켜나가기만 한다면 죽음의 공포는 있을 수 없다.

인간은 동물적 존재로서도 이성적 존재로서도 죽음을 두려워할 이유가 없다. 동물은 생명에 대한 의식이 없기 때문에 죽음을 알지 못하며 또 이성적 존재인 인간은 생명에 대한 의식이 있기 때문에 동물적인 죽음 속에서 정지하지 않는 자연스러운 물질의 운동 이외에는 아무것도 인정할 수 없다. 만일 사람이 두려워하는 것이 있다면 그것은 그가 전혀 알지도 못하는 죽음이 아니라 동물적 존재로서 또 이성적 존재로서 이제까지의 경험을 통해 유일하게 알고 있는 삶이다. 죽음의 공포라는 형태로 사람들 내면에 나타나는 감정은 실은 삶의 내적인 모순에 대한 의식일 뿐이며 그것은 환상에 대한 공포가 병적인 정신 상태의 의식에 지나지 않는 것과 마찬가지이다.

"나는 존재하지 않게 될 것이다. 나는 죽을 것이다. 나의 생명을 형성하는 것들이 모두 사라질 것이다."라고 한 목소리가 사람들에게 말한다. 그러자 "나는 존재하고 있다. 나는 죽을 수 없으며 죽을 리도 없다. 나는 죽어서는 안 된다. 그런데도 나는 죽어가고 있지 않은가!"라고 다른 목소리가 말한다.

육체의 죽음에 대하여 생각할 때 사람이 공포에 사로잡히게 되는 것은 죽음 그 자체가 그러한 공포를 불러일으키기 때문이 아니라 이러한 모순 때문이다. 다시 말해 죽음의 공포는 사람이 자신의 동물적 육체의 생존이 정지되는 것을 두려워하기 때문에 일어나는 것이 아니라 죽을 수 없는 것, 죽을 리가 없는 것이 죽어 가고 있는 것처럼 생각되기 때문에 일어나는 것이다.

미래의 죽음을 생각하는 것은 현재 이 순간에도 진행되고 있는 죽음을 정면으로 보지 않고 미래로 옮겨 놓는 것에 지나지 않는다. 그러므로 미래의 육체의 죽음에 대한 환상이 나타나는 것은 죽음에 눈을 떴기 때문이 아니라 오히려 인간이 가지고 있어야 함에도 가지고 있지 못했던 생명에 눈을 떴기 때문이다. 그것은 무덤 속에서 생명에 눈을 뜨고 소생한 사람이 경험하게 될 감정과 흡사하다.

그는 '나에게는 생명이 있다. 그런데도 나는 죽음 속에 있다. 생명이 있으면서도 죽음 속에 있는 것, 그것이야말로 죽음이다!' 라고 느낄 것이다. 즉 현재 존재하고 있으며 또 당연히 존재해야 하는 것이 시시각각으로 죽어가고 있는 것처럼 생각되는 것이다. 그리하여 인간의 지혜는 혼란되고 공포에 휩싸이게 된다. 죽음의 공포는 사실 죽음 그 자체에 대한 공포가 아니라 잘못 이해되고 있는 생명에 대한 공포이다. 그 가장 좋은 증거는 사람들이 죽음을 두려워한 나머지 종종 자살하는 것이다.

사람들이 육체의 죽음을 그토록 두려워하는 것은 생명이 죽음과 함께 끝나 버리는 것을 두려워하기 때문이 아니라 육체의 죽음이 그들이 가지고 있지 않은 참된 생활의 필요성을 분명히 가르쳐 주기 때문이다. 그러므로 인생을 이해하지 못한 사람들은 죽음에 대하여 생각하기를 매우 싫어한다. 죽음에 대하여 생각한다는 것은 그들에게는 자기들이 이성적 의식의 요구에 따라 생활하고 있지 않다는 것을 스스로 고백하는 것과 다름이 없기 때문이다.

죽음을 두려워하는 사람들이 죽음을 두려워하는 이유는 그들에게 죽음이 공허와 암흑처럼 생각되기 때문이다. 그러나 죽음이 공허와 암흑으로 보이는 것은 그들이 생명을 이해하지 못하기 때문이다.

제28장 육체의 죽음

　육체의 죽음은 공간에 묶인 육체와 시간에 묶인 의식을 파멸시키지만 생명의 토대가 되는 것, 즉 세계에 대해 각자가 갖는 특수한 관계를 소멸시킬 수는 없다.

　그러나 생명을 이해하지 못하는 사람들이라 하더라도 그들을 위협하고 있는 환상에 좀 더 가까이 다가가 만져 본다면 환상은 환상에 불과하며 실재가 아님을 깨닫게 될 것이다.

　죽음의 공포가 사람들의 내면에 나타나는 것은 항상 자신의 생명을 형성하고 있는 자신의 자아──그들은 그렇게 생각하고 있다──가 육체의 죽음과 함께 사라져 버릴 것이라는 두려움 때문이다. 즉 '내가 죽으면 육체는 해체될 것이며 그렇게 되면 그토록 오랜 세월 동안 나의 육체 속에 살아 온 나의 자아도 그와 함께 사라져 버릴 것이다.' 라고 생각하기 때문이다.

　사람들은 자기 자신의 자아를 중요하게 생각한다. 그리고 그 자아는 육체의 탄생과 함께 생겨났기 때문에 육체가 멸망하면 자아도 당연히 소멸해 버릴 것이라고 결론짓는다.

　이 결론은 너무나 일반적인 것이어서 이에 대하여 의심하는 사람은 아무도 없다. 그러나 이 결론은 근거가 없는 것이다. 스스로 유물론자라고 자처하는 사람도 유심론자라고 자처하는 사람도 자신의 자아란 이제까지 오랜 세월 살아 온 자기 육체에 대한 의식일 뿐이라는 사고방식으로 일관해 왔기 때문에 이러한 결론이 옳은 것인가 그릇된 것인가 확인해 볼 생각조차 하지 않는 것이다.

나는 59년 동안 살아왔다. 그동안 늘 내 육체 속에서 자아를 의식해 왔다. 그래서 이 자의식이야말로 내 생명의 증거처럼 생각된다. 그러나 그것은 나에게만 그렇게 생각될 뿐이다. 내가 살아 온 것은 59년도 아니고 5만 9천 년도 59초도 아니다. 나의 육체도 육체가 생존한 기간도 자아의 생명과는 아무런 관계도 없는 것이다.

만일 내가 살아 있는 동안 끊임없이 의식 속에서 자신을 향하여 '나는 도대체 무엇인가?'라고 묻는다면 나는 '생각하기도 하고 느끼기도 하는 존재, 즉 나라는 완전히 독자적인 형태로 이 세계와 관계하고 있는 존재'라고밖에 대답할 수 없을 것이다. 나는 자신의 자아를 오직 그런 존재로밖에 의식할 수 없는 것이다. 언제 어디서 내가 태어났으며 언제 어디서부터 지금처럼 생각하고 느끼기 시작했는지에 대해서는 전혀 알지 못한다.

나의 의식이 알려 주는 것은 오직 나 자신이 존재한다는 것, 나 자신이 세계에 대해 현재와 같은 형태로 관계하면서 존재한다는 것뿐이다. 자신이 태어났을 당시의 일은 물론, 유년 시절의 일이나 청소년 시절의 일, 중년 시절의 일, 심지어는 극히 최근의 일조차 아무것도 기억하지 못하는 경우가 많다. 행여 내가 과거로부터 무엇인가를 느끼거나 혹은 기억해 낸다고 하더라도 그것은 다른 사람에 대한 이야기를 듣거나 기억해 내는 것과 거의 다를 바가 없는 것이다. 그렇다면 어떤 근거로 나 자신이 이제까지 살아오는 동안 항상 동일한 나, 즉 동일한 자아였다고 단언할 수 있겠는가?

나의 육체도 항상 동일한 것이었다고는 말할 수 없다. 나의 육체는 과거에도 현재도 물질이 아닌, 눈에 보이지 않는 무엇인가에 의해 자신의 것이라고 인정되고 있는 것일 뿐이며 끊임없이 변해 가는 물질에 지나지 않는다. 끊임없이 차츰차츰 변해 가고 있는 이 육체는 이 물질이 아닌, 눈에 보이지 않는 무엇인가에 의해 파악됨으로써 자신의 것, 자신의 육체로 인정되는 것이다. 나의 육체는 이미 수십 번 변했다. 그리하여 근육, 내장, 뼈, 뇌 등 예전의 나의 육체는 완전히 변해 흔적도 없이 사라져 버린 것이다.

이처럼 끊임없이 변해 가는 육체를 동일한 것, 자신의 것으로 인정하는 것은 저 물질이 아닌 무엇인가가 거기에 작용하고 있기 때문이다. 물질이 아닌 무엇이란 바로 우리가 '의식'이라고 부르고 있다. 즉 오직 의식만이 육체를 모두 통합하여 그것을 동일한 것, 자신의 것이라고 인정하고 있다. 자신을 다른 모든 사물과 다른 것으로 인정하는 이 의식이 없다면 나 자신의 생명에 대해서도 다른 사람의 생명에 대해서도 전혀 알 수 없을 것이다. 그러므로 얼핏 생각하기에 모든 것의 근본인 이 의식은 마치 영원히 변하지 않는 것처럼 생각될지도 모른다. 그러나 그것은 잘못된 생각이다. 의식은 불변하는 것이 아니다. 일생 동안 수면이라는 현상은 끊임없이 반복되고 있고 우리는 매일 잠을 자므로 수면을 지극히 단순한 현상으로 생각한다. 그러나 수면 중에 때때로 의식이 완전히 중단된다는 사실을 인정한다면 이 수면이라는 현상도 매우 이해하기 어려운 것이다.

우리가 매일 깊은 수면을 취하고 있는 동안 의식은 완전히 중단되었다가 그 후 다시 소생한다. 그럼에도 불구하고 이 '의식'은 육체를 모두 통합하여 파악하고 그것을 자신의 것으로 인정하는 유일한 기반인 것이다. 의식이 중단되면 육체는 완전히 분해되어 하나의 통일체로 존재하지 않게 되며 다른 모든 것들과의 구별도 애매해질 것처럼 생각된다. 그러나 그런 일은 자연적인 수면에서도 인위적인 수면에서도 결코 일어나지 않는다.

육체를 통일적으로 파악하는 의식이 이렇게 주기적으로 중단되고 있음에도 불구하고 육체는 분해되지 않는다. 그뿐만이 아니라 이 의식은 육체와 마찬가지로 변화해 가는 것이다. 십 년 전에 나의 육체를 형성하고 있던 물질이 현재 나의 육체 속에는 하나도 남아 있지 않은 것처럼, 즉 동일한 육체가 그대로 계속 보존되어 온 것은 아니다. 삼십 년 전 나의 육체를 형성하고 있던 물질과 현재 나의 육체를 형성하고 있는 물질이 다르듯이 세 살 때 나의 의식과 현재 나의 의식은 다른 것이다. 동일 불변의 의식이란 존재하지 않으며 존재하는 것은 무한히 세분할 수 있고 계속해서 일어나는 하나의 연속된 의식일 뿐이다.

그러므로 육체를 통일적으로, 곧 자기 자신의 것으로서 파악하는 의식 자체도 동일 불변한 것은 아니며 중단하면서 변화하고 있다. 즉 자의식은 우리가 보통 생각하는 것처럼 동일 불변한 그대로 인간 내면에 유지되고 있는 것이 아니다. 그것은 육체가 동일 불변한 그대로 유지되고 있지 않은 것과 마찬가지이다. 인간에게는 동일 불변한 육체라는 것도 없으며 자기 육체와 다른 사람의 육체를 구별하는 동일 불변한 의식도 없다. 이와 마찬가지로 한 인간의 생애를 통하여 변하지 않는 단일한 의식

따위는 존재하지 않으며 존재하는 것은 무엇인가에 의해 서로 연결된 일련의 계속되는 의식뿐이다. 그런데도 인간은 자신이라는 존재를 느끼고 있다.

우리의 육체는 동일 불변한 것이 아니다. 또한 이 끊임없이 변화하는 육체를 동일한 것, 자신의 것으로 파악하는 의식도 동일 불변하게 계속되는 것이 아니라 중단되면서 변화해 가고 있는 것일 뿐이다. 우리는 이제까지 헤아릴 수 없을 정도로 자기 육체와 이 의식을 상실해 왔다. 우리는 계속 육체를 상실하고 있을 뿐만 아니라 매일 잠잘 때마다 의식을 상실하고 있다. 더구나 매일 매시간 자신의 의식이 변화하고 있음을 느끼면서도 조금도 그것을 두려워하지 않는다. 그러므로 죽음으로 잃게 될까 두려워하는 자아라는 것이 실제로 존재한다면 이 자아란 우리가 자신의 것으로 생각하는 바로 그 육체에나 어느 일정 시간 동안만 자신의 것이라고 생각하는 의식에 존재하는 것이 아니라 계속되는 일련의 의식을 하나로 결합하는 무언가 다른 것에 존재하고 있음이 분명하다.

이 계속해서 일어나는 모든 의식을 하나로 결합하는 것이란 도대체 무엇일까? 이 가장 근본적이고 특수한 나의 자아, 즉 나의 육체적인 생존과 이 육체 안에서 일어나는 일련의 의식의 단순 조합이 아니라, 계속해서 일어나는 여러 가지 의식을 하나의 축에 연결하는 이 자아란 도대체 무엇일까? 이 문제는 매우 심원하고 어려운 것처럼 보인다. 그러나 어린 아이들도 그 문제의 답을 알고 있으며 하루에도 20번씩 그 답을 입에 올리지 않는 사람은 없다. 그것은 '나는 이것은 좋고 저것은 싫다.' 는 것이다. 이 말은 지극히 간단하지만 모든 의식을 하나로 결합하는 특수한 자아란 무엇인가 하는 문제의 해답이 바로 이 말에 포함된 것이다. 이것은 좋고 저것은 싫다고 하는 그 주체야말로 자아이다.

왜 한 사람이 이것은 좋고 저것은 싫다는 것인지, 즉 어떤 것은 사랑하고 어떤 것은 사랑하지 않는 것인지 그 이유는 아무도 모른다. 그러나 이 '어떤 것은 사랑하고 어떤 것은 사랑하지 않는다.'는 인간의 특성이야말로 각 개인의 생명의 토대를 이루는 것이며 각 개인에게서 계속해서 일어나는 여러 가지 의식을 연결하여 하나로 통일하는 바로 그것인 것이다.

외계는 모든 인간에게 동일하게 작용한다. 그러나 사람들이 받는 인상은 그들이 완전히 동일한 조건에 있다 해도 한없이 다양하다. 즉 그 인상은 사람에 따라 종류와 강도가 한없이 다양하며 이러한 인상에 의해 각 개인의 내면에서 일련의 의식이 만들어진다. 그리고 이 모든 의식이 연결되어 통일되는 것은 현재 이 순간에 그의 의식에 강하게 작용하는 인상과 전혀 작용하지 않는 인상이 있어서인데 이것은 그 사람이 정도의 차이를 두고 어떤 것은 사랑하고 어떤 것은 사랑하지 않는 일정한 경향이 있기 때문이다.

이와 같이 정도의 차이를 두고 어떤 것은 사랑하고 어떤 것은 사랑하지 않는 결과 비로소 일정한 일련의 의식이 만들어지는 것이다. 따라서 여기저기 흩어져 있는 모든 의식을 통일해 가는 인간 고유의 근본적인 자아라는 것은, 곧 많든 적든 어떤 것은 사랑하고 어떤 것은 사랑하지 않는다는 인간의 특성일 뿐이다. 이 특성은 우리가 살아가는 동안에도 계속 발달해 가기는 하지만 그보다는 우리가 알 수 있는 과거에 이미 나타난 것으로서 우리의 생활 속에 갖추어진 것이다.

많든 적든 어떤 것은 사랑하고 어떤 것은 사랑하지 않는다는 인간의 특성을 일반적으로 개성이라 부르고 있다. 그리고 이 개성이라는 단어는 보통 일정한 장소와 시간을 조건으로 만들어진 결과로 각 개인의 특수한 본성을 의미하는 것으로 생각되고 있다. 그러나 이것은 잘못된 생각이다. 많든 적든 어떤 것은 사랑하고 어떤 것은 사랑하지 않는다는 인간의 이 기본적인 특성은 시간과 공간이라는 조건에서 발생한 것이 아니다. 인간은 이 세상에 태어날 때 이미 어떤 것은 사랑하고 어떤 것은 사랑하지 않는다는 지극히 분명한 특성을 몸에 지니고 있다. 시간적·공간적 조건은 사람에게 작용하기도 하고 작용하지 않기도 하는 것이다. 거의 동일한 시간·공간의 조건에서 태어나 자란 사람들이 가끔 정반대의 내면적 자아를 갖는 경우가 생기는 것도 그 때문이다.

우리의 육체를 통일적으로 파악하는 의식――그 모든 하나하나의 의식――을 결합하여 통일시키는 것은 시간적, 공간적 조건과는 관계가 없는 어떤 것으로 그것은 시간과 공간을 초월한 영역에서 우리가 이 세계로 가지고 온 것이다. 그것은 나의 참된 실제 자아로서 세계에 대해 내가 갖는 일정하고 특수한 관계이다. 내가 나를 아는 것은 나 외의 이 근본적인 특성, 즉 세계에 대해서 내가 갖는 관계로서이다. 그것은 다른 사람에 대해서도 마찬가지로 다른 사람과 진실한 정신적인 교류를 나누려고 할 때 나는 외면적인 용모로 그를 파악하려 하지 않고 그의 본질을 더욱 잘 파악하려고 노력한다. 즉 세계에 대해 그 사람이 어떠한 관계가 있는가를 알려고 노력한다. 바꿔 말하면 그 사람이 무엇을 얼마나 사랑하고 무엇을 얼마나 사랑하지 않는가를 알려고 노력한다.

말이나 개, 소 따위 동물들에 대해서도 만일 내가 그 동물들을 알고 또 그들과 진실한 정신적 교류를 하려 할 때 외면적인 특징이 아니라 그들이 세계에 대해서 각기 가지고 있는 특수한 관계로 그들을 아는 것이다. 즉 나는 그 동물들이 각각 무엇을 얼마나 사랑하고 무엇을 얼마나 사랑하지 않는가로 그들을 아는 것이다. 내가 여러 종류의 동물들을 구별할수 있는 것은 엄밀하게 말하면 그 외형이 아니라 세계에 대해 각 종류의 동물——사자건 물고기건 거미이건——이 갖고 있는 그 부류에 공통적인 특수한 관계에 의해서이다. 즉 사자에게는 사자가 좋아하는 것이 있고, 물고기에게는 물고기가 좋아하는 것이 있으며, 거미에게는 거미가 좋아하는 것이 있다. 이처럼 그들이 좋아하는 것이 각각 다르기 때문에 비로소 나는 그들을 각각 종류가 다른 생물로서 구분할 수 있는 것이다.

그리고 이 생물들 각자가 세계에 대해서 갖는 그 특수한 관계를 내가 아직 분별하지 못한다고 해서 결코 그러한 관계가 없다는 것을 증명하는 것은 아니다. 예를 들면 그것은 거미 한 마리의 생명을 형성하는 것, 즉 세계에 대해 그 거미가 갖는 특수한 관계와 세계에 대해 내가 갖고 있는 관계가 동떨어진 것이라는 것, 따라서 내가 아직 그 거미를 실비오 페리코[47]가 자기의 거미 한 마리를 이해했던 것만큼은 이해하고 있지 못하다는 것을 증명하고 있을 뿐이다.

나 자신과 전 세계에 관한 나의 의식은 모두 세계에 대해 내가 가지고 있는 특수한 관계에서 출발하고 있다. 즉 이 관계의 결과로 나는 세계에 대해 각각 특수한 관계를 맺으면서 존재하는 다른 존재를 인식하는 것이다. 그런데 세계에 대한 나의 이 특수한 관계는 현재의 생활에서 결정된

---

47) 실비오 페리코(1785~1854)는 이탈리아의 시인, 15년의 징역형을 받았다. 희곡《나의 옥중기》라는 작품 속에 이와 같은 이야기가 나온다.

것이 아니다. 즉 그것은 나의 육체와 동시에 시작된 것도 아니며, 계속해서 일어나고 있는 시간상으로 속박된 일련의 의식과 더불어 시작된 것도 아니다.

시간에 지배되는 나의 의식에 의해 하나로 결합하여 있는 나의 육체도, 시간에 지배되어 변해가는 나의 의식 그 자체도 언젠가는 소멸해 버릴 것이다. 그러나 나의 근본적인 자아를 형성하고 있는 것, 모든 사물에 대한 나의 인식의 기반을 이루는 것, 즉 세계에 대해 내가 가지는 특수한 관계는 절대 소멸하지 않는다. 왜냐하면 오직 그것만이 진실로 존재하는 것이기 때문이다. 만일 그것마저 존재하지 않는다면 계속해서 일어나는 나 자신의 일련의 의식도, 나 자신의 육체도, 내가 살아 있다는 것도, 다른 사람이 살아 있다는 것도 알지 못할 것이다. 그러므로 육체와 의식이 소멸한다고 해서 현재의 생활에서 시작된 것도 아니며 발생한 것도 아닌, 세계에 대한 나의 특수한 관계까지 소멸한다는 증거는 될 수 없는 것이다.

제29장 인생에 대한 그릇된 사고방식

죽음의 공포는 인생에 대한 그릇된 사고방식으로 삶의 작은 일부분을 인생이라고 오해하는 데서 발생한다.

우리는 자기 육체를 하나로 결합하고 시간 속에서 나타나는 것이 일련의 의식을 하나로 결합시키는 자신의 특수한 근본적 자아가 육체의 죽음과 함께 소멸해 버리지 않을까 두려워한다. 그러나 특수한 자아는 나의 출생과 함께 생겨난 것이 아니다. 그러므로 어떤 일정한 시간에 지배되는 일시적인 의식이 단절되었다고 해서 시간에 지배되는 모든 의식을 하나로 결합하는 특수한 자아까지 소멸하는 것은 아니다.

육체의 죽음은 확실히 육체를 하나로 결합하여 파악하는 것, 즉 시간에 지배되는 일시적인 생명 의식을 소멸시킨다. 그렇지만 시간에 지배되는 의식이 단절되는 일은 우리가 매일 잠자고 있을 때도 끊임없이 일어나고 있는 일이 아닌가? 문제는 계속해서 일어나는 모든 의식을 하나로 결합하는 것, 즉 세계에 대해 내가 갖는 특수한 관계까지도 육체의 죽음과 함께 소멸하는가 아닌가에 있는 것이다. 만일 그것까지도 소멸한다고 주장하려면 우선 계속해서 일어나는 모든 의식을 통일하는 것, 즉 세계에 대해 내가 갖는 특수한 관계가 나의 육체와 동시에 생겼다는 것, 따라서 육체와 동시에 소멸하리라는 것을 입증하지 않으면 안 된다. 그러나 사실은 그렇지 않은 것이다.

자신의 의식을 기초로 하여 생각해 보아도 알 수 있듯이 나의 모든 의식을 하나로 결합하는 것, 즉 어떤 것에서는 어떤 인상을 받지만 어떤 것에서는 아무런 인상도 받지 못하여 어떤 것은 내 마음에 남아 있고 어떤 것은 남아 있지 않게 되는 나의 특성, 많든 적든 간에 어떤 것은 사랑하고 어떤 것은 사랑하지 않는 나의 특성, 행복을 사랑하고 불행을 싫어하는 나의 특성, 나라는 하나의 개체로서 존재를 형성하고 있는 것, 즉 세계에 대해 내가 가지는 특수한 관계는 외계의 무엇인가에 의해 도출되는 것이 아니라 오히려 내 생활에서 일어나는 모든 현상의 근본적 원인이 되는 것이다.

관찰을 기초로 하여 고찰해 보면 처음에는 내 자아의 특수성의 원인은 부모의 특수성과 나와 부모에게 영향을 준 조건의 특수성에 있는 것처럼 생각된다. 그러나 고찰을 더 진행하여 만약 내 특수한 자아가 부모의 특수성과 그들에게 영향을 준 조건의 특수성에 기인한 것이라면 내 특수한 자아는 모든 조상의 특수성과 그들의 생존 조건 중에도 있는 것이다. 이렇게 무한히 계속하여 나의 조상을 더듬어 올라가면 결국 시간과 공간을 초월한 곳까지 이르게 된다. 따라서 내 특수한 자아는 시간과 공간을 초월한 곳에서 발생한 것이며, 내 자신의 의식으로써 알고 있는 것을 인정하지 않을 수 없는 것이다.

육체의 죽음과 함께 소멸해 버리는 것이 아닌가 하고 두려워하는 특수한 자아는 이처럼 시간과 공간을 초월한 기반 위에 서 있는 것이다. 즉 태어나서 지금까지 기억 속에 남아 있는 모든 의식은 물론 그보다 앞선 의식——이 의식의 존재에 대해서는 플라톤도 말하고 있으며 또 우리들 누구나 자기 내면에서 느끼고 있다――까지도 하나로 결합하고 있는 것, 즉 내가 세계에 대하여 가지고 있는 특수한 관계에 기초를 두고 있는 것이다.

모든 의식을 하나로 결합하고 있는 것, 즉 인간의 특수한 자아는 시간을 초월하여 항상 존재한다는 사실, 그리고 단절되는 것은 일정한 시간에 구속된 일련의 의식뿐이라는 사실을 이해하기만 한다면 시간에 구속된 최후의 의식이 육체의 죽음과 함께 소멸해 버린다 해도 그것은 매일매일의 수면과 같은 것으로 인간의 참된 자아는 그로 인해 소멸되지 않는다는 것을 분명히 이해하게 될 것이다.

잠을 자는 동안에도 죽음의 경우와 마찬가지로 의식의 단절은 일어나지만 잠자는 것을 두려워하는 사람은 아무도 없다. 의식이 상실되는 것은 죽음의 경우와 완전히 동일하지만 사람들이 수면을 두려워하지 않는 것은 이제까지 잠을 자 왔지만 그때마다 깨어났으므로 이번에도 깨어날 것이라고 판단했기 때문은 아니다(이러한 판단은 옳지 않다. 천 번 깨어났을지라도 천한 번째에는 깨어나지 못할지도 모르기 때문이다). 그런 식으로 생각하는 사람은 아무도 없으며 또 그런 판단에서 안심하고 잠을 자는 것은 아닐 것이다. 진정한 자아는 시간을 초월하여 살아 있다는 것과, 따라서 시간에 구속된 의식이 단절된다고 하더라도 자신의 진정한 생명은 절대 소멸되지 않는다는 것을 사람은 알고 있다.

만일 사람이 옛날이야기에 나오는 것처럼 앞으로 천 년 동안 계속해서 잠을 잔다고 하더라도 그는 두 시간 동안 자는 경우와 마찬가지로 태연하게 잘 것이다. 시간에 구속되지 않는 진정한 생명 의식에 있어서는 백만 년의 시간 중단과 8시간의 시간 중단은 똑같은 것이다. 왜냐하면 진정한 생명에는 시간이란 존재하지 않기 때문이다.

육체는 소멸할 것이며 그와 동시에 지금 존재하는 의식도 소멸할 것이다. 이제 자기 육체의 변화와 시간에 구속된 자기의식의 변화에 익숙해져도 좋지 않겠는가? 이러한 변화는 인간의 기억이 미치는 때부터 지금까지 끊임없이 행해져 온 것이 아닌가? 인간은 자기 육체의 변화를 두려워하지 않는다. 두려워하지 않을 뿐만 아니라 때로는 빨리 자라고 싶다거나, 빨리 어른이 되고 싶다거나, 빨리 병이 완쾌되었으면 좋겠다는 식으로 육체의 변화가 빨리 오기를 바라기도 한다. 사람은 한 덩어리의 빨간 고기였으며 그의 의식은 모두가 위(胃)의 요구에 기인한 것뿐이었다. 그러나 이제는 수염을 기른 분별 있는 신사가 되었거나 혹은 성장하여 자식들을 사랑하는 부인이 되었다. 육체도 의식도 이전의 그것과는 완전히 달라졌다. 더구나 인간은 자신을 지금의 상태로 이끌어 온 이러한 변화를 조금도 두려워하지 않으며 오히려 환영하기까지 한다. 그런데 앞으로 일어날 어떤 변화가 두렵다는 것인가? 완전히 소멸해 버리는 것이 두려운가?

그러나 이러한 모든 변화의 근본, 즉 참된 생명에 대한 의식의 기초인 세계에 대한 우리의 특수한 관계는 육체의 출생과 더불어 시작된 것이 아니라 육체와 시간을 초월한 것이다. 그렇다면 시간적 공간적인 변화가 어떻게 시간과 공간을 초월한 것을 소멸시킬 수 있겠는가? 인간은 생명 전체를 보려 하지 않고 자기 생명의 일부분만을 주시하며 마음에 드는 그 작은 부분이 사라지지 않을까 두려워하고 있다. 그것은 마치 자기 육체가 유리로 만들어졌다고 믿는 어떤 미치광이가 다른 사람과 부딪쳐 넘어지자 '쨍그랑!' 하고 외치고는 곧 숨이 끊어졌다는 일화와 같은 것이다. 진정한 생명을 얻기 위해서는 시간과 공간에 구속되어 있는 생명의 작은 부분이 아닌 생명 전체를 파악하지 않으면 안 된다. 생명 전체를 파악하려고 하는 사람에게는 더욱 많은 것이 주어질 것이지만 생명의 일부분만을 파악하려고 하는 사람은 현재 그가 갖고 있는 것까지 빼앗길 것이다.

제30장 생명의 본질

삶은 세계에 대한 관계이다. 생명의 활동은 고차원의 새로운 관계를 확립하는 것이다. 따라서 죽음은 새로운 관계로 들어가는 것이다.

우리는 생명을 세계에 대한 일정한 관계로밖에 이해할 수 없다. 우리는 자신의 내부에 있는 생명을 그렇게 이해하고 있을 뿐 아니라 다른 모든 생물의 생명에 대해서도 그렇게 이해하고 있다.

그러나 우리는 자신의 내부에 있는 생명을 세계에 대해 현재 자기가 가지고 있는 상태 그대로의 관계로만 이해하는 것이 아니라 동물적 자아를 이성에 더 강하게 종속시켜 더 높은 사랑을 나타냄으로써 세계에 대해 새로운 관계를 확립해 가는 활동으로 이해한다. 머지않아 자신에게서 보게 될 육체적 생존의 필연적 소멸은 세계에 대해 우리가 현재 가지고 있는 관계는 영원한 것이 아니라는 것과 따라서 세계에 대해 다른 새로운 관계를 확립해 가지 않으면 안 된다는 것을 가르쳐 준다.

이 새로운 관계의 확립, 즉 생명의 끊임없는 활동으로 죽음이라는 관념은 소멸해 버리는 것이다. 세계에 대해 이성적 관계를 확립함으로써 그것을 점점 높은 사랑으로 나타내는 활동 가운데 자신의 생명이 존재한다는 것을 인정하지 않고 처음 그대로의 관계, 즉 자신이 태어날 때 세계에 대해 가지고 있던, 좋아한다거나 싫어한다는 낮은 사랑의 단계에 머물러 있는 사람들만이 죽음의 관념에 사로잡혀 있는 것이다. 생명은 끊임없는 운동이다. 그러므로 이 세상에 태어나면서 세계에 대해 가지고 있던 관계, 즉 좋아한다거나 싫어한다는 낮은 사랑의 단계에 머물러 있는 한 생명의 정지를 느끼지 않을 수 없으며 그 결과 죽음을 눈앞에 보지 않을 수 없는 것이다.

　죽음은 그런 사람들에게만 보이며 또 그런 사람들에게 죽음은 두려운 것이다. 이들에게 인간의 생존은 모두가 끊임없는 죽음으로만 보인다. 죽음은 미래의 것만이 아니라 현재에도 무서운 모습으로 나타나는 것이다. 어린 시절부터 노년에 이르기까지 동물적 생명이 쇠약해지는 징후가 나타날 때마다 항상 죽음이 분명하게 눈앞에 나타나 두려워한다. 어린 시절부터 성년에 이르기까지 활기찬 힘도 일시적인 체력의 증대일 뿐이며 본질적으로는 출생에서 죽음에 이르기까지 끊임없이 계속되고 있는 신체 각 기관의 경화(硬化), 유연성의 감소, 생명력의 쇠약에 지나지 않기 때문이다.

　이러한 사람에게는 죽음이 끊임없이 눈앞에 떠오르고 어떤 것도 그를 죽음으로부터 구할 수는 없는 것이다. 이러한 상태는 시시각각으로 악화되어 갈 뿐만 아니라 어떤 것도 그 상태를 호전시킬 수 없다. 이러한 사람에게는 세계에 대해 자기가 가지고 있는 특수한 관계, 즉 어떤 것은 사랑하고 어떤 것은 사랑하지 않는 특성 따위는 자신의 생존 조건의 하나로밖에 생각되지 않는 것이다. 그리고 인생 유일의 문제인 세계에 대해 새로운 관계를 확립하는 것, 즉 사랑을 점점 확대해 나가는 것 따위는 쓸데없는 일처럼 생각되는 것이다. 이러한 사람의 인생은 전부 신체 각 기관의 경화, 감퇴, 쇠약, 노쇠와 죽음 등 피하지도 못할 현상으로부터 벗어나려는 노력에 소비되고 있다.

그러나 인생을 이해하고 있는 사람의 경우는 이와 다르다. 이들은 세계에 대한 그의 특수한 관계, 즉 어떤 것은 사랑하고 어떤 것은 사랑하지 않는 특성은 자신이 알지 못하는 과거 세계에서 현재의 생활로 자신이 태어나면서 몸에 지니고 왔다는 것을 알고 있다. 또한 그는 자신이 가지고 태어난, 어떤 것은 사랑하고 어떤 것은 사랑하지 않는 특성이야말로 자기 생명의 본질이라는 것과, 그것은 결코 우연한 특성이 아니며 그것만이 생명의 활동력을 가지고 있다는 것을 알고 있다. 그래서 그는 이 생명의 활동, 즉 사랑을 증대시켜 나가는 활동에 자신의 인생이 있다고 생각하는 것이다.

이러한 사람은 자신의 과거를 현재의 생활에 비추어 보며 기억 속에 남아 있는 일련의 의식을 더듬어 가면서 세계에 대해 자신이 갖는 관계가 변화해 왔다는 것과 이성의 법칙에 따르는 정도가 증대해 왔다는 것, 사랑의 강도와 넓이가 끊임없이 증대해 왔다는 것, 그리고 개인적 생존력이 쇠약해짐에도 불구하고 아니 오히려 그것과 반비례해서 점차 커다란 행복이 자신에게 주어져 왔다는 것을 확인한다.

이러한 사람은 눈에 보이지 않는 과거 세계에서 받은 자신의 생명이 성장하는 것을 항상 의식하면서 편안한 마음으로, 더 나아가 기쁜 마음으로 역시 눈에 보이지 않는 미래 세계를 향해 걸음을 재촉하는 것이다.

흔히 질병, 노쇠, 노망과 같은 현상을 인간의 의식과 생명의 쇠퇴로 생각한다. 그러나 어떤 사람의 경우가 그렇겠는가? 나는 늙어서 어린아이로 되돌아갔다고 전해지는 사도 요한[48]을 생각해 본다. 그는 '형제들이여, 서로 사랑하라!'라는 말만을 되풀이하고 있었다고 한다. 몸도 제대로 움직이지 못하는 백 세의 노인이 눈에 눈물이 가득 고인 채 서로 사랑하라는 말만을 하고 있었다는 것이다. 이러한 사람의 내부에서 동물적 생존 따위는 전혀 찾아볼 수가 없다. 그것은 세계에 대한 새로운 관계로, 즉 인간의 육체적 생존으로는 납득되지 않는 새로운 생명으로 동물적 생존이 소멸하여 버렸기 때문이다.

인생을 본연의 모습 그대로 이해하고 있는 사람에게는 병이 들었거나 늙었다고, 수명이 얼마 남지 않았다고 한탄하며 슬퍼하는 것은 마치 빛을 향해 걷고 있는 사람이 빛에 가까워짐에 따라 자신의 그림자가 작아지는 것을 한탄하는 것과 같이 보인다. 육체가 소멸해 버리면 자신의 생명도 소멸해 버리리라 믿는 것은 마치 환한 빛 속으로 물체가 들어감에 따라 그림자가 소멸하는 것을 그 물체 자체가 소멸해 버렸다고 믿는 것과 마찬가지이다. 이러한 결론을 내리는 것은 너무 오랫동안 그림자만을 보아 왔기 때문에 마침내 그림자를 그 물체 자체라고 생각하게 된 사람뿐이다.

그러나 시간과 공간에 따라 좌우되는 생존 조건이 아닌 세계에 대한 자신의 성장하는 사랑의 관계로 자기 자신을 인식하고 있는 사람에게는 시간적 공간적 조건의 그림자가 소멸해 가는 것은 빛의 강도가 증가해 가는 증거에 지나지 않는다. 인생을 자신이 태어나면서 가지고 온, 그리고 지금까지 사랑을 증대시킴으로써 점점 성장시키고 발전시켜 온 어떤 특수한 관계로 이해하고 있는 사람이 자기 소멸을 믿는다는 것은, 마치

---

48) 예수의 십이사도 중의 한 사람. 세베대의 아들이며 야고보의 동생으로, 베드로 다음가는 예수의 애제자. '사랑의 사도'로 불림.

눈에 보이는 이 세계의 물리적 법칙을 알고 있는 사람이 자신은 어머니가 양배추 잎 밑에서 주워 왔다든가 해서 자기 육체는 머지않아 홀연히 어디론가 사라져 버려 아무런 흔적도 남지 않게 될 것이라는 따위의 말을 믿는 것과 마찬가지이다.

제31장 죽은 사람의 생명

죽은 사람의 생명도 이 세상과 단절되는 것은 아니다.

그러나 죽음에 대한 미신은 다른 설명을 할 필요도 없이 우리가 의식하는 생명의 본질에 대해 생각해 보더라도 분명해진다. 나의 친한 형제 가운데 한 사람은 나와 함께 살고 있었지만 지금은 나처럼 이렇게 살고 있지 않다. 그의 생명이란 곧 그의 의식이며 그의 육체적 생존 조건 속에 나타나고 있었을 뿐이다. 즉 그의 의식이 나타났던 시간적 공간적 조건이 사라져 버린 지금 그는 나에게 있어서 이미 존재하고 있지 않은 것이다. 나의 형제는 살아 있었으며 나는 그와 친하게 지냈었다. 그러나 이제 그는 사라져 버렸으며 그가 어디에 있는지 나는 결코 알지 못한다.

"그와 나 사이의 관계는 모두 단절되어 버렸다. 나에게 그는 존재하지 않는다. 나 역시 뒤에 남는 사람들에게 존재하지 않게 될 것이다. 이것이 죽음이 아니고 무엇이겠는가?" 인생을 이해하지 못한 사람들은 이렇게 말한다. 이들은 어떤 형태로 나타난 외면적 관계가 단절된 것을 죽음이 실재한다는 가장 명확한 증거라고 생각하는 것이다. 그러나 자기와 친근한 사람의 육체적 생존의 단절만큼 죽음에 대한 관념이 환상에 지나지 않음을 명백하고 확고하게 보여 주는 것은 없다. 나의 형제는 죽었다. 그래서 어떤 일이 일어났는가? 시간과 공간 속에서 내가 목격하고 있던 세계에 대한 그의 관계가 완전히 나의 눈에서 사라져 버렸을 뿐이다.

아직 나비가 되지 못한 누에고치 속의 번데기가 옆에 있는 누에고치가 텅 비어 있는 것을 본다면, 그리고 그 번데기가 생각하고 말할 수 있다면 '흔적도 없이 사라져 버렸다.'고 말할 것이다. 왜냐하면 번데기는 자기 옆에 있던 동료가 없어지면 없어진 것으로만 알 뿐 그 이후에 대해서는 아무것도 느끼지 못하기 때문이다.

그러나 인간의 경우는 이와 다르다. 나의 형제는 죽었다. 그의 누에고치는 완전히 텅 비어 버렸다. 나는 이제까지 눈에 익숙한 그의 모습을 더 이상 볼 수 없다. 그러나 그의 모습이 내 눈앞에서 사라졌다 해도 그에 대해서 내가 갖고 있던 관계는 소멸하지 않는다. 나에게는 그에 대해 추억이란 것이 남아 있는 것이다. 남아 있는 추억은 그의 얼굴, 손, 눈에 대한 추억이 아니라 그의 정신적 모습에 대한 추억이다.

이 추억이란 도대체 무엇일까? 지극히 간단하며 쉽게 이해될 것 같은 이 말은 무엇일까? 결정체나 동물의 경우에는 그들의 형체가 사라져도 결정체나 동물들 사이에 아무런 추억도 남지 않는다. 그러나 나에게는 그리운 형제에 대한 추억이 남아 있다. 그리고 그 추억은 내 형제의 생전 생활이 이성의 법칙과 일치하면 할수록, 사랑으로 가득 차 있으면 있을수록 더욱더 생생해지는 것이다. 이 추억은 단순한 관념 따위가 아니다. 그것은 내 형제가 이 세상에 살아 있을 때 그의 생명이 나에게 작용하고 있던 것과 마찬가지로 지금도 작용하고 있는 그 무엇이다.

즉 추억이란 내 형제가 육체를 가지고 살아 있는 동안 그를 둘러싸고 있던, 그리고 나와 다른 사람들에게 작용하고 있었고 또 그가 죽은 후인 지금도 마찬가지로 나에게 작용하는 눈에 보이지 않는 비물질적인 그의 분위기이다. 이 추억은 그가 죽은 후인 지금도 그가 생존하고 있을 때와 마찬가지로 나에게 영향을 주고 있을 뿐만 아니라 그때보다 더욱 나를 구속하고 있다. 내 형제의 몸속에 있던 생명력은 사라지지도 않았고 감소되지도 않았다. 또한 이전 그대로 남아 있는 것도 아니다. 그것은 이전보다도 더욱 증대하여 더 강하게 나에게 작용하고 있다.

그의 생명력은 육체가 사멸한 뒤에도 생존하고 있던 때와 똑같이, 아니 그 이상으로 강하게 작용한다. 살아 있는 모든 것과 조금도 다름없이 작용하고 있으며 생존하고 있던 때와 조금도 다름없이 나는 그의 생명력을 느끼고 있다. 즉 세계에 대한 나의 관계를 해명해 준, 세계에 대한 그의 관계를 지금도 나 자신이 느끼고 있다. 그러니 어떠한 근거로 나의 죽은 형제가 더 이상 생명을 가지고 있지 않다고 단언할 수 있겠는가?

그는 세계에 대해 동물로서 갖고 있던 낮은 관계, 즉 세계에 대해 현재 내가 갖고 있는 것과 같은 낮은 관계에서 벗어났을 뿐이라고 나는 분명히 말할 수 있다. 그것이 전부이다. 세계에 대해 그가 현재 가지고 있는 새로운 관계의 핵심을 알지는 못하지만 나는 그의 생명을 부정할 수 없다. 왜냐하면 그의 생명력을 내 몸으로 느끼고 있기 때문이다. 그것은 마치 누군가가 나를 보고 있는 것을 내가 거울 속에서 보고 있는 동안 그 거울의 표면이 갑자기 흐려진 경우, 나를 보고 있던 상대가 더 이상 보이지는 않지만 나에게는 그가 여전히 나를 보고 있으며 바로 옆에 있다는 것이 온몸으로 분명히 느껴지는 것과 마찬가지이다.

그뿐만이 아니다. 내 눈에 보이지 않는 죽은 형제의 생명은 나에게 작용할 뿐만 아니라 내부까지도 들어오는 것이다. 그의 살아 있는 특수한 자아, 즉 세계에 대한 그의 관계가 그대로 세계에 대한 나의 관계로 되어

오는 것이다. 그는 세계에 대한 새로운 관계를 수립함으로써 자신이 올라간 단계까지 나를 끌어올리려 하고 있으며 따라서 나, 즉 살아 있는 나의 특수한 자아에도 그가 이미 올라간 다음 단계가 한층 더 분명하게 이해되는 것이다. 그리하여 그는 나의 눈에서 이미 자취를 감추어 버렸지만 나를 더욱더 자기에게로 끌어당기는 것이다.

이처럼 나는 육체의 죽음으로 모습이 사라져 버린 형제의 생명을 나 자신의 내부에 의식하고 있으므로 그의 생명이 불멸함을 의심할 수 없는 것이다. 더구나 내 눈앞에서 사라져 버린 생명의 세계에 대한 작용을 관찰할 때 사라져 버린 이 생명의 실재성을 한층 더 명확하게 확인하는 것이다. 그 사람은 죽었지만 세계에 대해 그가 갖는 관계는 소멸하지 않고 살아 있을 때보다 몇 배나 더 강하게 작용하고 있다. 그리고 이 작용은 마치 살아 있는 것처럼 그가 갖고 있는 이성과 사랑의 정도에 따라 끊임없이 성장하고 증대해 가며 결코 중지하거나 소멸하지 않는다.

그리스도는 아득하게 먼 옛날에 죽었다. 그의 육체적인 생존은 짧았지만 우리는 육체적인 존재로서의 그리스도에 관해서는 확실한 관념을 갖을 수 없다. 그러나 이성과 사랑으로 가득 찬 그의 생명력, 즉 세계에 대해 그리스도가——다름 아닌 그리스도 자신이——갖고 있는 관계는 그것을 자신의 내면에 받아들이고 근거로 삼아 살고 있는 수많은 사람에게 아직까지도 강하게 작용하고 있는 것이다. 이렇게 작용하고 있는 것은 도대체 무엇일까? 전에는 그리스도의 육체적인 생존과 결합했었고 지금까지도 이렇게 그 생명을 존속하고 확대하고 있는 것, 그것은 도대체 무엇일까?

사람들은 보통 "그것은 그리스도의 생명 그 자체가 아니라 그 생명의 결과이다."라고 말한다. 이렇게 전혀 의미가 없는 말을 하면서도 사람은 "이 힘이란 살아 있는 그리스도 그 자체이다."라고 단언하는 것보다 훨씬 더 명백하고 확실한 말을 하는 것으로 믿고 있다. 이것은 싹을 내어 떡갈나무가 된 도토리 옆에 집을 지은 개미들이나 할 법한 말이다. 도토리의 싹은 점점 자라 떡갈나무가 되고 흙 속에 뿌리를 내리고 가지를 뻗어 새로운 도토리를 떨어뜨리고 햇빛과 비를 막아 그 주위에 살고 있는 모든 것들을 완전히 변화시킨다. 그러면 개미들은 "이것은 도토리의 생명 그 자체는 아니다. 도토리의 생명의 결과이다. 도토리의 생명은 우리가 도토리를 끌어와 우리의 집에 떨어뜨렸을 때 이미 끝나 버린 것이다."라고 말할 것이다.

나의 형제가 어제 죽었거나 혹은 천 년 전에 죽었거나 그의 일시적 육체가 가진 생존력의 핵심은 내 눈앞에서 사라져 버렸지만 육체적 생존 기간에 작용했던 생명력은 나의 내면과 몇백 명, 몇천 명, 몇백만 명의 내면에 더욱더 강하게 작용하고 있다. 그것은 도대체 무엇을 의미하는 것일까? 그것은 마치 눈앞에서 타고 있는 풀이 내는 불빛을 보고 있는 것과 같은 것이다. 풀은 타 버렸지만 그 빛은 점점 강해질 뿐이다. 나는 그 빛의 원인을 알지 못하며 무엇이 타고 있는지도 모른다. 그러나 풀을 태워 버린 불과 똑같은 불이 이번에는 먼 곳의 숲을 혹은 내가 볼 수 없는 무엇인가로 옮아가 그것을 태우고 있다는 것은 추측할 수 있다. 나를 인도하고 내게 생명을 주어 온 빛은 마치 타면 탈수록 밝음을 더해 가는 이 빛과 같은 것이다.

나는 이 생명의 빛으로 살고 있다. 그런데 어떻게 내가 이 빛의 존재를 부정할 수 있겠는가? 나는 생명의 빛, 즉 생명력이 지금은 내 눈으로 볼 수 없는 다른 핵심으로 옮겨가 전과는 다른 형태를 하고 있다고 생각할 뿐 결코 그 존재를 부정할 수는 없다. 왜냐하면 나는 그 생명력을 느끼고 그 생명력에 의해서 움직이며 살고 있기 때문이다. 그 핵심이 어떤 것이며 그 생명의 본질이 무엇인지 나는 알지 못한다. 추측하기 좋아하고 문제를 복잡하게 만드는 것을 두려워하지 않는다면 전혀 추측할 수 없는 일도 아니지만 나는 인생에 대해 합리적인 해석을 내리려고 노력하고 있기 때문에 명백하고 명확한 것만을 문제로 삼고 그것으로 만족할 것이다.

마음대로 애매한 추측을 가함으로써 명백함과 명확함을 손상하는 일 따위는 하고 싶지 않다. 죽음이라는 미신을 더 이상 두려워하고 괴로워하지 않으려면 내 삶의 근본이 되는 모든 것이 나보다 먼저 살다 훨씬 전에 죽은 사람들의 생명으로 성립되어 있고, 생명의 법칙에 따라 동물적 자아를 이성에 종속시켜 사랑의 힘을 발휘한 사람들은 육체적 생존이 소멸한 후에도 다른 사람들의 내부에 살아왔으며 지금도 살고 있다는 것을 아는 것만으로 충분하다.

죽은 후에도 계속해서 작용하고 있는 힘을 남긴 사람들을 보면 그들이 왜 동물적 자아를 이성에 종속시켰고 왜 사랑의 생활에 힘썼으며 왜 생명의 불멸을 의심할 수 없었고 또 의심하지 않았는지를 알 수 있다.

이들의 생활 속에서 우리는 생명의 불멸을 믿은 신념의 기반을 발견할 수 있으며, 또한 우리 자신의 생활을 깊게 관찰하면 자기 내면에서도 이러한 신념의 기반을 발견할 수 있을 것이다. "생명의 환상이 사라진 후에도 살 것이다."라고 그리스도는 말했다. 이렇게 말했던 것은 그가 그때, 즉 육체적인 생존 기간에 이미 단절될 수 없는 영원한 참된 생명에 들어섰기 때문이다. 그는 육체적인 생존 기간에 이미 들어섰던 생명의 다른 핵심에서 나오는 빛을 흠뻑 받고 살았으며 그 빛이 주위 사람들을 얼마나 밝게 비춰 주고 있는가를 보고 있었다. 동물적 자아를 부정하고 이성과 사랑에 가득 찬 생활을 영위하고 있는 사람이라면 누구나 이러한 것을 볼 것이다.

사람의 활동 범위가 아무리 좁다 하더라도――그가 그리스도든 소크라테스든 무명의 선량하고 헌신적인 노인이든 청년이든 부인이든――동물적 자아를 버리고 다른 사람의 행복을 위해 살고 있다면 그는 이미 여기, 즉 현재 이 세상의 생활에서 죽음이 존재하지 않는, 모든 사람이 인생의 목표로 삼아야 할 세계에 대한 새로운 관계로 들어가고 있다.

이성의 법칙에 따라 사랑을 발휘하면서 살아갈 때 사람은 이미 현재 이 세상의 생활에서 그가 가까이 가고 있는 생명의 새로운 핵심에서 나오는 빛을 볼 것이며 또 그 빛이 자신을 통해 주위 사람들을 비춰 주고 있음을 볼 것이다. 또한 그것이 생명은 감소하지도 않고 소멸하지도 않으며 영원히 증대하고 있다는 확고한 신념을 가져다준다. 이 생명 불멸에 대한 신념은 다른 사람에게서 받을 수 있는 것도 아니며 또 자신에게 설득할 수 있는 것도 아니다. 생명 불멸에 대한 신념이 형성되기 위해서는 생명 불멸이라는 사실이 존재한다는 것을 인식하지 않으면 안 되며 이를 인식하기 위해서는 자신의 인생을 불사(不死)라는 관점에서 이해하지 않으면 안 된다. 미래 세계의 삶을 믿을 수 있는 사람은 자기 인생의 사업을 완수함으로써 이 세계에는 존재할 수 없는 세계에 대한 새로운 관계를 확립한 사람뿐이다.

제32장 죽음에 대한 미신

죽음에 대한 미신은 세계에 대해 자신이 갖는 여러 가지 관계를 혼동함으로써 발생한다.

그렇다. 인생의 진정한 의미를 올바르게 파악하고 생명을 음미해 보면 죽음에 대한 기묘한 미신이 어떠한 근거에서 나온 것인지조차 이해하기 어려워질 것이다.

그것은 마치 어둠 속에서 도깨비 같은 것에 놀라고 나서 잘 살펴보고 그것이 환상이라는 것을 알게 되면 두 번 다시 두려워하지 않게 되는 것과 마찬가지이다.

오직 하나밖에 없는 것을 잃지 않을까 하는 두려움은 분명히 알고는 있는데 눈에는 보이지 않는 하나의 관계, 즉 세계에 대해 이성적 의식이 갖는 특수한 관계에서뿐 아니라 잘 알고 있지는 않은데 눈에 보이는 두 개의 관계——세계에 대해 그의 동물적 의식과 육체가 갖는 관계——에서도 참된 인생을 인정하기 때문에 생기는 것이다.

인간은 모든 존재를, ⑴ 세계에 대해 그의 이성적 의식이 갖는 관계, ⑵ 세계에 대해 그의 동물적 의식이 갖는 관계, ⑶ 세계에 대해 그의 육체가 갖는 관계로 파악한다. 그리고 인간은 세계에 대해 그의 이성적 의식이 갖는 관계야말로 자기 생명의 유일한 토대라는 것을 이해하지 못하고 세계에 대해 동물적 의식 및 물질이 갖는 눈에 보이는 관계를 자기 생명의 토대라고 생각하여 자신의 내부에서 그 관계가 깨지게 되면 세계에 대해 자신의 이성적인 의식이 갖는 특수한 관계까지도 잃게 되는 것이 아닌가 하고 불안해하는 것이다.

이러한 사람은 자기라는 존재가 동물적 의식의 단계로 옮겨가는 물질의 운동으로부터 생겨났다고 생각한다. 즉 그는 동물적 의식이 이성적 의식으로까지 성장하다가 곧 쇠약해지고 다시 동물적 의식으로 되돌아가 마지막에는 이 동물적 의식마저 쇠약해져 맨 처음 자신이 나타났던 근원인 생명이 없는 물질로 환원된다고 생각한다. 그러므로 이러한 사고방식 아래에서 세계에 대해 이성적 의식이 갖는 관계 따위는 우연한 것, 불필요한 것, 소멸해 버리는 것처럼 생각된다. 이러한 사고방식에 의하면 동물적 의식은 그 종족 속에서 계속 존속해 가기 때문에 세계에 대해 동물적 의식이 갖는 관계는 절대 소멸하지 않으며 또 세계에 대해 물질이 갖는 관계도 영원히 소멸하지 않는 것이다. 즉 이러한 사고방식 아래에서는 가장 귀중한 그의 이성적 의식은 영원히 존속할 수 없을 뿐 아니라 불필요하고 일시적인 것에 불과한 것이다.

그런데도 인간은 그런 일은 있을 수 없다고 느끼고 있다. 여기서 죽음의 공포가 생기는 것이다. 이 공포에서 벗어나기 위해 어떤 사람들은 동물적 의식이야말로 이성적 의식이며 동물적 인간의 불사(不死), 즉 그의 종족과 자손의 존속은 자신들이 내부에 가지고 있는 이성적 의식의 불사 요구를 만족시키는 것이라고 자신을 설득하려 한다. 또 어떤 사람들은 전에는 존재하지 않았던 생명이 갑자기 육체라는 형태로 나타나서 육체로부터 사라져 버리므로 생명이 소멸한 후에 다시 육체로 부활하여 계속해서 살아가는 것이라고 자신을 설득하려 한다.

　그러나 세계에 대해 이성적 의식이 갖는 관계 속에 생명이 존재한다는 것을 인정하지 않는 사람들은 그 어느 쪽도 믿을 수 없는 것이다. 왜냐하면 인류가 아무리 오랫동안 존속한다고 하더라도 자신의 특수한 자아를 영원히 존속시키고 싶다는 내부의 끊임없는 욕구가 만족하는 것은 아니며 또 새로 시작되는 생명이라는 관념에는 생명의 단절이라는 관념이 포함되어 있으며, 따라서 만일 생명이 전에 존재하지 않았고 또 항상 존재하고 있지 않았다면 생명은 앞으로도 존재할 리가 없다는 것을 그들도 분명히 알고 있기 때문이다.

　이 두 가지 중 어떤 사고방식에 따른다고 하더라도 이 세상에서의 생명은 파도와 같은 것이 되고 만다. 생명이 없는 물질에서 자아가 생겨나고 자아로부터 파도의 정점인 이성적 의식이 생겨난다. 정점까지 이르면 파도, 즉 이성적 의식과 자아는 쇠퇴하여 처음의 출발점까지 하강하여 소멸해 버리는 것이다. 그리고 이 두 가지 중 어떤 사고방식을 따른다 하더라도 인간의 생명은 눈에 보이는 것이 되어 버린다. 인간은 성장하고 성숙하다 마침내 죽는다. 그리고 죽은 후 그에게는 아무것도 있을 수가 없다. 죽은 후에는 그가 남긴 자손도 그의 사업도 그를 만족시키지 못한다. 그는 자기 자신을 가련하게 여기며 자신의 생명이 단절되는 것을 두려워한다. 이 세상에서 자기 육체 내부에서 시작하여 육체 내부에서 끝나 버리는 자신의 생명이 다시 소생할 것이라고는 도저히 믿어지지 않는 것이다.

　만일 자신이 이전에는 존재하지 않았고 무(無)에서 태어나 죽어가는 것이라면 오직 하나뿐인 특별한 이 자신이라는 것은 다시는 존재하지 않을 것이고 존재할 수도 없다는 것을 사람들은 알고 있다. 인간은 자신이 갑자기 생겨난 것이 아니라 이제까지 항상 존재해 왔고, 지금도 존재하고 있으며, 앞으로도 계속해서 존재하리라는 것을 이해했을 때 비로소 자신이 죽지 않는다는 것을 믿게 되는 것이다. 즉 자신의 생명이 파도와 같은 것이 아니라 단지 이 인생에서 파도와 같은 형태로 났을 뿐인 영원한 운동이라는 것을 이해했을 때 비로소 자신의 불사를 믿을 수 있게 되는 것이다.

나는 죽을 것이고 나의 인생은 끝나 버리고 말 것이다. 이러한 생각은 나를 괴롭히고 위협한다. 나는 나 자신을 아끼기 때문이다. 그러나 도대체 죽어가는 것은 무엇일까? 내가 아끼는 것은 무엇일까? 가장 일반적으로 생각할 때 나라는 것은 도대체 무엇일까? 나란 무엇보다 우선 육체이다. 그래서 그것이 어떻다는 것인가? 그것 때문에 나는 죽음을 두려워하는가? 아끼는 것이 그것인가? 물론 그런 것은 아니다. 육체, 즉 물질은 결코 어느 한 부분도 잃을 리가 없다. 이 점에서 나는 안전하며 조금도 두렵지 않다. 모든 것이 완전하게 유지될 것이다.

"아니다. 그렇지 않다. 내가 아끼는 것은 그것이 아니다. 내가 아끼는 것은 레프 니콜라예비치라든가 이반 세묘누이치라는 나 자신인 것이다."라고 사람들은 말할 것이다. 그러나 사람은 누구나 이십 년 전과는 완전히 다르게 변해 버리지 않았는가? 그리고 누구나 매일 매일 끊임없이 변해가고 있는 것이 아닌가? 그렇다면 도대체 아끼는 것은 무엇인가?

"아니다. 그렇지 않다. 내가 아끼는 것은 그것이 아니라 자아의식, 나 자신의 자아이다."라고 사람들은 말할 것이다. 그러나 당신의 그 자아의식도 항상 동일한 것은 아니지 않았는가! 그것은 여러 가지로 변화해 왔다. 1년 전의 그것은 현재의 그것과는 다르고, 십 년 전의 그것은 좀 더 다르며, 그 이전의 그것은 완전히 다르다. 당신이 기억하는 한에서도 그것은 끊임없이 변화해 왔다. 그런데도 당신은 왜 현재의 자아의식에만 특별히 집착하는가? 왜 그것을 잃는 것을 특별히 아까워하는가? 그것이 항상 동일 불변한 것이었다면 이해할 수 있지만 그것은 항상 변화해 온 것이 아닌가! 당신은 자기 자아의식의 시작을 알지 못하며 또 찾아낼 수도 없다. 그런데도 갑자기 당신은 그 자아의식의 종말이 오지 않기를 바라며 지금 자기 내면에 있는 이 자아의식을 영원히 존속시키고 싶다고 생각하는 것이다.

당신은 자기 자신을 기억할 수 있을 때부터 끊임없이 인생의 길을 걸어왔다. 당신은 어떻게 해서 이 세상에 오게 되었는지도 모르는 채 이 세상에서의 생명을 받았지만 당신이라는 특수한 자아를 지니고 태어났다는 것은 알고 있다. 그리고 그 후부터 당신은 인생을 계속해서 걸어왔으며 그 절반 정도까지 와서는 앞의 상황을 볼 수 없다는 이유로 갑자기 걸음을 멈추고 움직이려고도 앞으로 나아가려고도 하지 않는 것이다. 그러나 당신은 이 세상에 태어나기 전에 당신이 존재하던 곳도 마찬가지로 보지 못하지 않았는가! 그런데도 이 세상에 태어나지 않았는가. 당신은 입구를 빠져나왔으면서도 출구를 빠져나가려고는 하지 않는다.

당신의 전 생활은 육체적인 존재를 통하여 진행되어 왔다. 당신은 전진해 왔고 그것도 바쁘게 전진해 왔다. 그런데 이제까지 끊임없이 해 온 일이 완성되어 가는 것이 갑자기 괴롭게 느껴지는 것이다. 육체의 죽음과 함께 당신의 상태에 커다란 변화가 일어나는 것이 두려워진 것이다. 그렇지만 이와 같은 커다란 변화는 이 세상에 태어났을 때도 당신의 몸에 일어나지 않았는가. 더구나 그것은 당신에게 아무런 해로운 결과도 가져오지 않았을 뿐만 아니라 당신이 지금의 상태에 그렇게 집착할 정도로 좋은 결과를 가져오지 않았는가.

당신은 무엇이 두려운가? 현재의 이 감정, 사상, 세계관을 가진 자신, 세계에 대해 현재와 같은 관계가 있는 자신이 사라지는 것이 안타깝다고 당신은 말한다.

당신은 세계에 대해서 자신이 가진 관계를 잃게 되는 것을 두려워하고 있다. 그러나 도대체 그 관계란 어떤 것인가?

만일 그것이 먹고, 마시고, 아이를 낳고, 집을 짓고, 옷을 입고, 다른 사람이나 동물과 교제하는 것이라면 그것은 결국 생각할 수 있는 인간이라면 누구나 가지고 있는 생활에 대한 관계이므로 그러한 관계는 결코 소멸할 수가 없다. 이러한 관계를 맺은 인간은 이제까지 수없이 존재해 왔고, 현재도 수없이 존재하고 있으며, 앞으로도 수없이 존재할 것이다. 이러한 인간 종족은 물질의 각 분자와 마찬가지로 분명히 존속해 갈 것이다. 종족 보존의 본능은 모든 동물에게 깊게 뿌리박혀 있는 확고부동한 본능이므로 그것에 대해서는 조금도 걱정할 필요가 없다.

따라서 만일 당신이 동물이라면 아무것도 두려워할 필요가 없으며 만일 당신이 물질이라면 더욱더 두려워할 필요가 없다. 물질의 존재는 영원히 보장되어 있기 때문이다. 만일 동물적인 것이 아닌 것을 잃을까 두려워하고 있는 것이라면 당신이 태어날 때 지니고 왔던, 세계에 대해 당신이 갖는 특수한 이성적 관계를 잃을까 두려워하고 있다. 그러나 그 관계가 당신의 출생과 함께 생겨난 것이 아니라는 것은 당신도 분명히 알고 있지 않은가. 그것은 당신의 동물적 자아의 탄생과는 무관하게 존재

하는 것이다. 따라서 그것은 당신의 동물적 자아의 죽음에 좌우되는 것
이 아니다.

제33장 이 세상에서의 삶

눈에 보이는 인생은 생명의 무한한 활동의 일부분이다.

나 자신이나 다른 사람들의 이 세상 생활은 나에게는 다음과 같이 생각된다. 나를 포함하여 살아 있는 모든 인간, 즉 우리는 세계에 대해 일정한 관계를 맺으며 일정한 크기의 사랑을 가지고 이 세상에 존재하고 있다. 처음에는 세계에 대한 이러한 관계로부터 우리의 인생이 시작된 것처럼 생각되지만 자기 자신과 다른 사람들을 관찰하면 세계에 대한 관계와 사랑의 크기는 이 세상 생활로부터 시작된 것이 아니라 육체의 탄생과 함께 우리의 기억 속에서 사라져 버린 먼 과거로부터 가지고 태어난 것이라는 것을 분명히 알게 된다. 그뿐만 아니라 이 세상에서 우리 생명의 흐름은 끊임없는 사랑의 확대와 증강에 지나지 않으며 그것은 결코 중단되는 일이 없고 다만 육체의 죽음으로 우리 눈에 보이지 않게 될 뿐이라는 것을 분명히 알게 된다.

눈에 보이는 우리의 인생은 마치 윗부분과 아랫부분을 잘라버린 원추와 같은 것으로 생각한다. 이 원추의 정점과 밑바닥 부분은 한정된 내 마음의 눈에는 보이지 않는 것이다. 이 원추의 가장 좁은 단면이 처음 자신을 의식했을 때 내가 세계에 대해 갖고 있던 관계이며 가장 넓은 단면이 세계에 대해 내가 현재 갖고 있는 가장 높아진 관계이다. 이 원추의 시작부분인 정점은 내가 이 세상에 태어났을 때부터 이미 내 눈에는 보이지 않게 되었으며 한없이 계속되는 이 원추의 밑바닥 부분 역시 내 눈에 보이지 않게 숨겨져 있는 것이다. 즉 그것은 내 육체가 생존하고 있는 동안 뿐만 아니라 죽은 뒤에도 내 눈에 보이지 않게 숨겨져 있는 미래의 부분이다.

이처럼 나는 이 원추의 꼭대기도 밑바닥도 볼 수 없다. 그러나 지금 눈에 보이는 부분으로, 즉 기억 속에 남아 있는 이제까지의 내 생활을 더듬어 감으로써 이 원추의 본질을 확실히 파악할 수 있는 것이다. 처음에는 윗부분과 아랫부분이 잘린 원추의 일부분이 내 인생의 전부인 것처럼 생각되었다. 그러나 참된 생명을 인식함에 따라 나는 먼저 내 생명의 근본을 이루고 있는 것이 현재 생활의 배후에, 현재 생활의 테두리 밖에 있다는 것을 깨닫게 되었다. 즉 참된 생명을 인식함에 따라 나는 눈에 보이지 않는 과거——원추의 정점——와 연결되어 있다는 것을 한층 더 생생하고 분명하게 느끼는 것이다. 그다음에 내 생명의 근본을 이루고 있는 것이 눈으로 볼 수 없는 미래에 입각하고 있다는 것, 즉 나 자신이 미래——무한히 계속되는 원추의 밑바닥——와 연결되어 있다는 것을 한층 더 생생하고 분명하게 느끼게 되는 것이다.

그리하여 나는 내 눈에 보이는 생활, 이 세상에서의 생활은 지금 눈으로 볼 수 있는 형태로 인식할 수는 없지만 그 존재는 의심의 여지가 없는 생전과 사후라는 양극을 포함하는 나의 전 생활의 일부분에 지나지 않는다는 결론을 내릴 수 있다. 따라서 육체의 죽음으로 눈에 보이는 생활이 단절되어 버리는 것이 결코 사후 생명의 존재에 대한 의혹의 이유가 될 수 없으며 그것은 생전의 형태를 눈으로 볼 수 없다는 이유로 생전의 생명의 존재를 부정할 수 없는 것과 마찬가지이다. 나는 이 세상에 태어날 때 이미 자신 이외의 외계에 대한 일정한 사랑을 천성으로 몸에 지니고 나왔다. 그리고 육체의 생존은 그 기간이 길든 짧든 내가 가지고 태어난 이 사랑을 점점 확대하고 강화해 나가는 과정이다. 그러므로 나는 육체적 출생 이전에도 살아 있었으며 지금 이렇게 고찰하면서 존재하고 있는 현재 이 순간 이후에도, 또 내 육체가 사멸하기 이전이나 사멸한 이후의 모든 순간에도 계속해서 살아 있을 것이라고 분명히 결론을 내릴 수 있다.

생물까지 포함한 다른 모든 존재의 육체적 생존의 시작과 끝을 관찰해 보면 생존하고 있는 기간이 긴 것도 있고 짧은 것도 있다는 것을 알 수 있다. 훨씬 오래전에 이 세상에 태어나서 오랫동안 계속 내 눈에 보이는 형태로 살고 있는 사람이 있지만 훨씬 늦게 태어나서 훨씬 일찍 내 눈 앞에서 사라져 가는 사람도 있다. 그러나 나는 어떤 경우에도 참된 생명의 공통된 법칙이 나타나고 있음을 발견할 수 있다. 즉 생명의 빛, 사랑의 아름다운 광채가 증대해 가는 모습을 발견하는 것이다.

사람들의 일시적인 생명의 흐름을 내 눈에서 가릴 막(幕)은 머지않아 내려질 것이다. 모든 사람의 생명은 모두 동일하며 똑같이 시작도 없고 끝도 없는 것이다. 그러므로 사람이 내 눈에 보이는 생존 조건 아래에서 조금 오래 살았다든지 조금 짧게 살았다든지 하는 것은 그의 참된 생명과는 아무런 관계도 없다. 어떤 사람은 내 시야를 천천히 통과하고 또 다른 사람은 빨리 통과했다고 해서 전자의 참된 생명은 많고 후자의 참된 생명은 적다고 단정할 수 없는 것이다.

내가 창문 옆을 지나가는 사람을 발견한 경우 그가 빨리 지나가든 천천히 지나가든 차이가 없으며 내가 발견하기 전에도 그는 존재하고 있었고 내 시야에서 사라진 후에도 계속해서 존재하리라는 것을 나는 분명히 알고 있다. 그런데 왜 어떤 사람은 인생의 행로를 빨리 통과하고 어떤 사람은 천천히 통과하는 것일까? 왜 육체적으로도 바싹 말라 버렸고 정신적으로도 굳어 버려 사랑을 확대하고 강화하는 생명의 법칙을 실행할 수 없는 것처럼 보이는 노인이 계속해서 살아가지만 어린아이와 젊은이와 처녀처럼 정신적 활동력이 흘러넘치고 인생에 대한 올바른 관계를 이제 겨우 자기 내면에 확립한 사람이 그토록 빨리 이 육체의 생존 조건을 이탈하여 죽어가는 것일까?

파스칼과 고골[49]의 죽음은 또 납득할 수 있지만 셰니에[50]라든가 레르몬토프[51], 그 외에 장래의 원숙과 완성이 기대되는 내면적 활동을 막 시작한 수많은 사람의 죽음은 도대체 어떻게 해석해야 하는가?

그러나 그것은 단지 우리에게 그렇게 생각될 뿐이다. 다른 사람이 태어날 때 지니고 온 생명의 근본이라든가, 그의 내면에서 움직이는 생명의 운동이라든가, 또는 생명의 활동을 방해하는 장애라든가, 특히 눈에 보이지 않는 가능성으로 그의 생활을 다른 생존 형태로 바꾸어 버렸을지도 모르는 다른 생명의 조건 등에 대해 우리는 전혀 알지 못하는 것이다.

대장장이가 일하고 있는 것을 보면 거의 완성되어 마지막으로 한두 번만 더 두드리면 완성될 것처럼 보이는 편자를 또다시 불에 넣어 달구어

---

49) Gogoli, Nikolai Vasilievich(1809~1852). 러시아의 소설가이며 극작가. 주로 하급 관리의 비참한 생활과 몰락 지주 계급을 현실적으로 그렸음.

50) Chenier(1762~1794). 프랑스 시인. 혁명에 가담하여 사형당함.

51) Lermontov(1814~1841). 러시아 시인이며 극작가. 결투하다 죽었음. 상류사회에 대한 반발과 아름다운 자연을 묘사했음.

두드린다. 그는 그 편자가 아직 단련이 덜 되었다는 것을 알고 있기 때문이다.

다른 사람의 내면에서 참된 생명이 완성되어 가고 있는지 어떤지 우리는 알 수 없다. 오직 자기 자신의 내면에서 참된 생명이 완성되어 가고 있는지 어떤지만을 알 뿐이다. 우리에게는 사람이 죽지 않아야 할 때 죽는 것처럼 생각되지만 그런 일은 있을 수 없다. 사람은 자신의 행복을 위해 반드시 죽음이 필요한 경우에 비로소 죽는 것이다. 그것은 자신의 행복을 위해 필요하기 때문에 성장하고 성숙해 가는 것과 마찬가지이기 때문이다.

실제로 우리가 생명이라는 말을 생명에 가깝거나 비슷한 것이 아닌 참된 생명 그 자체로 이해하고 있다면, 그리하여 참된 생명이 모든 것의 근본이라고 한다면 그 근본이 거기에서 생겨난 것에 좌우되는 일은 있을 수 없다. 원인이 결과에서 생겨날 수는 없으며 참된 생명의 흐름이 그 생명 현상의 변화로 손상될 수는 없기 때문이다. 다시 말해 이 세상에서 끊임없이 계속되는 인간 생명의 활동은 종기가 생겼다든지, 세균으로 병에 걸렸다든지, 권총에 맞았다든지 하는 것 때문에 중단될 수는 없는 것이다.

인간이 죽는 것은 이 세상에서 그가 진정한 인생의 행복을 더 이상 증대할 수 없기 때문이지 폐를 앓는다거나 암에 걸렸다거나 권총에 맞았다거나 폭탄을 맞았다거나 하는 따위가 그 원인은 절대 아니다. 우리는 흔히 육체적인 생존을 계속하는 것이 자연스럽다고 생각하며 추위와 불, 물, 벼락, 질병, 권총, 폭탄 등으로 죽는 것은 부자연스러운 일로 생각한다. 그러나 인간의 생활을 객관적으로 냉정하게 살펴보고 진지하게 생각해 보면 오히려 그 반대라는 것을 알게 된다.

인간의 육체적 생명에 영향을 줄 수 있는, 도처에 우글거리고 있는 해로운 세균과 인간에게 파멸을 가져다주는 수많은 악조건에 둘러싸인 채 육체에 구속받는 생활을 계속해 나가는 것이야말로 부자연스러운 일이다. 인간은 죽는 것이 자연스러운 일이다. 따라서 인간에게 파멸을 가져오지 않을 수 없는 이 수많은 악조건에 둘러싸여 육체적인 생존을 계속해 나가는 것이 물질적인 의미에서는 오히려 지극히 부자연스럽고도 불안한 것이다.

우리가 살아 있는 것은 스스로 자신을 보호하고 있기 때문이 아니라 이러한 모든 조건을 자신에게 종속시키려는 참된 생명의 사업이 내부에서 행해지고 있기 때문이다. 즉 우리가 살아 있는 것은 우리가 우리 자신을 지키고 있기 때문이 아니라 참된 생명의 사업을 이루어 가고 있기 때문인 것이다. 이 참된 생명의 사업이 이 세상에서 완성되면 끊임없이 멸망해 가는 인간의 동물적 생명은 절대로 더 이상 존속할 수 없게 된다. 육체의 활동은 거기서 죽음으로 종결된다. 이때 우리는 항상 인간을 둘러싸고 있는 죽음의 원인 중에서 가장 가까운 원인 하나를 이러한 육체적 죽음의 유일한 원인이라고 생각하는 것이다.

우리의 진정한 생명은 존재한다. 우리는 진정한 생명만을 알고 있으며 이로써 동물적 생명을 이해하는 것이다. 그런데 동물적 생명이 영원의 법칙을 따르고 있다면 그것을 만들어 낸 참된 생명이 어찌 영원의 법칙을 따르지 않을 수 있겠는가?

그러나 우리는 자신의 외면적 현상의 원인과 작용을 이해하는 것만큼 참된 생명의 원인과 작용을 이해하지 못한다. 즉 왜 인간은 각각 독자적인 자아를 지니고 이 삶 속으로 들어왔으며, 왜 어떤 사람의 생명은 중단되고 어떤 사람의 생명은 계속되는지 아무도 모른다. 그래서 불안과 혼란이 일어난다. 우리는 '지금과 같은 존재로 태어난 것은 내가 태어나기 전에 어떤 원인이 있었던 것일까? 이 세상에서 죽은 후에도 내가 어떠한 형태로 계속해서 존재한다면 어떻게 되는 것일까?' 하고 자문한다. 그리고 이러한 의문에 대한 대답을 얻을 수 없어 한탄하는 것이다.

그러나 자기가 이 세상에 태어나기 전에 어떤 일이 있었으며 죽은 후에는 어떤 일이 일어날지 알 수 없음을 한탄하는 것은 마치 자기 시력의 한계를 벗어난 것을 볼 수 없음을 한탄하는 것과 마찬가지이다. 만일 자기 시력의 한계 밖에 있는 것을 볼 수 있게 되면 자신의 동물적 행복을 획득하기 위해서는 자기 주변의 것들을 보는 것이 가장 중요함에도 불구하고 그것들을 볼 수 없게 될 것이다.

나에게 사물을 인식시켜 주는 이성의 경우도 이와 마찬가지이다. 만일 내 이성의 범위를 넘어선 것을 인식할 수 있다면 나는 내 이성의 범위 내에 있는 사물을 인식할 수 없을 것이다. 진정한 행복을 위해서 가장 필요한 것은 현재 여기에서 동물적 자아를 어떤 것에 종속시켜야 하는가를 아는 것이며 이성은 그것을 제시하는 것이다. 이 인생에 있어서 유일하고도 참된 길, 절대 끝나지 않은 행복에 이르는 길을 나에게 제시해 주는 것이다.

이성은 우리의 생명이 육체의 출생과 함께 시작된 것이 아니라 그 이전에도 존재하였으며 앞으로도 영원히 존재하리라는 것을 분명히 가르쳐 준다. 즉 이성은 우리 생명의 행복은 이 세상에서 끊임없이 성장하고 증대하여 더 이상 증대할 수 없는 극한에 이르게 되면 그때 비로소 증대를 방해하는 모든 조건으로부터 이탈하여 다른 생존 형태를 취하게 된다는 것을 분명히 가르쳐 준다.

이성은 인간을 인생의 유일한 참된 길, 즉 사방에서 그를 둘러싸고 있는 벽의 한가운데에서 원추형으로 넓어져 가는 터널처럼 무한한 생명과 무한한 행복을 뚜렷하게 드러내는 유일한 길로 인도해 주는 것이다.

제34장 죽음은 생명의 시작이다

이 세상에서의 생존에 항상 따라다니는 고난의 의미를 설명하기 어렵다는 것은 인간의 생명이 육체의 출생과 함께 시작하고 육체의 사멸과 함께 끝나는 개체의 생존이 아님을 무엇보다도 적절하게 증명하는 것이다.

그러나 사람이 죽음을 두려워하지 않고 죽음에 대해 아무것도 생각하지 않을 수 있다 하더라도 두렵고 무의미한 고통, 도저히 납득할 수 없고 피할 수도 없는 고통을 생각하기만 해도 인생의 모든 합리적인 의미는 곧 사라져 버린다.

다른 사람을 위해 유익한 일을 하고 있을 때 갑자기 병에 걸려 그 일을 중단해야 할 뿐 아니라 아무런 의미도 이유도 없이 괴로움을 당해야 한다든지, 철도 레일의 나사가 녹슬어 떨어져 나가 때마침 그곳을 통과하던 기차에 탄 어떤 어머니가 자식이 기차에 깔려 죽는 것을 눈앞에서 본다든지, 리스본이나 베르누이[52] 같은 도시가 지진으로 함몰하여 아무런 죄도 없는 수많은 사람이 흙 속에 생매장되어 괴로워하며 죽어간다든지 하는 일은 도대체 무슨 의미가 있는 것일까? 도대체 왜 갑자기 덮쳐 아

---

52) 러시아의 지명으로 현재의 알마아타(Alma-Ata)의 혁명 전의 이름.

무런 의미도 이유도 없이 인간에게 고통을 주는 이런 두려운 일들이 끝없이 일어나는 것일까?

그것은 어떤 이론적 설명으로도 해명될 수 없다. 이런 현상들을 이론적으로 설명하려고 하면 반드시 핵심에서 벗어나게 되어 문제가 해결될 수 없다는 것이 더욱 분명해질 뿐이다. 내가 병에 걸린 이유는 바로 그때 이러이러한 세균이 몸에 침범했기 때문이라든지, 자식이 어머니 앞에서 기차에 깔려 죽은 것은 습기가 철에 작용했기 때문이라든지, 베르누이가 함몰된 것은 이러이러한 지질학적 법칙이 작용했기 때문이라든지 하고 설명할 수 있을 것이다. 그러나 문제는 거기에 있는 것이 아니라 왜 다른 사람들이 아닌 바로 그 사람들이 그러한 무서운 고통을 받아야만 했으며 그런 불의의 고통에서 벗어나기 위해서 우리는 어떻게 해야 하는가 하는 점에 있는 것이다.

이러한 문제에 대해 이론적인 해답은 없다. 이론을 계속해서 전개해 나가면 오히려 불의의 재난을 당하는 사람과 당하지 않는 사람이 있는 것은 어떤 법칙에 의한 것이 아니며 또 그런 법칙은 있을 수도 없다는 것과 이러한 재난은 무수히 일어나고 있기 때문에 아무리 발버둥을 쳐도 인생은 순간순간마다 무서운 고통으로 가득 찬 수많은 재난의 위협에서 벗어날 수 없다는 결론에 도달하게 된다.

만일 인간이 자신의 세계관으로부터 이론적으로 도출되는 결론에 따라서만 행동한다면 인생을 개인적 생존으로밖에 이해하고 있지 않은 사람들은 한순간도 살아갈 수 없을 것이다. 예를 들어 만일 어떤 주인이 하인을 고용할 때 고용되려고 온 사람들이 보는 앞에서 아무런 이유도 원인도 없이 이제까지 자기가 데리고 있던 하인들의 맨 살갗을 벗기기도

하고, 힘줄을 잡아 뽑기도 하고, 맨살을 불로 지지기도 하는 등 무서운 짓을 하면서 자기에게는 이러한 만행을 할 권리가 있다고 선언한다면 그러한 주인에게 고용되고 싶어 하는 사람은 아무도 없을 것이다. 마찬가지로 사람들이 실제로 인생을 그들이 말하는 그대로 이해하고 있다면 항상 자기 주위에서 보일 뿐만 아니라 언제 자기에게 덤벼들지도 모르는, 도저히 설명할 수도 없고 견디어 내기도 어려운 여러 가지 고통에 대한 공포만으로도 이 세상을 살아가고 싶어 할 사람은 한 사람도 없을 것이다.

그러나 사람들은 이렇게 참혹하고도 무의미한 고통으로 가득 찬 인생에서 벗어날 방법, 즉 여러 가지 손쉬운 자살 방법을 알고 있음에도 푸념과 불평을 하며 여전히 계속해서 살아가고 있다.

사람들이 이렇게 고난에 시달리면서도 살아가는 것이 인생에는 고통보다 쾌락이 많기 때문이라고 할 수는 없다. 왜냐하면 첫째로, 인생을 단순하게 생각해 보든 철학적으로 고찰해 보든 이 세상에서의 삶은 쾌락 따위로는 도저히 보상될 수 없는 고통의 연속일 뿐이라는 것이 분명하기 때문이다. 둘째로, 인간은 육체가 사멸할 때까지 줄어들 전망은 없고 늘어만 가는 고통의 연속뿐이지만 자살하지 않고 생에 집착한다는 사실을 우리 모두 자신과 다른 사람의 실례를 보아 잘 알고 있기 때문이다.

이러한 고통에 시달리면서도 여전히 살아가는 이 기묘한 모순은 사람들이 자기 인생의 행복을 위해서 모든 고통은 항상 필요할 뿐만 아니라 없어서는 안 된다는 것을 마음속 깊이 알고 있기 때문이라고밖에 설명할 수 없다. 그렇기 때문에 인간은 그러한 고통을 예견하고 또 겪으면서도 계속해서 살아가고 있다. 그러면서도 고통에 대해 반항하는 것은 자기 혼자만의 행복을 추구하는 그릇된 인생관을 가지고 있어서 그 행복이 파괴된다든지 눈에 보이는 행복을 얻지 못하는 것이 불쾌하고 불안하기 때문이다.

그래서 사람들은 고통을 두려워하며 고통과 마주치면 뜻밖의 기괴한 일을 당한 것처럼 놀라는 것이다. 그러나 사람은 누구나 고통 속에서 성장해 간다. 인생은 고통의 연속이며 자기가 고통을 겪기도 하고 다른 사람에게 고통을 주기도 하며 살아가는 것이다. 따라서 이제 우리는 이미 고통에 익숙해져 있으니 고통을 두려워한다거나 왜 고통이 존재하는가 하는 따위는 자문하지 않아도 좋지 않겠는가. 누구나 조금만 생각해 보면 자신의 쾌락은 모두 다른 사람의 고통으로 얻어진 것이며, 내 모든 고통은 쾌락을 위해 없어서는 안 된다는 것, 고통이 없으면 쾌락도 없고 고통과 쾌락은 서로 원인이 되어 발생하며 서로에게 없어서는 안 되는 밀접한 관계를 맺은 대립하는 두 가지 상태라는 것을 알게 될 것이다.

그렇다면 이성적인 인간이 '고통은 무엇 때문에 존재하는가?' 라고 자문하는 것은 무슨 의미일까? 고통과 쾌락이 연결되어 있음을 아는 사람이 '고통은 무엇 때문에 존재하는가?' 라고 자문하면서, 어째서 '쾌락은 무엇 때문에 존재하는가?' 라고 자문하지는 않는 것일까?

동물의 생활과 동물로서의 인간 생활은 끊임없는 고통의 연속이다. 동물의 활동과 동물로서의 인간 활동은 모두 고통 때문에 일어나고 있는 것이다. 고통은 병적으로 괴로운 감각이지만 이를 제거하고 쾌락 상태를 야기하는 활동을 불러일으킨다. 동물의 생활과 동물로서의 인간 생활은 고통으로 파괴되지 않을 뿐 아니라 오히려 오직 고통에 따라서만 영위되어 가는 것이다. 따라서 고통은 인생을 추진시키는 원동력이며 없어서는 안 되는 것이다. 그런데도 고통은 왜 존재하는가 하는 따위의 질문을 하는 것은 도대체 무엇을 찾아내려 하는 것일까?

굶주린 농어가 잉어를 잡아먹으려고 괴롭힌다든지, 거미가 나비를 잡아먹으려고 괴롭힌다든지, 늑대가 양을 잡아먹으려고 괴롭히는 경우 이러한 동물들은 각기 당연한 일을 하고 있다고 생각하며 또 당연한 일을 당하고 있다고 생각한다. 또 반대로 농어, 거미, 늑대가 그들보다 강한 동물들에게 그런 고통을 받게 되는 경우 도망치거나 반항하거나 발버둥을 치면서도 당연한 일이 벌어지고 있다고 생각한다. 즉 그들은 자신에게 일어나고 있는 일이 부당한 일이라든가 부자연스러운 일이라고는 생각하지 않으므로 그러한 일이 일어나는 것에 대해 조금도 의심하지 않는다.

그러나 인간의 경우는 이와 다르다. 전쟁터에서 다른 사람의 발을 잘라 버렸으면서 자신의 잘린 발은 치료하기 위해 전념하는 인간이라든지, 직접 혹은 간접으로 다른 사람을 감옥에 넣어 버렸으면서 반대로 자신이 감옥에 갇히게 되자 어떻게든 독방에서 안락하게 살려고 고심하는 인간이라든지, 자기는 이제까지 수없이 많은 생물을 잡아먹었으면서도 자기가 늑대에게 잡아먹히게 되자 어떻게든 자기 몸을 지키려고 발버둥치는 인간, 이러한 인간들은 자기 몸에 일어나고 있는 이런 모든 일들을 당연히 일어나야 하는 일이라고 인정할 수 없는 것이다.

그들이 자기 몸에 일어나고 있는 일을 당연히 일어나야 할 일이라고 인정할 수 없는 것은 그러한 고통을 당하면서 자신이 당연히 해야 할 일을 조금도 하지 않기 때문이다. 당연히 해야 할 일을 하지 않기 때문에 자기 몸에 일어난 일이 전적으로 부당하며 부자연스러운 일처럼 생각되는 것이다.

늑대에게 잡아먹히게 된 사람이 늑대로부터 도망친다든지 하여 몸을 지키는 일 이외에 해야 할 일이란 무엇일까? 그것은 이성적 존재로서의 인간이 당연히 해야 할 일, 즉 고통을 야기한 자기 자신의 죄를 인정하고 참회하여 진리를 의식하는 일이다.

동물은 현재로 인해서만 고통을 받는다. 그러므로 동물의 경우에는 고통으로 야기되는 활동은 현재의 자신에게로 집중되며 그것으로 자신을 충분히 만족시킬 수 있다. 그러나 인간은 현재로 인해서만 고통을 받는 것이 아니라 과거와 미래로 인해서도 고통을 받는다. 그러므로 인간의 경우에는 고통으로 야기되는 활동이 동물로서의 인간의 현재로만 향해진다면 그것은 인간을 만족시킬 수 없다. 고통의 원인과 결과로도 향해진 활동, 즉 과거와 미래로도 향해진 활동만이 괴로워하고 있는 인간을 만족시킬 수 있는 것이다.

동물은 우리에 갇히게 되면 우리를 부수고 도망치려 하고, 발을 다치면 다친 곳을 혀로 핥으며, 다른 동물에게 잡아먹히게 되면 어떻게 해서든지 도망치려고 한다. 즉 동물의 생활 법칙은 외부로부터 침해되며 따라서 동물의 활동은 그 회복에 집중됨으로써 당연히 벌어져야 할 일이 벌어지는 것이다. 그러나 인간의 경우, 나든 나와 가까운 사람이든 감옥에 갇히거나 전쟁터에서 발을 잘리거나 늑대에게 잡아먹히게 되는 경우 그때의 활동이 감옥에서 탈출한다든지 발을 치료한다든지 늑대로부터 자기 자신을 지키는 일에만 향해진다면 그러한 활동은 나를 만족시키지 못한다. 왜냐하면 감옥에 갇힌다든지 발이 아프다든지 늑대에게 잡아먹히게 된다든지 하는 일은 나의 고통의 극히 일부분에 지나지 않기 때문이다.

내 고통의 참된 원인은 과거, 즉 나와 다른 사람의 죄에 있는 것이다. 그러므로 나의 활동이 고통의 원인인 죄로 향해지지 않는다면, 즉 그 죄로부터 해방되기 위해 노력하지 않는다면 나는 당연히 해야 할 일을 하지 않는 것이며 따라서 그러한 고통이 부당한 것처럼 생각되고 현실뿐 아니라 상상 속에서도 점점 증대하여 마침내 살아갈 수 없을 정도까지 이르게 되는 것이다.

동물의 경우 고통의 원인은 동물적 생활 법칙이 침해되는 데 있으며, 이는 고통의 의식이라는 형태로 나타난다. 그래서 생활 법칙이 침해됨으로써 야기되는 활동은 그 고통을 제거하기 위해 집중된다. 그러나 이성적 의식을 가진 인간의 경우 고통의 원인은 이성적 의식에 지배된 생활 법칙이 침해되는 데 있으며, 이는 죄의 의식이라는 형태로 나타난다. 그래서 이성적 의식의 생활 법칙이 침해됨으로써 야기되는 활동은 그 죄를 제거하기 위해 집중된다. 즉 동물의 고통이 그것을 제거하기 위한 활동을 불러일으키고 이 활동이 견디기 어려운 고통을 제거해 주는 것처럼 이성을 지닌 인간의 고통은 죄를 제거하기 위한 활동을 불러일으키고 이 활동이 견디기 어려운 고통으로부터 해방해 주는 것이다.

고통에 시달리거나 고통을 상상할 때 '왜 무엇을 위해 고통은 존재하는 것인가?'라는 의문이 마음속에 일어나는 것은 그 사람이 고통에 따라 자기 내면에 일어나는 활동, 즉 고통을 없애 주는 활동을 인식하지 못하기 때문일 뿐이다. 그리고 실제로 동물적 생존을 자기 인생으로 간주하고 있는 사람들의 내면에는 이러한 고통을 없애 주는 활동이 일어날 수 없는 것이다. 자신의 인생에 대한 이해가 좁으면 좁을수록 그 사람의 내면에는 이러한 활동이 일어나기가 어렵다.

　개인적 생존을 인생으로 보는 사람이 고통의 원인을 자신의 죄로 인정할 때, 즉 자기가 병에 걸린 것은 상한 음식을 먹었기 때문이며, 두들겨 맞은 것은 자기가 먼저 싸움을 걸었기 때문이며, 먹을 것도 입을 것도 없는 것은 자신이 일하려고 하지 않았기 때문이라는 것을 이해할 때 그는 하지 않았어야 할 일을 자신이 했기 때문에 괴로워하고 있다는 것을 분명히 알게 되어 앞으로 그와 같은 잘못을 두 번 다시 저지르지 않기 위해 그리고 그 죄로부터 해방되는 데 자신의 활동을 집중시키면서 고통에 저항하지 않고 편안하게 때로는 기쁜 마음으로 그 고통을 참아갈 수 있다.

　그러나 이러한 사람이 자신의 죄와의 관계를 알 수 없는 고통에 시달리게 되면, 즉 그가 자신의 행위와는 전혀 관계가 없는 외적인 원인으로 고통을 받고 있다든지, 고통의 결과가 자신뿐만 아니라 다른 사람들에게도 아무런 도움이 되지 못할 경우에는 자기가 부당한 고통을 받는 것처럼 생각되는 것이다. 그래서 그는 '무엇 때문에 고통이 존재하는가?' 라고 스스로 묻게 된다. 그리고 자신의 활동이 지향해야 할 목표가 보이지 않기 때문에 그 고통을 순순히 받아들이려 하지 않는다. 그래서 고통은 점점 더 참기 어렵게 되는 것이다. 인간의 고통 대부분은 항상 그 원인이나 결과가——때로는 양쪽 모두가——시간과 공간에 구속된 우리 인간의 눈에는 보이지 않는다. 예를 들면 유전성 질병, 비참한 돌발 사건, 흉작, 기차 전복, 화재, 지진, 그밖에 죽음에 이르게 하는 여러 가지 사건 따위가 그것이다.

　이러한 부류의 재난은 후세 사람들에게 질병을 유전시키는 정욕에 사로잡혀서는 안 된다든지, 좀 더 견고한 기차를 만들어야 한다든지, 불을 좀 더 조심스럽게 다루어야 한다는 등의 교훈을 주기 위해서 필요하다는 따위의 설명은 아무런 해답도 되지 못한다. 나는 다른 사람의 과실을 예방하기 위한 예증이 되는 것에 내 인생의 의의가 있다고는 생각할 수 없다. 내 인생은 행복하게 되려는 욕구를 가진 나 자신의 생활이지 다른 사람의 인생을 위한 예증이 아니다. 그런 종류의 설명은 이야깃거리가 될 수 있을지는 몰라도 나를 위협하고 나에게서 살아갈 힘마저 빼앗아 가는 고통의 무의미함에 대한 공포를 가볍게 해 주지는 않는다.

그러나 나 자신의 죄로 다른 사람들이 고통을 당하며, 또 다른 사람들의 죄로 나 자신이 고통을 당하는 일이 있다는 것을 이해했다 하더라도, 또 모든 고통은 이 인생에서 보상하지 않으면 안 될 죄과를 나타내는 것이라는 것을 희미하게나마 이해했다 하더라도 도저히 설명할 수 없는 고통이 여전히 수없이 남아 있다. 어떤 사람은 숲속에서 늑대에게 잡아먹히고 어떤 사람은 물에 빠져 죽기도 하며 얼어 죽기도 하고 불에 타 죽기도 하며 또 어떤 사람은 고독 속에서 병들어 죽기도 한다. 그러나 그 사람이 얼마나 괴로워했는지 아무도 모른다. 이런 예는 수없이 많다. 이런 일이 도대체 누구에게 무슨 도움이 되겠는가.

자신의 인생을 동물적 생존으로 이해하고 있는 사람은 이러한 문제에 대해서는 아무런 설명도 하고 있지 않으며 할 수도 없다. 왜냐하면 이런 사람은 자기 눈에 보이는 현상 속에서만 고통과 죄의 상관관계를 이해할 수 있기 때문이다. 더구나 죽음의 고통에서 이 상관관계는 그의 마음의 눈에 전혀 들어오지 않는 것이다.

인간은 다음 두 가지 가운데서 하나를 선택해야 한다. 즉 자신에게 닥치는 고통과 자기 생활의 상관관계를 인정하지 않고 자기의 고통 대부분을 아무런 의미도 없는 시련으로서 견디어 나가든가 그렇지 않으면 인생에 대한 그릇된 사고방식과 그로 인한 죄야말로 모든 고통의 원인이라는 것을 인정하고 자신의 고통을 자신과 다른 사람들의 죄에 대한 속죄라고 인정하든가 이 두 가지 가운데 어느 하나를 선택해야 한다.

결국 고통에 대해서는 다음과 같은 두 가지 태도밖에 있을 수 없다. 하나는 고통의 외면적 의의를 인정할 수 없기 때문에 고통은 부당한 것이라는 태도이며 다른 하나는 고통의 내면적 의의를 인정하여 참된 생활을 해 나가는 데 있어서 고통은 당연하다는 태도이다. 전자는 동물적 개인의 행복을 행복이라고 생각하는 데서 생기는 태도이며 후자는 자기 이외의 모든 생물의 행복과 결부된 자신의 생활, 즉 과거로부터 미래에 이르는 자신의 전체적인 생활의 행복을 행복이라고 생각하는 데서 생기는 태도이다. 전자의 견해에 따르면 고통은 아무런 의미도 없고 끊임없이 증대하며 감당할 수 없는 절망과 분노 외에는 아무런 활동도 불러일으키지 않게 되고, 후자의 견해에 따르면 고통은 참된 생명의 활동이며, 즉 죄의 인식, 죄로부터의 해방, 이성의 법칙에의 종속을 불러일으키게 되는 것이다.

이성이 아니라 하더라도 견디기 어려운 고통 때문에 좋든 싫든 인간의 생활은 개체적인 자아에서 끝나 버리는 것이 아니라 개체적 자아 따위는 생활 가운데 눈에 보이는 일부분에 불과하며 개체적 생활에서 나타나는 외면적 인과관계는 이성적 의식으로 이해되는 내면적 인과관계와 일치하지 않는다는 것을 인정하지 않을 수 없게 된다.

동물은 죄와 고통의 상관관계를 시간적, 공간적 조건 속에서만, 즉 눈에 보이는 형태로만 인식할 수 있지만 인간은 그 상관관계를 시간적, 공간적 조건에 얽매이지 않고 자신의 의식 속에서 분명히 인식하는 것이다. 어떠한 고통이든 인간은 항상 그것을 자기 죄의 결과라고 인정하여 이에 대해 속죄하는 것이 고통에서 벗어나 행복에 이르는 유일한 길이라는 것을 인식한다.

인간의 모든 생활은 어린 시절부터 고통을 통해 죄를 의식하고 죄로부터 자신을 해방하는 것으로 이루어져 왔다. 나는 내가 진리에 대한 어떤 일정한 지식을 가지고 이 세상에 태어났다는 것을 알고 있으며, 나의 내면에 죄가 크면 클수록 나와 다른 사람들의 고통은 그만큼 증대하고, 내가 죄로부터 해방되면 될수록 나와 다른 사람들의 고통은 그만큼 감소하여 더욱 많은 행복을 얻을 수 있다는 것을 알고 있다. 따라서 내가 이 세상을 떠날 때 가지고 가는 진리에 대한 지식이, 비록 그것이 임종의 마지막 고통을 통해 얻는 것이라고 할지라도 많으면 많을수록 내가 얻는 행복은 그만큼 커진다는 것도 알고 있다.

고통을 참기 어려운 것으로 생각하는 사람은 자신을 세계 전체의 생활로부터 분리해, 이 세계의 고통의 원인이 된 자신의 죄를 인정하지 않고 자기는 죄가 없는데 이 세상의 죄 때문에 자기가 참기 어려운 고통을 당하고 있다고 생각하여 그 고통에 반항하는 사람뿐이다.

놀랍게도 이성으로 마음속에서 분명하게 인식되는 이와 같은 것이 인생 유일의 참된 활동인 사랑으로 확증되고 있다. 즉 이성은 자신의 죄, 자신의 고통과 세계의 죄, 세계의 고통 사이에 존재하는 상관관계를 인정하면 참기 어려운 고통에서 해방된다는 것을 알려 주며, 사랑은 실제로 그것을 확증시켜 주는 것이다.

모든 사람의 생활 가운데 절반은 고통 속에 지나가 버리지만 사람들은 고통을 고통으로 생각하지 않을 뿐만 아니라 오히려 행복이라고까지 생각하고 있다. 그것은 그러한 고통을 죄의 결과로서, 사랑하는 사람들의 고통을 가볍게 해 주는 수단으로서 이해하고 있기 때문이다. 그러므로 사랑이 적으면 적을수록 그 사람이 받는 고통은 더욱 증대하며 사랑이 많으면 많을수록 그 사람이 받는 고통은 적어지는 것이다. 모든 활동이 사랑으로만 나타나는 완전한 이성적 생활에서는 고통이란 전혀 존재할 수 없다. 참기 어려운 고통, 그것은 인간의 생명을 전 세계의 생활과 결합시키는 자기의 조상, 자손, 같은 시대 사람들에 대한 사랑의 사슬을 끊으려 할 때 맛보는 괴로움이다.

제35장 육체의 고통

육체의 고통은 인간의 삶과 행복에 불가결한 조건이다.

"그래도 역시 아프다. 이러한 육체적 고통은 도대체 무엇 때문에 존재하는 것인가?"라고 사람들은 묻는다. 이에 대해 우리에게 고통을 주기는 했지만 가능한 한 고통을 적게 함으로써 그 고통으로부터 생기는 행복을 가능한 한 크게 해 준 사람은 "그것은 우리에게 필요할 뿐만 아니라 그러한 고통이 없다면 우리는 살아갈 수가 없기 때문이다."라고 대답할 것이다.

우리가 고통을 예민하게 느끼는 것은 고통을 느끼는 감각이 자신의 육체를 보존하고 동물적 생활을 유지하는 데 가장 중요한 수단이기 때문이다. 만일 고통을 느끼는 감각이 없다면 어린아이들처럼 장난삼아 자신의 몸을 불태우기도 하고 토막 내기도 했을 것이다. 그러므로 육체적인 고통은 동물로서의 인간 개체를 보호하는 것이다.

이처럼 고통이 마치 갓난아기의 경우처럼 인간을 보호하는 역할을 하고 있는 한 결코 견디기 어려운 괴로움이 아니다. 인간의 이성적 의식이 성숙하여 고통을 부당한 것으로 생각하고 그 고통에 반항하려고 할 때 비로소 우리가 느끼는 것처럼 견디기 어렵고 두려운 괴로움이 되는 것이다.

동물이나 갓난아기가 느끼는 고통은 한정된 범위의 것이라 이성적 의식을 가지고 있는 사람이 느끼는 견디기 어려운 괴로움에는 결코 미치지 않는다. 우리가 흔히 볼 수 있듯 갓난아기는 벼룩에게 물리기만 해도 마치 내장이 터지기라도 한 것처럼 울어댄다. 그러나 이성이 발달하지 않은 자의 고통은 기억 속에 아무런 흔적도 남기지 않는다. 누구나 이성이 발달하지 않았던 어린 시절에 겪은 고통의 괴로움을 기억해 내려 해도 전혀 기억해 낼 수 없을 뿐 아니라 그 고통을 상상해 보는 것조차 불가능하다는 것을 깨닫게 될 것이다.

　어린아이와 동물이 괴로워하고 있는 모습을 볼 때 우리는 그 아이와 동물이 실제로 느끼는 고통 이상의 고통을 느낀다. 그것은 이성을 가지지 않은 생물은 실제의 고통 이상으로 자신의 고통을 표현하기 때문에 그로 인해 야기되는 우리의 동정도 훨씬 커지기 때문이다. 이와 같은 것은 정신병이나 열병, 장티푸스, 모든 임종의 고통의 경우에도 마찬가지이다.

　이성적 의식이 아직 눈을 뜨지 않은, 즉 고통만이 개체의 보호 역할을 하는 동안 고통은 괴로운 것이 아니다. 그러나 내면에서 이성적 의식이 눈뜨기 시작하면 고통은 동물적 자아를 이성에 종속시키는 수단이 되고 이성적 의식이 성장함에 따라 점차 사라져 가는 것이다.

　사실 우리는 이성적 의식을 완전히 자신의 것으로 했을 때 비로소 고통에 대하여 말할 수 있다. 왜냐하면 그때가 되어야 비로소 우리가 고통이라고 부르는 생활이 시작되기 때문이다. 그러나 이러한 상태에서 고통의 감각은 무한히 커질 수도 있고 무한히 작아질 수도 있다. 실제로 생리학을 연구하지 않더라도 감각에는 한계가 있으며 고통이 일정한 한계까지 이르면 아픈 감각이 사라져 버리거나, 정신을 잃거나, 의식이 흐려지거나, 그렇지 않으면 죽음이 시작된다는 것은 누구나 알고 있다. 즉 고통이라는 것은 일정한 한계까지 증대하면 더 이상 증대할 수 없는 것이다. 그러나 고통에 대한 감각은 그에 대한 우리의 태도에 따라 무한히 커질 수도 있고 무한히 작아질 수도 있다.

인간은 고통에 반항하지 않고 당연히 있어야 하는 것으로 인정함으로써 전혀 고통을 느끼지 않게 될 뿐만 아니라 고통을 참아내는 데서 기쁨까지 느낄 수 있다는 것을 누구나 알고 있다. 순교자들이나 불에 타면서도 노래를 불렀던 후스[53]는 차치하고 보통 사람들도 자기의 용기를 자랑하고 싶다는 욕망만으로 비명도 지르지 않고 경련도 일으키지 않고 참기 어려운 수술을 견디어 내는 것이다. 고통의 증대에는 한계가 있지만 고통에 대한 감각의 축소에는 한계가 없는 것이다.

고통은 육체적 생존을 자기의 인생으로 생각하고 있는 사람에게는 실로 참기 어려운 괴로움이다. 고통을 제거하라고 인간에게 주어진 이성의 힘이 오히려 고통을 증대시키는 데만 발휘되고 있다면 어떻게 고통이 견디기 어렵고 두려운 것이 되지 않을 수 있겠는가?

'신은 처음에 인간의 수명을 70년으로 정하셨는데 그것이 인간에게 오히려 좋지 않다는 것을 아시고 지금과 같이 고쳐 인간은 자신이 언제 죽을지 모르게 되었다'는 신화를 플라톤은 말하고 있는데, 이와 마찬가지로 '신은 처음에 고통에 대한 감각이 없는 인간을 만드셨는데 나중에

---

53) Huss, Jan(1369?~1415). 보헤미아의 종교 개혁가. 교황의 파문(破門)을 받아 분형(焚刑) 당함.

인간의 행복을 위해 지금과 같은 형태로 다시 만드셨다' 는 신화가 있다 하더라도 조금도 이상하지 않을 것이며 이것이 인간이 현재와 같은 형태로 존재하는 사실의 합리성을 매우 정확하게 나타내는 말일 것이다.

만일 신이 고통의 감각을 갖지 않는 인간을 만드셨다면 인간은 즉시 그런 감각을 갖고 싶어 했을 것이다. 출산의 고통이 없었다면 여성들이 아무리 많은 아이를 낳아도 무사히 살아남는 아이는 몇 명 되지 않았을 것이다. 인간에게 고통에 대한 감각이 없었다면 어린아이와 젊은 사람들은 자기의 육체를 엉망으로 만들어 버렸을 것이며 또 어른들은 먼저 살았던 사람들과 현재 살고 있는 사람들의 죄, 특히 가장 중요한 자기 자신의 죄를 알지 못했을 것이다. 그뿐만 아니라 이 인생에서 무엇을 해야 하는지도 몰랐을 것이고, 이성적 활동의 합리적인 목적도 가질 수 없었을 것이고, 눈앞에 다가오고 있는 죽음에 대한 관념과도 융화할 수 없었을 것이고, 사랑을 가질 수도 없었을 것이다.

동물적 자아를 이성의 법칙에 종속시키는 것이 바로 인생이라고 생각하는 사람에게 고통은 해로운 것이 아니라 오히려 자신의 동물적 자아에 있어서나 이성적 생활에서도 필요 불가결한 조건이다. 만일 고통이 없었다면 동물적 자아는 자기의 법칙에서 벗어났을 때 지침을 가질 수 없었을 것이다. 또 이성적 의식이 고통을 경험하지 못했다면 인간은 진리를 알 수 없었을 것이며 자기의 법칙도 알 수 없었을 것이다.

그러나 이에 대해 "당신은 당신 개인의 고통에 대해 말하고 있을 뿐이다. 어찌하여 다른 사람의 고통을 부정하려 하는가? 다른 사람이 괴로워하는 모습을 보는 것은 무엇보다도 괴로운 일이 아닌가?"라고 빈정거리며 말하는 사람도 있을 것이다. 다른 사람의 고통이라고? 그러나 다른 사람의 고통, 즉 당신들이 고통이라고 부르고 있는 것은 이제까지 끊임없이 계속되어 왔으며 지금도 계속되고 있다. 인간 세계와 동물 세계 모두 고통으로 가득 차 있으며 고통은 끊이지 않고 계속되어 왔다. 과연 이 사실을 오늘에야 비로소 알게 되었단 말인가? 부상이라든가 불구, 기아, 추위, 질병 그 외의 여러 가지 불행한 사건, 특히 우리들을 이 세상에 태어나게 한 분만의 고통 등은 모두 생존을 위해 없어서는 안 될 조건이 아닌가! 그리고 이러한 고통이 있기 때문에 다른 사람의 고통을 완화해 주려는 과정에서, 또 다른 사람이 고통에서 벗어날 수 있도록 도와주는 과정에서 인간의 이성적 생활이 이루어질 수 있는 것이다. 그것은 인생의 참된 활동은 모두 그곳으로 향하고 있기 때문이다.

개인과 인류가 겪는 고통의 원인을 이해하고 그것을 감소시키기 위해 활동하는 것이야말로 인생에서 해야 할 유일한 일이다. 나, 즉 하나의 인간이 개인적으로 존재하는 것은 다른 개인적 존재의 고통을 이해하기 위해서이며 또 내가 이성적 의식을 가지고 있는 것은 개개인의 고통 속에서 공통된 원인인 인간의 죄를 찾아내어 나 자신과 다른 사람의 내면에서 제거하기 위해서이다. 어떻게 일이 노동자에게 고통의 원인이 될 수 있겠는가? 그것은 마치 농부가 경작되지 않은 땅이 자기 고통의 원인이라고 불평하는 것과 마찬가지이다. 경작되지 않은 땅이 고통의 원인이 된다고 생각하는 사람은 잘 경작된 땅을 보고 싶어 하면서도 경작하는 일을 자기 일생의 사업으로 생각하지 않는 사람들뿐이다.

괴로워하는 사람들에 대한 직접적인 사랑의 봉사와, 고통의 공통 원인인 인간의 죄를 제거하기 위한 활동은 당장 실행하지 않으면 안 되는 일이며 그것만이 인생의 영원한 행복을 주는 유일하고도 즐거운 일이다.

인간에게 고통이 되는 것은 오직 하나밖에 없다. 그것은 행복만이 존재하는 이 인생에 싫든 좋든 따라야 한다는 것이다. 이 고통은 자신과 전 세계의 죄에 대한 의식과 생활 속의 모든 진리를 바로 자기 자기 손으로 실현할 수 있다는 가능성과 실현하지 않으면 안 된다는 의무감 사이에서 생기는 모순된 의식이다.

세계의 죄에 가담하여 자기 죄에서 눈을 돌린다고 이 고통이 완화되지 않으며, 생활의 모든 진리를 다른 사람 아닌 자기 손으로 실현할 수 있다는 가능성과 실현해야 한다는 의무감을 인정하려 하지 않으면 고통은 더욱 완화될 수 없다. 전자는 자신의 고통을 증가시키고 후자는 살아가는 힘을 빼앗을 뿐이다. 이 고통을 완화할 수 있는 것은 개인적 생활과 의식된 목적 사이의 불균형을 제거하는 참된 생활에 대한 의식과 그 활동밖에 없다.

인간은 자신의 생활이 출생에서 죽음까지의 한정된 개인적 생존이 아니라는 것과 자기가 의식한 목적은 도달할 수 있다는 것, 그리고 이 목적을 향해 나아가는 것, 즉 자기 죄를 더욱 의식하여 자신과 전 세계의 생활의 진리를 실현해 나아가는 것이 전 세계의 생활과 불가분의 관계에 있는 인간 생활의 사업이며 앞으로도 그럴 것이라는 점이 싫든 좋든 인정하지 않으면 안 되는 것이다.

인간은 이성적 의식이 아니더라도 인생에 대한 그릇된 사고방식으로 생기는 고통 때문에 어쩔 수 없이 인생 유일의 참된 길, 즉 아무런 장애물도 불행도 없고 절대 파괴되지 않으며 시작도 없고 끝도 없는, 끊임없이 증대해 가는 행복만이 있는 인생의 길로 쫓겨나게 된다.

■ 결 론

인간의 생활은 행복에 대한 강한 욕구로 일관하고 있다. 그리고 이와 같이 인간이 구하는 것은 반드시 인간에게 주어진다.

죽음과 고통이 인간의 눈에 불행으로 보이는 것은 자기 육체의 동물적인 생존 법칙을 자신의 생명의 법칙으로 잘못 이해하기 때문이다.

즉 인간이면서도 인간임을 잊고 동물의 단계까지 전락할 때 죽음과 고통이 그의 눈앞에 나타나게 되는 것이다. 그리하여 죽음과 고통은 무서운 모습을 하고 사방에서 달려들어 그의 앞에 열려 있는 오직 하나뿐인 진리의 길, 즉 이성의 법칙에 따르는 사랑으로 가득 찬 인생의 길로 그를 몰아넣는다.

죽음과 고통은 인간이 생명의 법칙을 어기고 있다는 증거이며 생명의 법칙에 따라 살아가는 사람에게는 죽음도 고통도 없는 것이다.

'수고하고 무거운 짐 진 자들아, 다 내게로 오라. 내가 너희를 쉬게 하리라.

나는 마음이 온유하고 겸손하니 나의 멍에를 메고 내게 배우라. 그러면 너희 마음이 쉼을 얻으리니,

이는 내 멍에는 쉽고, 내 짐은 가벼움이라.' (마태복음 제11장 28~30절)

인간의 생명은 행복하게 되려는 욕구이며 인간의 생활은 행복에 대한 강한 욕구로 일관하고 있다. 그리고 이처럼 인간이 구하는 것은 반드시 인간에게 주어지게 마련이다. 결코 죽음으로 끝나지 않는 생명과 불행으로 끝나지 않는 행복이 곧 그것이다.

■ 첨언 1

사람들은 흔히 '우리는 인생을 자신의 생명 의식이 아니라 자기 외의 것들을 기준으로 하여 연구한다' 라고 말한다. 그러나 그것은 '우리는 사물을 눈으로가 아니라 자기 외의 것들로 본다' 라고 말하는 것과 똑같은 것이다.

우리가 자기 외의 사물의 존재를 인정하는 것은 눈으로 그 물체를 보고 있기 때문이며 자기 외의 생명을 인식하고 있는 것은 자기 내부에 존재하는 생명을 인식하고 있기 때문이다. 우리는 사물을 눈에 보이는 대로밖에 볼 수 없으며, 자신의 외부에 존재하는 생명은 자기 내부에 존재하는 생명에 대해 아는 대로만 정의할 수 있다. 우리는 자기 내부에 존재하는 생명을 행복하게 되려는 욕구로 알고 있다. 따라서 '생명이란 행복하게 되려는 욕구이다' 라는 정의를 빼 버리면 우리는 생명을 관찰할 수 없을 뿐만 아니라 알 수도 없을 것이다.

우리가 생명체를 인식하는 데 가장 중요한 것은 하나의 생명체라는 개념 속에서 여러 가지 사물을 충분히 포함해 생명체를 다른 모든 것으로부터 구별해 나가는 것이다. 이러한 행위는 우리가 모두 자신의 내부에서 똑같이 인식하고 있는 생명의 정의, 즉 모든 세계로부터 독립된 존재인 자기 행복에 대한 욕구라는 생명 의식에 기초를 두고 행해지는 것이다.

사람이 말을 타고 있는 경우 그것은 여러 생물도 아니고 단 하나의 생물도 아니라는 것을 우리는 알고 있다. 그것은 인간과 말을 구성하는 모든 부분을 하나하나 관찰했기 때문이 아니라 인간과 말의 머리, 발 그 외의 어떤 부분에 대해서도 우리 자신의 내면에서 인정한 것과 같은 행복에 대한 독자적인 욕구를 우리가 인정하지 않기 때문이다. 사람이 말을 타고 있는 것은 하나의 생물이 아니라 두 개의 생물이라고 인정하는 것은 우리 자신의 내면에 하나밖에 없는 행복에 대한 독자적인 욕구를 거기에서는 두 개로 인정하기 때문이다.

　오직 이러한 이유만으로 우리는 기수와 말 그 어느 쪽이나 생명이 존재한다는 것을 알고 있으며, 또 말의 무리 중 어떠한 말에도 생명이 존재하며 새, 곤충, 나무, 풀에도 생명이 존재한다는 것을 아는 것이다.

　만일 말은 말대로 자기 행복을 구하고, 인간은 인간대로 자신의 행복을 구하며, 무리 속의 말들도 각각 자기 행복을 구하고 있으며, 새와 곤충과 나무와 풀도 각각 자기 행복을 구하고 있다는 것을 몰랐다면 우리는 생물을 구별할 수 없었을 것이며 따라서 생물이라는 것을 전혀 이해할 수 없었을 것이다. 기병연대도 가축의 무리도 새도 곤충도 식물도 모두 바다의 파도와 똑같은 것이 되어 버려 우리에게는 전 세계가 생명 따위는 찾아볼 수 없는 단순한 운동처럼 보였을 것이다.

　만일 말과 개, 개에 기생하고 있는 진드기가 생물이라는 것을 알고 있으며, 또 그들을 관찰한다면 그것은 말, 개, 진드기가 각자 자신의 목적, 즉 각자 행복하게 되려는 욕구가 있기 때문이다. 그리고 우리가 그것을 알고 있는 것은 행복을 구하고 있는 존재인 자기 자신을 알고 있기 때문이다.

생명에 대한 모든 인식의 기초가 되는 것은 이처럼 행복하게 되려는 욕구이다. 사람이 자기 내면으로 느끼는 행복 욕구야말로 생명 그 자체이며 모든 생명의 증거라는 것을 인정하지 않으면 생명을 연구할 수도 관찰할 수도 없다. 따라서 생명이라는 것이 어떠한 것인가를 알고 있어야만 생명에 대한 관찰을 시작할 수 있으며 그릇된 과학이 생각하고 있는 것처럼 생명의 현상만을 아무리 관찰한다고 하더라도 생명의 본질은 명확하게 밝힐 수 없는 것이다.

사람들은 자기 자신의 의식 속에서 인식된 행복 욕구야말로 생명 그 자체라는 정의를 인정하지 않아도 진드기가 가지고 있는 이러한 욕구를 알 수 있다고 생각한다. 그래서 진드기가 구하는 행복에 대한 아무 근거 없는, 단지 추측에 불과한 지식을 기초로 관찰하고 생명의 본질에 대한 결론을 내리기까지 한다.

외계의 생명에 대한 나의 인식 모두 행복하게 되려는 나의 욕구에 대한 인식을 기초로 하고 있다. 따라서 내 자신의 행복과 내 자신의 생명이 어떤 것인지 알아야 비로소 다른 생물의 행복과 생명이 어떤 것인지를 알 수 있는 것이다. 내 자신의 행복과 생명이 어떤 것인지 모르면서 다른 생물의 행복과 생명을 알 수는 없다.

내 자신의 내면에서 인식되는 행복 욕구를 근거로 하지 않고서는 내가 구하고 있는 행복과 비슷하기는 하지만 내가 알지 못하는 독자적인 행복을 구하고 있는 다른 생물을 아무리 관찰하더라도 아무것도 해명할 수 없을 뿐만 아니라 오히려 생명에 대해 내가 갖고 있는 올바른 인식마저 흐려지게 된다.

자신의 생명에 대한 정의를 확립하지 않은 채 다른 생물의 생명을 연구하는 것은 마치 중심을 정하지 않고 원을 그리는 것과 같다. 확고부동한 하나의 점을 중심으로 정해 놓아야 비로소 원을 그릴 수 있는 것이다. 다른 도형이라면 몰라도 원은 중심이 없으면 그릴 수 없기 때문이다.

■ 첨언 2

그릇된 과학은 생명에 수반되는 여러 가지 현상을 연구하면서 생명 그 자체를 연구하고 있다고 믿음으로써 생명의 개념을 왜곡해 버렸다. 따라서 그릇된 과학은 그들이 생명이라고 부르는 이러한 현상을 연구하면 할수록 자기가 연구하려는 생명의 본질에서 점점 멀어져 가는 것이다.

처음에 포유동물을 연구하고 그다음에 다른 척추동물과 어류, 식물과 산호, 세포와 미생물을 연구하다 드디어 생물과 무생물의 구별, 유기물과 무기물의 한계, 개개 유기물의 경계가 모호해질 때까지 연구해 나간다. 그리하여 결국 관찰하려 해도 관찰할 수 없는 것이 연구와 관찰의 가장 중요한 대상으로 등장하게 된다.

그리하여 생명의 비밀, 즉 만물의 근원은 눈에 보이지 않는 것이므로 역시 추측할 수밖에 없는, 오늘 발견되었는가 하면 내일이면 잊혀 가는 미립자 속에 존재하는 것처럼 생각되는 것이다. 그들은 현미경으로나 볼 수 있는 미생물 속에, 그리고 그 미생물 속에 들어 있는 미생물 속에, 또 그 미생물 속에 들어 있는 것 속에…… 이렇게 무한히 더듬어 내려가 마지막에 도달하게 되는 무한소(無限小) 속에 만물의 근원이 존재한다고 생각한다.

그들은 무한소는 무한대(無限大)와는 달라서 계속해서 추적해 가면 무한소에 도달할 수 있는 것으로 생각하고 있다. 즉 그들은 무한소를 끝까지 추적해 나아가 그 무한성이 끝나면 신비가 분명하게 밝혀질 것이라고 생각하지만 결코 그날은 오지 않는 것이다. 그러므로 이러한 방법은 영원히 생명의 비밀을 밝혀낼 수 없다. 무한소를 추적해 나가면 그 문제가 해결되리라는 생각은 문제를 취급하는 방법이 잘못되었다는 것을 나타내는 명백한 증거라는 것을 그들은 깨닫지 못하는 것이다. 이 연구가 완전히 무의미하다는 것을 보여 주는 우매하기 짝이 없는 이 최후의 단계를 과학의 승리라고 생각하고 있다. 완전히 눈이 멀어 장님이 되어 버린 최후의 단계가 눈이 가장 잘 보이는 최고의 단계라고 생각하고 있는 것이다.

그들은 막다른 골목에 들어섰으며 따라서 자기들이 걸어온 길이 잘못되었다는 것을 확인했으면서도 한없이 기뻐하고 있다. 좀 더 성능이 좋은 현미경을 개발하기만 하면 무기물에서 유기물로, 유기물에서 정신을 지닌 존재로 이행하는 과정을 파악할 수 있으며 생명의 신비가 완전하게 밝혀지게 될 것이라고 생각하는 것이다.

그들은 물질의 본체 대신 그 그림자를 연구하는 동안 자기들이 연구하고 있는 그림자의 본체를 완전히 잊어버렸다. 그리고 그림자 속으로 점점 깊이 빠져들어 가 완전히 암흑에 빠져 버리고서 그림자가 널리 퍼져 있다고 기뻐하고 있다.

생명의 의미는 행복하게 되려는 욕구로서 인간의 의식 속에 제시되고 있다. 이 행복을 해명하고 한층 더 정확하게 정의하는 것이 전 인류 생활의 주요한 목적이며 사업이다. 그런데 이 사업은 어렵기 때문에, 즉 장난이 아니라 힘이 드는 일이기 때문에 사람들은 '행복의 정의는 그것이 제시되고 있는 곳, 즉 인간의 이성적인 의식 속에서는 발견할 수 없으니 그것이 제시되는 곳 아닌 다른 곳을 샅샅이 찾아야 한다'고 생각하는 것이다.

그것은 마치 자기가 필요로 하는 것이 정확하게 제시된 메모를 받았으면서도 그 메모를 읽을 수 없다는 이유에서 그것을 내던지고는 사람만 만나면 나에게 필요한 것이 무엇이냐고 묻는 것과 같다. 인간의 마음속에 행복 욕구라는 지울 수 없는 문자처럼 선명하게 새겨진 생명의 정의를 인간의 의식이 아닌 다른 곳에서 찾고 있다.

이것은 기묘한 일이다. 더구나 인류는 그 가장 총명한 대표자의 입을 통해서 '너 자신을 알라'는 저 그리스의 격언을 비롯하여 정반대의 말들을 해 왔으며, 또 지금도 그러한 말을 하고 있으므로 더욱더 그러한 것이다. 종교의 가르침은 모두 생명을 정의하는 것에 지나지 않으며 인간이 손에 넣을 수 있는 실제적인 참된 행복에 대한 욕구가 바로 생명이라는 것을 분명히 밝혀 주고 있다.

■ 첨언 3

이성의 목소리는 인간에게 점점 분명하게 들려온다. 그리하여 인간은 이 목소리에 더욱더 귀를 기울이게 된다. 개인적인 행복을 추구하고 그릇된 의무를 다할 것을 전하는 목소리보다 이 목소리 쪽이 강해지는 때가 오고 있다. 아니, 이미 그때가 온 것이다.

한편에서는 인간이 빠지기 쉬운 자기중심의 생활은 결코 행복을 가져올 수 없다는 것이 점점 확실하게 이해되고 있고, 또 다른 한편에서는 사람들이 정한 모든 의무를 완수해야 한다는 것은 인간 내면에 있는 이성과 선의 근원에 대한 인간의 유일한 의무를 다할 수 없게 만드는 속임수일 뿐이라는 것이 점점 분명하게 이해되고 있다.

합리적인 의미가 없는 것을 믿게 하려는 저 낡아빠진 속임수는 이제 이미 낡아 없어져 버렸으므로 다시 거기로 되돌아갈 수는 없다.

전에는 다음과 같은 설교가 제법 행해졌다. '생각하지 말라. 우리가 정하는 의무만을 믿어라. 이성은 당신을 속인다. 신앙만이 당신에게 인생의 진정한 행복을 제시할 것이다.' 그래서 사람들은 믿으려고 노력했고, 또 믿었다.

그런데 사람은 다른 사람들과 사귐에 따라 그들은 다른 신앙을 가지고 있다는 것을 알게 되며 그들로부터 자기들의 신앙이 인간에게 가장 큰 행복을 가져다준다는 말을 듣게 된다. 그래서 그는 수없이 많은 신앙 가운데 도대체 어떤 신앙이 가장 올바른 신앙인가 하는 문제에 부딪히게 된다. 그런데 이 문제를 해결할 수 있는 것은 오직 이성뿐이다.

인간은 항상 모든 것을 신앙이 아니라 자기의 이성으로 인식한다. 전에는 '인간은 이성이 아니라 신앙으로 인식한다' 라고 가르치며 사람을 속일 수도 있었다. 그러나 사람이 또 다른 신앙을 알게 되고 다른 사람들도 그들이 받드는 신앙을 거의 자기와 같은 태도로 받들고 있는 것을 보게 되면 이성으로 문제를 해결하지 않을 수 없게 된다.

불교도가 이슬람교를 안 후에도 그대로 불교도인 채로 머물러 있다면 그는 이미 신앙에 의해서가 아니라 이성에 의해서 불교도에 머물러 있는 것이다.

다른 신앙을 알게 되어 이제까지의 자신의 신앙을 거부하든가 그렇지 않으면 새로 알게 된 신앙을 버리든가 하는 문제에 부딪혔을 때 이 문제는 이성으로 해결할 수밖에 없는 것이다.

만일 그가 이슬람교를 안 후에도 불교도에 그대로 머물러 있다면 불교에 대한 이전의 맹목적인 신앙은 이성에 기초를 둔 합리적인 신앙이 된 것이다.

현대에는 이성에 호소하지 않고 신앙을 매개로 사람의 마음에 정신적인 것을 주입하려 하는 것은 마치 입 아닌 다른 곳을 통해 음식을 먹이려는 것과 같다.

사람들은 다른 사람들과 교제함으로써 인간 전체에게 공통된 인식의 근저(根底)를 확인한다. 그러므로 이전의 그릇된 상태로 되돌아갈 수 없는 것이다. 죽은 사람이 신의 아들의 목소리를 들을 때가, 그리하여 그 목소리를 듣고 소생할 때가 다가오고 있다. 아니, 이미 와 있는 것이다.

이 목소리는 결코 지워 버릴 수 없다. 왜냐하면 이 목소리는 어느 한 사람의 목소리가 아니라 전 인류가 내는 이성의 목소리이기 때문이다. 이 목소리는 개인의 내면에서도, 그리고 이제는 대부분 사람의 내면에서도 울려 퍼지고 있다.

참회록

나는 독자 여러분이 유익하고 고귀한 감정을 경험하길 바란다.

— 1908년 3월, 야스나야 폴랴나 —

제1장 어린 시절의 추억

나는 그리스 정교의 세례를 받았으며 이 신앙으로 성장했다. 유년 시절부터 청년 시절까지 나는 이 신앙의 가르침을 받았다. 그러나 대학 2학년을 중퇴하던 무렵인 십팔 세 때 나는 그때까지 배워 온 어떤 것도 믿지 않게 되었다.

몇 가지 기억을 더듬어 판단해 보면 그때까지 나는 참된 신앙을 가져본 적이 없으며 그때까지 배운 가르침과 어른들이 해 준 이야기에 대해 막연한 믿음을 갖고 있었음에 지나지 않았다. 그러므로 내 믿음은 뿌리가 없어 흔들리기 쉬운 것이었다.

내가 11세쯤 되던 무렵의 어느 일요일, 지금은 고인이 된——그 당시에는 중학교에 다니던——우올로 제니카 M이라는 소년이 찾아와 새로운 발견을 말해 준 일이 기억난다. 그 새로운 발견이란 '신은 존재하지 않으며, 우리가 신에 대해 가르침을 받은 것은 모두 꾸며낸 이야기'라는 것이었다. 그것은 1838년의 일이었다. 나는 형들이 이 새로운 발견에 관심을 나타내고 있었으며 나를 그들의 토론에 끼워 주었던 일을 기억하고 있다. 또한 우리가 이 새로운 발견에 커다란 흥미를 느끼고 있었고 그것을 당연한 사실로 받아들였던 일을 기억한다.

또한 당시 대학에 다니고 있던 형 드미트리가 그의 천성적인 기질로 갑자기 신앙에 몰두하여 교회의 모든 행사에 참여하고 계율을 지키며 순수한 도덕적 생활을 하자 우리뿐만 아니라 어른들까지도 모두 그를 비웃으며——왜 그런 별명을 붙여 주었는지는 모르지만——'노아' 라는 별명을 붙여 주었던 일을 기억한다. 또한 그 무렵 카잔대학의 주임이었던 무신 푸쉬킨이 우리를 무도회에 초대했을 때 그것을 거절하는 형에게 어른들이 '다윗도 성궤 앞에서 춤을 추지 않았는가' 라고 조롱 조로 강요했던 일도 있었다. 그때 나는 어른들의 그러한 조롱에 공감하면서도 교리 문답을 배우지 않으면 안 되었고 교회에도 나가지 않으면 안 되었다. 그러나 나는 그 모든 것들을 진지하게 생각할 필요는 없다는 결론에 이르렀다. 또한 그보다 어린 시절에 볼테르를 읽고 그 빈정대는 조소에 반감은 커녕 오히려 즐거움을 느꼈던 일도 기억하고 있다.

내 마음에서 일어났던 신앙으로부터의 이탈은 나 정도의 학식을 가지고 있는 사람들 마음에서 일어났으며 현재도 일어나고 있는 것과 똑같은 과정으로 일어난 것이었다. 대체로 세상 일반 사람들과 똑같은 생활을 하는 경우 신앙을 이탈하게 된다고 생각한다. 세상 일반 사람들은 자신의 종교적 신조와 조금도 일치하지 않는 생활을 할 뿐 아니라 대부분 그 신조와 상반되는 규범에 따라 생활하며 종교적 신조는 실생활과는 아무런 관계도 없는 것이다. 그들은 사람들과 교제하는 데도 종교적 신조를 따르는 일이 없으며 자신의 생활에서도 종교적 신조를 참고하는 일이 결코 없다. 종교적 신조는 실생활과 멀리 떨어져 있으며 아무런 관계도 없이 신봉되고 있을 뿐이다. 설사 그들의 실생활이 종교적 신조와 관계되어 있다 하더라도 그것은 외면적일 뿐 실제로는 무관한 현상으로서 관계하고 있음에 지나지 않는 것이다.

어떤 사람의 실생활이나 행위를 보고 그가 신앙이 있는지 아닌지를 알기가 불가능한 것은 옛날이나 지금이나 마찬가지이다. 설사 공공연히 정교를 신봉하는 사람과 부정하는 사람 사이에 차이가 있다 하더라도 신봉하는 사람 쪽이 유리하지는 않다. 옛날이나 지금이나 정교를 인정하고 공공연하게 신봉하고 있는 사람들은 대체로 우둔하고 잔인하며 자신을 대단한 존재로 생각하고 있는 부류들 가운데 발견되며 지혜, 성실, 솔직, 선량, 덕행 등의 미덕은 대체로 정교를 신봉하지 않는다고 자처하는 사람들에게서 발견되는 것이다.

학생은 학교에서 교리 문답을 배우고 교회에 보내지며 관리는 성비례(聖秘禮)를 받았다는 증명서를 받아야 한다. 그러나 이렇다 할 학문도 없고 관직도 없는 우리 같은 계층의 사람들은 전에는 더했지만 지금도 자신이 기독교인들 사이에서 생활한다고, 즉 그리스 정교를 신봉하는 자라고 스스로 인정하는 일 없이 수십 년 동안 살아가고 있다.

그러므로 예전처럼 지금도 단순한 믿음으로 받아들이고 외부 압력으로 신봉되는 이러한 종교적 신조는 이와 상반된 실생활에서 여러 가지 경험과 지식에 의해 서서히 소멸해 버린다. 그런데 이러한 종교적 신조는 이미 오래전에 흔적도 없이 사라져 버렸지만 유년 시절부터 가르침을 받아 온 종교적 신조가 자기 내부에 충만해 있다고 생각하며 살아가고 있는 사람들이 때때로 발견되기도 한다.

현명하고 성실한 S라는 사람이 신앙을 버리게 된 이유를 내게 말해 준 적이 있다. 26, 7세였던 어느 날 그는 사냥을 나가 야외에서 잠을 자게 되었다. 그는 유년 시절부터 해 온 습관에 따라 기도하기 위해 무릎을 꿇었다. 함께 사냥 나온 형이 건초 위에 누운 채 그 모습을 바라보고 있었다. S가 기도를 끝내고 잠자리에 들려 하자 형이 그에게 "너 아직도 그런

걸 하니?" 하고 말했다.

두 사람은 그 이상 아무 말도 하지 않았다. 그때부터 S는 무릎을 꿇고 기도하기를 중지하고 교회에 나가는 일도 하지 않았다. 그 후 그는 거의 30년 동안 기도하지 않았을 뿐만 아니라 성비례를 받거나 교회에 가는 일도 없었다. 그것은 그가 형의 신념을 알고 그에 공감했기 때문이 아니며 자기 내부에서 무슨 결단을 내렸기 때문도 아니다. 형의 입에서 나온 한마디 말은 자신의 무게를 견디지 못해 무너지려던 벽을 손끝으로 한 번 툭 치기만 했을 뿐이다. 즉 형의 한마디 말은 그가 그때까지 신앙의 표현으로 여기고 있던 것이 공허한 형식에 지나지 않으며 따라서 무릎을 꿇고 기도할 때 긋는 십자 성호나, 부복, 기도의 말 모두 무의미한 것이라는 것을 지적해 주었을 뿐이다. 그래서 그러한 것들이 무의미하다는 것을 깨닫자 더 이상 그러한 것들을 계속할 수 없게 되었다.

이러한 일은 이제까지 수많은 사람에게 일어났고 지금도 일어나고 있다. 나는 우리와 교양 정도가 같은 사람들, 자기 자신에 대해 성실한 사람들에게 말하고 있는 것이지 신앙의 본질을 어떤 일시적인 목적을 이루기 위한 수단으로 생각하는 부류의 사람들에게 말하고 있는 것이 아니다 (이러한 사람들이야말로 철저한 불신앙 자이다. 왜냐하면 신앙이 어떤 세속적인 목적을 이루기 위한 수단이라면 그것은 진정한 신앙이 아니기 때문이다). 우리와 교양 정도가 같은 사람들이란 신앙이라는 기반 위에 세워진 이러한 인공적 건물이 지식과 실생활이라는 불에 이미 타 버린 상태에 있는 사람들이다. 그리하여 그들은 재빨리 그것을 알아채고 그곳을 떠나 버리지만 다른 사람들은 아무도 그것을 알아채지 못하고 있는 것이다.

유년 시절부터 내게 전해져 온 종교적 신조는 다른 사람들과 마찬가지로 가슴에서 소멸해 버렸다. 그러나 나는 15세경부터 철학 서적을 탐독해 왔으므로 신앙으로부터의 이러한 이탈을 일찍부터 자각했다. 이 점이 다를 뿐이다. 나는 16세부터 무릎 꿇고 기도하기를 중단했으며 교회에 나가 재계단식(齋戒斷食)하는 것도 스스로 중단했다. 나는 유년 시절부터 배워 온 것을 믿지 않게 되었다. 그러나 여전히 무엇인가를 믿고 있었다. 그렇지만 누군가가 내게 무엇을 믿고 있느냐고 물었다면 아무런 대답도 하지 못했을 것이다. 나는 신을 믿고 있었다. 아니, 그보다는 신을 부정하지 않았다고 해야 할 것이다. 그러나 어떤 신이었는가를 분명하게 말할 수는 없었다. 나는 그리스도도 그의 가르침도 부정하지 않았다. 그럼에도 그 가르침의 근본이 어디에 있는지를 분명하게 말할 수는 없었다.

지금 그때의 일을 회상해 보면 내 신앙이——동물적 본능 이외에 나의 생활을 움직이고 있던 것, 즉 그때의 유일한 참된 신앙이——자기완성에 대한 신앙이었음을 분명하게 알 수 있다. 그렇지만 그 완성이 어떠한 것인지, 또 그 완성의 목적이 무엇이었는지는 확실치 않다. 나는 지적인 면에서 자기완성을 이룩하기 위해 노력했다. 나는 내 생활에서 일어나는 모든 것을 배워 갔으며 내가 배울 수 있는 모든 것을 배워 나갔다. 나는 나의 뜻을 이루기 위해 노력했다. 그래서 스스로 여러 가지 규칙을 정했고 그것을 지키려고 노력했다. 또한 여러 가지 육체적 단련으로 체력과 민첩성을 증진함으로써 어떤 고통도 견딜 수 있는 인내심과 지구력을 향상할 때 육체적인 면에서도 자기완성을 이루기 위해 노력했다.

나는 이러한 모든 것을 자기완성이라고 생각했다. 물론 그중에서도 도덕적 완성이 최근의 목적이었다. 그러나 나도 모르는 사이에 그것은 일반적 완성이라는 욕망으로 바뀌어 버렸다. 즉 나 자신이나 신에 대해 선한 인간이 되고자 하는 욕망이 다른 사람에게 선한 사람으로 보이고자 하는 욕망으로 바뀌어 버린 것이다. 그뿐만 아니라 다른 사람에게 선한 사람으로 보이고자 하는 욕망은 다시 다른 사람들보다 유력한 인간이 되고자 하는 욕망, 즉 다른 사람들보다 명성 있고 중요하고 부유한 사람이 되고자 하는 욕망으로 바뀌어 버렸다.

제2장 나의 젊은 시절

이제 나의 젊은 시절 10년 동안의 눈물겹고 교훈이 담긴 생활을 이야기하려 한다. 세상에는 나와 같은 경험을 한 사람들도 많이 있으리라. 나는 마음속으로부터 선한 인간이 되기를 원했다. 그러나 나는 젊었으며 정열로 가득 차 있었다. 더구나 선을 추구하고 있던 그때 나는 혼자였고 매우 고독했다. 도덕적으로 훌륭한 인간이 되고 싶다는 생각을 말로 표현할 때마다——그것은 나의 가장 간절한 소망이었는데——남들로부터 경멸감과 조소를 느꼈다. 그런데 혐오스러운 욕망에 몰두하자마자 칭찬과 격려를 받았다. 공명심, 권세욕, 물욕, 애욕, 자만심, 분노, 복수심, 이런 모든 것들이 더 소중한 것으로 생각되었다.

나는 이러한 혐오스러운 욕망에 몰두하면서 위인(偉人)인 체하는 인간이 되었다. 그뿐만 아니라 주위 사람들에게 만족을 주고 있다고까지 느꼈다. 심지어 함께 살고 있던 순진하고 선량한 숙모까지도 항상 "네가 유부녀와 사귀는 것만큼 너를 위해 바람직한 것은 없다."라고 말했다. 귀족 집안의 부인과 사귀는 것만큼 남자에게 유익한 것은 없다고 말한 것이다. 숙모는 내가 부관, 그것도 황제의 부관이 되는 것을 행복으로 생각하셨다. 또한 내가 엄청난 부호의 딸과 결혼하여 수많은 노예를 거느리게 되는 것을 최대의 행복으로 생각하셨다.

나는 이 시절을 생각할 때마다 공포와 혐오감으로 고통을 느끼지 않을 수 없다. 나는 전쟁터에서 많은 사람을 죽였다. 죽이기 위해 어떤 사람에게는 결투로 도전하기도 했으며 도박하여 큰 빚을 짊어진 일도 있다. 농민들의 노고의 결실을 무위도식하면서 그들에게 벌을 주기도 했으며 간음하기도 하고 사람을 속이기도 했다. 기만, 도적질, 온갖 음행, 만취, 폭행, 살인 등 거의 모든 죄악을 범했다. 그런데도 친구들은 모두 이러한 행위를 칭찬하고, 나를 비교적 도덕적인 인간이라고 생각했으며 지금도 그렇게 생각하고 있다.

이와 같은 생활로 나는 10년을 보냈다. 이 시절 나는 명예심과 물욕과 교만으로 글을 쓰기 시작했다. 나는 글을 쓰는 데도 실생활에 있어서와 똑같은 짓을 저질렀다. 내 저작의 목적인 명예와 돈을 얻기 위해서는 선을 감추고 악을 내보이지 않으면 안 되었다. 내 생활의 의의를 이루고 있던 선에 대한 갈망을 외면한 채 가벼운 조소로 선에 대한 갈망을 은폐하려고 했다! 그렇게 나는 그 목적을 달성했으며 사람에게 칭찬을 받게 되었다.

26세 때 나는 전쟁터에서 상트페테르부르크로 돌아와 많은 문인과 교제하게 되었다. 나는 그들에게서 영접과 추종을 받았다. 그리하여 내가 주위를 돌아볼 겨를도 없이 문인들과 교제하면서 그들의 인생에 대한 계급적, 문인의 견해에 감염되자 선한 인간이 되고자 하는 내부의 욕망은 아주 사라져 버렸다.

이 문인들, 즉 저작 활동을 하는 친구들의 인생에 대한 견해는 이러했다. '일반적으로 인생은 끊임없이 발전하고 있다. 그런데 인생의 발전에 중요한 역할을 하는 것은 우리 사상가들이며 그중에서도 예술가와 시인은 더욱 커다란 영향력을 갖고 있다. 세상 사람들을 가르치고 인도하는 것이 우리의 사명이다.' 이것이 인생에 대한 그들의 견해였다. 이 이론 속에는 '나는 무엇을 알고 있는가? 나는 무엇을 가르칠 수 있는가?' 라는 극히 당연한 의문이 자신의 내부에 일어나지 않도록 하기 위해, 그런 것들은 알 필요가 없으며 예술가와 시인은 의식하지 않더라도 가르치고 인도한다는 인식이 나타나 있다.

나는 스스로를 훌륭한 예술가이며 시인이라고 자인하고 있었으므로 이 이론을 그대로 받아들인 것은 극히 당연한 일이었다. 예술가이며 시인인 나는 무엇을 써야 할 것인가를 알지도 못하면서 글을 썼으며 무엇을 가르쳐야 할 것인가를 알지도 못한 채 가르쳤다. 그러고는 그것에 대해 금전적 보수를 받았다. 내게는 훌륭한 음식과 집과 여자들과 화려한 사교계가 주어졌다. 나는 명성을 얻고 있었다. 따라서 내가 가르치는 것은 매우 훌륭한 것이었다.

시의 사명과 인생의 발전에 대한 이러한 신앙도 하나의 신앙임에는 틀림없다. 그리고 나는 그 사제(司祭)가 되었다. 이는 참으로 유쾌하고 유익한 일이었다. 나는 매우 오랫동안 아무런 의심도 없이 이 신앙 속에서 살아갔다. 그러나 이렇게 생활한 지 2년, 아니 3년째 되던 해 나는 이 신앙을 의심하게 되었다. 그래서 이 신앙을 다시 검토하기 시작했다. 나는 이 신앙의 '사제들'이 모두 의견을 같이하고 있는 것은 아니라는 사실을 알게 되었다. 내가 이 신앙에 대해 의심하게 된 가장 중요한 동기는 이러했다.

우리 중 어떤 사람들이 말했다.

"우리는 가장 훌륭하고 유익한 교사다. 우리는 꼭 필요한 것들을 가르치고 있다. 그러나 너희들은 그릇된 것들을 가르치고 있다."

그러자 우리 중 다른 사람들이 반박했다.

"아니다. 우리야말로 참된 교사다. 너희들이 가르치는 것은 그릇된 것들이다."

이러면서 그들은 서로 욕설을 퍼붓고 헐뜯으며 싸웠다. 그뿐만 아니라 우리 중에는 어느 쪽이 옳고 어느 쪽이 그른가 하는 것은 전혀 생각하지 않고 이러한 활동에 따른 사리사욕만을 생각하는 자들도 많았다. 이 모든 사실은 우리 신앙의 진실성에 의혹을 품게 하기에 충분했다.

이렇게 문인들 신앙의 진실성을 의심하게 되면서 나는 이 신앙의 사제들을 더욱 주의 깊게 관찰했다. 그 결과 이 문인들 거의 전부가 부도덕하고 무가치하고 저열한 인간들이며 과거에 내가 방탕한 군대 생활에서 만났던 사람들보다 더 저열한 인간들이면서도 성인이나 혹은 성스러움이라고는 모르는 자만이 할 수 있는 철저한 자신감과 자기만족에 취해 있다는 확신을 얻기에 이르렀다. 나는 이들이 혐오스러워졌으며 동시에 나 자신에 대해서도 혐오를 느꼈다. 그리하여 나는 이러한 신앙이 기만적인 것이라는 사실을 깨닫게 되었다.

이러한 신앙이 허망한 것임을 깨닫자, 나는 이 신앙을 거부했다. 그러나 이러한 사람들에 의해 지지가 되는 지위, 즉 예술가의 지위, 시인의 지위, 교사의 지위는 거부하지 않았다. 따라서 '나는 시인이며 예술가다. 그러므로 나는 세상 사람들을 가르칠 수 있다.' 라고 생각하고 또 그렇게 행동했다.

이런 사람들과의 교제로 인해 내게는 새로운 악이 생겨났다. 그것은 병적으로 성장한 자만심과 무엇을 가르쳐야 하는지 알지 못하면서도 내가 세상 사람들을 가르치고 인도해야 할 사명을 띤 인간이라고 믿는 광적인 자신감이었다.

이제 그 시절과 그때 내 마음의 상태와 그들의 마음 상태를 회고해 보면(그러한 부류의 인간들이 지금도 수없이 많지만) 괴롭고 두려운 마음과 더불어 우스꽝스러운 생각마저 든다. 마치 정신병원을 둘러보고 온 사람이 느끼는 것과 흡사한 기분이 일어나는 것이다.

그 시절 우리는 가능한 한 빨리, 가능한 한 많이 설교하고 책을 펴내야 한다고 생각했다. 왜냐하면 온 인류의 행복을 위해 그것이 필요하다고 굳게 믿었기 때문이었다. 그래서 우리 수천 명의 문인들은 서로를 부정하고 서로에게 욕설을 퍼부으면서 각자 제멋대로 글을 쓰고 활자화하기도 하고 설교하기도 했다. 우리는 자신이 아무것도 알지 못하는 인간이라는 것, 인생의 가장 단순한 문제인 선은 무엇이고 악은 또 무엇인가 하는 문제에 대해서조차 아무런 대답도 하지 못하는 보잘것없는 인간이라는 것을 깨닫지 못하고 다른 사람의 말 따위에는 귀도 기울이지 않으며 저마다 떠들어댔다. 또한 우리는 다른 사람에게 칭찬받기 위해, 또 너그러운 사람으로 보이기 위해 때로는 남을 칭찬하기도 너그럽게 대하기도 하고 때로는 격한 감정을 터뜨리기도 했다. 그것은 정신병원의 모습과 흡사했다.

수천 명의 근로자들이 밤낮을 가리지 않고 온 힘을 기울여 수백만의 말〔言語〕들을 활자화했으며 우체국에서는 그 책들을 러시아 방방곡곡에 배포했다. 우리는 더욱 열심히 설교했다. 그러나 아무리 열심히 설교해도 청중에게 모든 것을 전해 줄 수는 없었다. 그래서 청중에게 우리의 말에 귀를 기울이지 않는다고 화를 내곤 했다.

참으로 우스꽝스러운 일이다. 그러나 이제는 모든 것을 이해할 수 있다. 우리는 가능한 한 많은 돈과 칭찬을 받고 싶어했던 것이다. 우리가 멋대로 요란하게 떠들어댄 이유는 바로 그것이었다. 우리는 오직 이 목적을 위해 책을 펴내기도 하고 신문과 잡지에 글을 쓰기도 했다. 그 밖에는 우리의 목적을 달성시킬 아무런 방법도 없었기 때문에 이 유일한 방법에 매달렸던 것이다. 그토록 무익한 일을 하면서도 자신이 매우 중요한 인간이라는 확신을 갖기 위해서는 그러한 활동을 정당화할 수 있는 이론이 필요했다. 그래서 우리들 사이에는 다음과 같은 이론이 나오게 되었다.

'존재하는 모든 것은 정당하다. 존재하는 모든 것은 진보하며 그 진보는 문화에 의해 이루어진다. 문화의 수준은 서적과 신문 잡지의 보급으로 측정된다. 우리는 서적을 펴내기도 하고 신문 잡지에 글을 쓰기도 하며 그에 대해 금전적 보수와 존경을 받는 것이다. 그러므로 우리는 가장 유익하고 훌륭한 인간이다…….'

이 이론이 우리에게는 매우 만족스러운 것이었는지도 모른다. 그러나 어떤 사람이 의견을 발표하면 다른 사람에 의해 그와는 정반대의 의견이 발표되게 마련이다. 이 경우도 예외는 아니었다. 그러나 우리는 반대 의견에는 귀를 기울이지 않았다. 우리는 보수를 받고 있었기 때문이다. 그리하여 나는 내 지지자들로부터 칭찬받았다. 따라서 우리는 저마다 자신을 정당한 사람이라고 생각하고 있었다.

이제 나는 그러한 행위들이 정신병자의 그것과 조금도 다름이 없다는 것을 분명히 깨닫게 되었다. 그러나 그 시절에는 막연한 의혹만을 품고 있었으므로 모든 미친 사람들처럼 나는 나 이외의 다른 모든 사람을 미친 자라고 불렀다.

제3장 결혼 전후의 생활

결혼하기 전까지 만 6년 동안 나는 이처럼 어리석은 상태로 생활했다. 이 기간에 외국 여행을 했다. 유럽에서의 생활과 학식 있고 진보적인 유럽인들과의 교제는 내 생활의 바탕인 일반적 자기완성의 신앙을 더욱 확고하게 해주었다. 왜냐하면 그들도 나와 똑같은 신앙이 있음을 발견했기 때문이다. 이 신앙은 내 안에서 현대의 교양인들 대부분이 갖고 있는 것과 같은 일반적인 형태를 갖추기에 이르렀으며 이 신앙은 진보라는 말로 표현되고 있었다.

그때 내게는 이 한마디 안에 무언가가 내포된 것처럼 생각되었다. '어떻게 하면 좀 더 훌륭한 생활을 할 수 있을까?'라는 문제로 고뇌하고 있던 내가 '진보를 따르며 살아가라.'라고 대답하는 것은 마치 조각배를 탄채 풍랑에 이리 밀리고 저리 밀리는 사람이 '어디에 다다르는 것이 좋을까?'라는 중요하고도 유일한 문제에 대해 성실하게 대답하지 않고 '아무데로나 데리고 가 주시오.'라고 대답하는 것과 똑같다는 것을 나는 알지 못하고 있었다.

당시 나는 이 유일한 문제에 주의를 기울이지 않았다. 인생에 대한 자신의 몰이해를 남을 기만하는 도구로 이용하고 있는 세상 사람들의 맹목적인 믿음에 대해 이성적이 아니라 감정적으로 반항했을 뿐이었다. 그런데 파리에 머무는 동안 처형 장면을 목격하게 되었는데 이로 인해 진보에 대한 믿음이 헛된 것임을 깨닫게 되었다. 머리와 몸뚱이가 잘리고 이 두 부분이 각기 상자 속으로 떨어지는 것을 본 순간, 실제로 존재하는 것과 진보야말로 이치에 맞는다는 이론도 결코 이 행위를 변호할 수 없다는 것을, 나의 머리가 아니라 나의 전 존재로 분명히 깨달았다. 그리하여 '태초부터 사람들이 어떤 이론을 내세워 이것을 필요한 일이라고 생각해 왔다 하더라도 그것은 불필요한 것이며 악이라는 것을 알고 있다. 따라서 무엇이 정당하고 무엇이 필요한가를 판단하는 것은 세상 사람들의 언행도 진보도 아니며, 고동치는 심장을 가진 나 자신이다.' 라고 깨닫게 되었다.

진보에 대한 헛된 믿음이 인생에 대해 충분한 것이 아니라는 것을 깨닫게 한 또 하나의 사건은 형의 죽음이었다. 태어날 때부터 총명하고 선량하고 성실한 인간이었음에도 형은 젊었을 때 병에 걸려 일 년 이상 고통을 받다가, 왜 살아왔으며 왜 죽어 가는지 알지도 못한 채 고뇌 속에 죽어갔던 것이다. 어떠한 이론이든 고통으로 서서히 죽음을 향해 끌려가고 있는 형이나 나에게 이러한 의문에 대한 해답을 주지 못했다. 이러한 사건들은 나에게 인생에 대한 회의를 불러일으켰다. 그러나 실제 생활에서는 여전히 진보만을 신봉하면서 하루하루를 보내고 있었다.

'만물은 진보한다. 나 또한 진보한다. 왜 내가 만물과 함께 진보하는가는 나중에 알게 될 것이다.' 당시에는 나의 신앙을 이러한 형식으로 표현할 수밖에 없었다.

해외여행에서 돌아온 후 나는 전원 속에서 살면서 농민 교육 사업에 몰두했다. 이 사업은 매우 유쾌한 것이었다. 왜냐하면 이 사업에서는 문학 활동에서 느꼈던 허위를 느낄 수 없었기 때문이었다. 이때에도 여전히 진보라는 신앙 속에서 행동하고 있었지만 진보 그 자체에 대해서는 이미 비판적 태도를 취하고 있었다.

'진보는 현실에서 종종 옳지 못한 이행을 보인다. 따라서 나는 순박한 농민의 자녀들에게 완전히 자유로운 태도를 취하여 그들이 원하는 진보의 길을 그들의 뜻에 따라 선택하게 해야 한다.' 나는 자신에게 이렇게 말했다. 실제로 나는 여전히 무엇을 가르쳐야 하는지 알지 못한 채 가르치는 일에만 빠져 있어 해결되지 않는 문제의 주위를 맴돌고 있었다. 나는 무엇을 가르쳐야 하는지 알지 못하면서 가르친다는 것은 무모한 짓이라는 것을 깨닫게 되었다. 왜냐하면 모든 사람이 저마다 다른 것을 가르치며 상호 간의 논쟁으로 자신의 무지 무식에 대해 눈 감고 있는 것을 보았기 때문이었다.

그래서 나는 농민의 자녀들을 대하던 당시의 경우에는 그들이 원하는 것을 가르쳐 줌으로써 이 어려움을 타개해 나갈 수 있다고 생각했다. 사람들에게 필요한 것이 무엇인지 알지 못하기에 가르칠 힘이 내게 없다는 것은 마음속으로 수없이 자인하면서도 무엇을 '가르친다' 는 욕망을 만족시키기 위해 마구 떠들어대던 나 자신을 생각해 보면 우스꽝스러운 생각이 든다. 교육 사업에 만 1년을 낭비한 후 나는 다시 외국으로 나갔다. 자신이 아무것도 알지 못하면서 다른 사람들을 가르치지 않을 수 없는 경우 어떻게 해야 하는가를 확실히 알기 위해서였다.

그리하여 나는 외국에서 그것을 확실히 알았다고 생각했다. 그래서 그 신지식을 갖고 농노 해방이 일어나던 해에 의기양양하게 러시아로 돌아와 농사조정소에 근무하면서 교육을 못 받은 일반 농민들은 학교에서, 교육받은 사람들은 새로 발행한 기관 잡지로 교육하기 시작했다. 일은 순조롭게 진행되는 것 같았다. 그러나 정신적으로 건강하지 못했던 나는 이것도 오랫동안 계속할 수 없을 것 같은 생각이 들었다. 만일 새로운 행복을 약속해 주는, 이제까지 경험해 보지 못한 새로운 생활, 즉 결혼 생활이 아니었더라면 15년 후에 닥칠 저 무시무시한 절망에 이미 이때 맞닥뜨리게 되었을지도 모른다.

나는 농사조정소원이라는 공직과 교육 사업, 그리고 기관 잡지 발행에 종사했다. 그 1년 동안은 매우 고통스러웠다. 끊임없는 분쟁과 농사조정소원 직무에서 오는 악전고투는 실로 괴로운 것이었으며 교육 활동의 성과도 보잘것없었다. 나는 무엇을 가르쳐야 하는지도 모르는 사실을 숨긴 채 사람들을 가르치려는 끊임없는 욕망으로 기관 잡지에 글을 쓰는 자신에 대해 심한 혐오를 느꼈다. 이렇게 나는 육체적으로보다 오히려 정신적으로 병에 걸리게 되었다. 그래서 신선한 공기와 마유주(馬乳酒)를 마시며 원시적 생활을 하기 위해 모든 일을 떨쳐 버리고 바시킬 족이 살고 있는 광야로 여행을 떠났다.

여행에서 돌아와서는 곧 결혼 생활로 들어갔다. 행복한 가정생활의 여러 새로운 환경이 나를 인생의 보편적 의의에 대한 탐구에서 떼어 놓았다. 생활은 완전히 가정과 아내, 자식들에게, 그리고 행복한 가정생활의 조건인 재산 증식에 기울여졌다. 이때 이미 나의 자아 완성에 대한 욕망은 완전히 일반적, 보편적 완성에 대한 욕망, 즉 진보에 대한 욕망으로 변했고 결국 나와 내 가족을 가능한 한 행복하게 하려는 단순한 욕망이 되어 버렸다.

나는 이러한 생활로 15년을 보냈다. 이 동안에도 저작이 무가치한 일이라고 생각하면서 계속해서 글을 썼다. 이미 나는 저작의 유혹과 나의 하찮은 작품에 대한 막대한 금전적 보수와 박수갈채의 유혹에 빠져 있었다. 나는 저작이 내가 재산을 모으는 방법이고 나와 모든 사람의 생활의 의의에 대한 의문을 가슴속으로부터 몰아내는 방법이라고 생각하며 저작에 몰두했다. 나는 '자기 자신과 자기 가족이 가능한 한 많은 행복을 누릴 수 있도록 살아가지 않으면 안 된다'는 나름의 유일한 진리를 설교하며 저작을 계속했다.

나는 이런 생활을 계속해 나갔다. 그러나 5년 전부터 마음속에 때때로 이상한 현상이 일어나기 시작했다. 어떻게 살아야 하는가? 무엇을 해야 하는가? 아무것도 알 수 없는 회의의 순간, 생활이 정지되어 버린 듯한 순간이 나를 덮쳐 왔다. 그리하여 나 자신을 잃고 우울함에 빠져 버렸다. 그러나 이러한 상태는 곧 사라지고 다시 전과 같은 생활을 계속해 나갔다. 그러나 이러한 회의의 순간은 항상 같은 모습으로, 더욱더 자주 나를 덮쳐 왔으며 생활이 멈추어 버린 듯한 상태에서 항상 '무엇을 왜?', '그리고 그다음은?' 하고 똑같은 의문이 일어나는 것이었다.

처음엔 이러한 의문은 생각할 필요도 없는, 쓸데없는 의문으로 여겼고 만일 내가 이 의문을 해결하려고만 한다면 그다지 어렵지 않게 해결할 수 있을 것으로 생각했다. 즉 지금은 시간이 없지만 내가 그 의문을 풀려고 한다면 완전한 해답을 얻을 수 있을 것으로 생각했다. 그러나 이 의문은 날이 갈수록 점점 더 빈번하게 반복되었으며 더욱더 집요하게 해답을 요구했다. 해답이 없는 이 의문은 마치 동일한 장소에 떨어지는 잉크 방울처럼 나의 가슴 속에서 하나의 새까만 반점이 되어 버렸다.

생명을 빼앗는 중병에 걸린 사람들에게 일어나는 것과 같은 일이 나에게도 일어난 것이다. 처음에는 극히 가벼운 감기 같은 증상밖에 나타나지 않아 환자는 그다지 주의를 기울이지 않지만 증상은 점점 자주 반복되고 마침내 끊임없이 고통이 계속되며 점점 커진다. 그리하여 환자는 그때까지 감기쯤으로 생각하고 있던 것이 이 세상에서 가장 중대한 일인 죽음이라는 것을 깨닫게 되는 것이다.

나는 이것이 일시적인 정신적 감기가 아니라는 것을 깨닫게 되었다. '이것은 중대한 문제다. 항상 똑같이 반복되는 의문에 대해 대답하지 않으면 안 된다.'라는 생각이 들었다. 그리고 이 의문에 대답하려고 노력했다. 이 문제는 어리석고 단순하고 유치해 보였다. 그러나 문제에 착수하여 해답을 얻으려 하자마자 첫째, 이 문제는 유치하고 어리석은 문제가 아니라 인생에서 가장 중대하고도 근본적인 문제라는 것을 깨닫게 되었으며, 둘째, 아무리 노력해도 해답을 얻을 수 없을 것이라는 사실을 깨닫게 되었다.

사마라(Samara)에 있는 토지를 관리하고 자식들을 교육하고 저작에 착수하기에 앞서 나는 왜 그런 일들을 해야 하는가를 알아야 한다. 그 이유를 알지 못하는 한 나는 아무것도 할 수 없으며 살아갈 수조차 없을 것이다. 당시 가장 마음에 끌렸던 농사에 대해 생각하고 있을 때 갑자기 이런 의문이 머리를 스쳤다. '그렇다. 너는 사마라에 6천 데스야티나(Desyatina)의 땅과 3백 마리의 말을 소유하게 될 것이다. 그리고 그 다음은?' 그러자 나는 완전히 혼란에 빠져 더 이상 아무것도 생각할 수 없게 되었다. 나는 아이들 교육을 생각할 때 스스로 '무엇을 위해?' 라고 묻기도 했으며 '사람들이 어떻게 하면 행복을 얻을 수 있을까?' 하고 생각할 때 갑자기 '그것이 나와 무슨 상관이란 말인가?' 라고 묻기도 했으며, 또 나의 작품들이 가져다줄 명성에 대해 생각할 때 '그렇다. 너는 고골,

푸시킨, 셰익스피어, 몰리에르, 그 밖의 세상 어느 문필가보다 더 큰 명성을 얻을 것이다. 하지만 명성이 뭐란 말인가? 라고 묻기도 했다. 그러나 자신에게 던진 이 질문에 아무런 대답도 할 수 없었다. 이 질문들은 내게 대답을 독촉하고 있었으므로 즉시 대답해야만 했다. 즉 내가 이 질문에 대답하지 않고서는 살아갈 수가 없었다.

나는 내가 딛고 서 있는 땅이 꺼진 듯한 기분을 느꼈다. 이제까지 딛고 살아 온 기반도 이미 존재하지 않으며 앞으로 딛고 살아갈 기반도 없음을 느꼈다.

제4장 인생 여정

 나의 생활은 정지해 버렸다. 숨을 쉬거나 음식을 먹거나 잠을 자기는
했다. 이런 일들은 하지 않을 수가 없었다. 그러나 거기에는 참된 의미의
생활이 없었다. 왜냐하면 '이것을 충족시키는 것이 합리적이다.' 라고 생
각되는 희망이 없기 때문이었다. 설사 뭔가 바라는 것이 있다 하더라도
그것을 성취하든 못하든 결국 아무런 차이도 없다는 것을 나는 분명히
이해하고 있었다. 설사 요술쟁이 할머니가 와서 나의 소망을 성취해 주
겠다고 하더라도 어떤 소망을 말해야 할지 몰랐을 것이다. 술에 취했다
든지 했을 경우에는, 희망이라고까지는 할 수 없어도 이제까지의 여러
가지 타성적 소원이 나타나는 일도 있지만 정신이 들면 그것은 기만이며
희망할 만한 것은 아무것도 없다는 것을 분명히 깨닫게 되는 것이다. 뿐
만 아니라 진리를 알고자 하는 희망조차도 가질 수 없었다. 왜냐하면 진
리가 무엇인가를 이미 살펴 왔기 때문이었다. 인생은 아무런 의미도 없
는 것이다. 이것이 내가 발견한 진리였다.
 내가 인생의 길을 더듬어 온 결과는 심연에 도달한 것이었다. 내 앞에
는 파멸만이 보일 뿐 그 외에는 아무것도 보이지 않았다. 그렇다고 멈출
수도 없고 되돌아갈 수도 없었으며, 앞으로 갈 길에는 고뇌와 죽음, 즉 절
망 말고는 아무것도 없다는 사실을 보지 않으려 눈을 가릴 수도 없었다.
 나는, 건강하고 행복한 인간이면서도 더 이상 살아갈 수 없을 것 같은

기분에 사로잡혔다. 어떤 저항할 수 없는 힘이 나를 이 세상의 생활로부터 끌어내려고 하는 듯했다. 그렇다고 해서 내가 자살 충동에 사로잡혔다는 말은 아니다.

나를 삶으로부터 이탈시킨 힘은 그러한 개인적인 욕망보다 훨씬 강력하고 일반적인 것이었다. 그 힘은 이제까지 작용해 온 삶에 대한 집착력과는 정반대 방향으로 향하였지만 그와 흡사한 힘이었다. 나는 온 힘을 다해 삶으로부터 벗어나려고 했다. 과거에 내 생활을 더욱 선하게 영위하고자 하는 생각이 일어났던 것처럼 자살에 대한 생각이 극히 자연스럽게 솟아났다. 이 생각이 너무도 강하게 유혹했으므로 나는 성급히 자살을 결행하지 않기 위해 자신에 대해 교활한 수단을 강구하지 않으면 안되었다.

내가 성급히 자살을 결행하려 하지 않은 것은 그 전에 온 힘을 기울여 사상적 혼란을 정리하고 싶었으며, 설사 그것이 불가능하더라도 그 뒤에 자살해도 늦지 않다고 생각했기 때문이다. 그렇게 운이 좋았던 나는 방의 선반과 선반 사이를 가로지른 나무에 목매달아 자살하는 것을 방지하기 위해 주위의 끈들을 모두 제거해 버렸으며, 또한 순간적으로 생명을 앗아갈 수 있는 자살 방법을 제거하기 위해 총을 갖고 사냥하러 나가는 일을 중지했다. 도대체 내가 무엇을 원하고 있는지 알 수 없었다. 나는 삶을 두려워하고 삶으로부터 벗어나기를 원하면서도 여전히 무엇인가를 삶에 기대하고 있었다.

이러한 일이 일어난 것은 내가 통념상 완전한 행복의 조건으로 여겨지는 것들에 둘러싸여 있던 때였다. 내 나이 오십 세가 채 안 되었을 때였다. 내게는 선하고 사랑스러운 아내와 반듯한 아이들, 그리고 특별히 노력을 기울이지 않아도 저절로 증대해 가는 막대한 재산이 있었다. 또한 과거 어느 때보다 이웃과 친구들의 존경과 세상 사람들의 찬양을 받고 있었다. 더 이상 나 자신을 속이지 않아도 명성은 점점 널리 퍼져나갔다. 그뿐만 아니라 나는 정신적으로 병들어 있지 않았으며 오히려 내 또래 사람들에게서는 좀처럼 볼 수 없는 왕성한 정신적, 육체적 힘을 지니고 있었다. 육체적으로는 들판에서 농부들에게 뒤지지 않고 일할 수 있었으며 정신적으로는 아무런 피로도 느끼지 않고 8시간 내지 10시간 동안 계속해서 일할 수 있었다. 이러한 좋은 여건에서도 살아갈 수 없다는 결론에 이르러 죽음을 두려워한 나머지 자살하지 않으려고 자신에게 교활한 수단을 쓰지 않으면 안 되었다.

이러한 정신 상태로 인해 '나의 삶은 누군가가 연출한 어리석고 저열한 유희다.' 라고 생각하게 되었다. 그리하여 나를 창조한 '누군가' 의 존재를 인정하지 않으면서도 무엇인가가 나를 이 세상에 태어나게 함으로써 어리석고도 저열한 유희를 연출했다는 것은 분명한 사실이라고 생각한 것이다.

그리하여 여러 학문을 공부하며 정신적, 육체적으로 성장하여 3, 40년 동안이나 살아왔지만 인생에는 아무것도 없었고 앞으로도 아무것도 없을 것이라고 확신하며, 인생의 정점에서 백치처럼 서 있는 지금의 나를 내려다보며 즐거워하고 있는 누군가가 어디엔가 존재한다는 생각이 들었다.

그러나 나를 조롱하는 그 누군가가 존재하든 안 하든 내게는 마찬가지였다. 나는 내 인생 전체에 대해서도, 그리고 단 하나의 행위에 대해서도 아무런 합리적인 의미를 부여할 수 없었다. 내가 진작 이러한 사실을 이해하지 못한 것이 놀랍기만 할 뿐이었다. 이미 오래전에 모든 사람에게 잘 알려진 이러한 사실을.

　머지않아 나와 내 사랑하는 사람들에게 질병과 죽음이 닥쳐올 것이며 그러면 악취와 구더기밖에 남지 않게 될 것이다. 내가 어떤 일을 하건 나의 일은 곧 잊힐 것이며 나 자신도 사라지게 될 것이다. 그런데 어찌하여 삶에 집착하고 있는가? 인간이 어떻게 이 사실을 외면하고 살아갈 수 있는가? 참으로 놀라운 일이었다! 그렇다. 인간은 정신이 취해 있는 동안만 살 수 있다. 그러나 정신이 깨는 순간, 인생은 모두 기만이며 어리석은 미혹에 지나지 않는다는 것을 깨닫게 된다. 그러므로 인생에 즐겁고 재미있는 것은 하나도 없으며 참혹과 어리석음만이 있다.

　옛날부터 전해 오는 동양 우화에, 벌판에서 성난 맹수의 습격을 받은 여행자 이야기가 있다. 여행자는 맹수로부터 자신을 구하기 위해 물이 마른 우물 속으로 뛰어들었다. 그런데 우물 밑바닥에서 자기를 삼키려고 입을 벌리고 있는 용을 보았다. 그 불운한 여행자는 맹수에게 잡아먹히는 것이 두려워 우물 밖으로 나오지도 못하고, 또 용에게 잡아먹히는 것이 두려워 우물 바닥으로 뛰어 내릴 수도 없었다. 그래서 그는 우물 벽 틈으로 자라난 가느다란 나뭇가지 하나를 움켜잡고 매달렸다. 그의 손에서 힘이 빠지기 시작했다. 그러자 그는 조만간 자기를 기다리고 있는 어느 쪽의 죽음에든 자신을 맡기지 않으면 안 될 것이라 느꼈다. 그래도 여전히 나뭇가지에 매달려 있었다. 그때 흰 생쥐와 검은 생쥐가 그가 매달려 있는 나무줄기로 다가와 주위를 한 바퀴 돌더니 나무줄기를 갉아 먹기 시작하는 것을 보았다. 머지않아 나무줄기는 끊어질 것이며 그는 바닥에서 그를 기다리고 있는 용의 입 속으로 떨어질 것이었다. 여행자는 그 사실을 알고 있었다. 그러면서도 여전히 나뭇가지에 매달린 채 잎사귀에 매달려 있는 꿀 몇 방울을 발견하자 혓바닥을 내밀어 핥아먹기 시작했다.

이 여행자와 마찬가지로 나는 나를 기다리고 있는 죽음의 용을 피할 수 없다는 사실을 알면서도 삶의 나뭇가지에 매달려 있었다. 나는 어찌하여 그런 고통 속으로 떨어졌는지 도무지 이해할 수가 없었다. 나는 쾌락을 주곤 했던 꿀을 핥아먹었다. 그러나 이제 그 꿀은 내게 기쁨을 주지 못하고 흰 생쥐와 검은 생쥐인 낮과 밤이 내가 매달려 있는 가지를 갉아먹고 있다. 나는 죽음의 용을 빤히 바라보고 있으며 이미 꿀은 달콤함을 잃었다. 나는 오직 피할 수 없는 죽음의 용과 생쥐들만을 바라볼 뿐이며 그들에게서 시선을 뗄 수가 없다. 이것은 우화가 아니다. 논란의 여지가 없는, 누구나가 알고 있는 우리 인생의 참된 모습이다.

이제껏 죽음의 용에 대한 공포를 감추어 온 삶의 쾌락은 더 이상 나를 기만할 수 없다. 누군가가 내게 '당신은 인생의 의미를 이해할 수 없을 것이오. 아무 생각도 말고 살아가시오!' 라고 아무리 말해도 그렇게 할 수는 없다. 지금까지 너무도 오랫동안 그렇게 해 왔기 때문이다. 이제는 죽음을 향해 나를 이끌고 달음질치는 낮과 밤을 보지 않을 수 없다. 오직 그것만을 바라볼 뿐이다. 왜냐하면 오직 그것만이 진실이며 그 외의 모든 것은 거짓이기 때문이다.

이제까지 너무도 오랫동안 나로 하여금 참혹한 진실을 보지 못하게 했던 두 방울의 꿀, 즉 내 가족에 대한 사랑과 내가 '예술' 이라고 불러 왔던 저작에 대한 사랑은 더 이상 달콤함을 주지 못했다.

'내 가족들……' 나는 나 자신에게 말했다. '그러나 내 가족들, 즉 아내와 자식들 역시 인간적 존재이다. 그러므로 그들 또한 나와 똑같은 상태에 처해 있다. 그들도 거짓 속에서 살아가든가 아니면 끔찍스러운 진실을 보아야 한다. 그들은 왜 살아야 하는가? 나는 왜 그들을 사랑해야 하는가? 나는 왜 그들을 보살피고 양육하고 그들에게 관심을 기울여야 하는가? 내가 빠져 있는 것과 똑같은 절망으로 인도하기 위해서인가? 아니면 절망에 대한 인식을 무디게 하기 위해서인가? 나는 그들을 사랑한다. 그러므로 그들이 이 진리를 보지 못하도록 가릴 수는 없다. 인식의 한 걸음 한 걸음은 그들을 이 진리로 인도할 것이다. 이 진리란 곧 죽음이다.'

'그렇다면 예술과 시는?' 나는 성공하여 사람들의 칭찬을 받음으로써 비록 죽음이 모든 것을——나의 행위뿐 아니라 행위에 대한 기억까지도——파괴해 버린다고 하더라도 예술이야말로 가치 있는 유일한 것이라고 스스로를 설득하느라 오랫동안 노력했다. 그러나 그것 역시 기만에 지나지 않는다는 것을 깨달았다. 예술은 인생의 장식품이며 유혹일 뿐이라는 것을 나는 확실히 알았다. 더구나 인생은 내게 모든 매력을 잃었다. 그러니 내가 어떻게 다른 사람들을 삶으로 끌어들일 수 있겠는가? 내가 스스로 삶을 살지 않고 어떤 낯선 삶이 자신의 파도 위에 나를 싣고 흘러갔던 동안은, 그리고 딱히 설명은 할 수 없지만 인생에 뭔가 의미가 있다고 믿는 동안에는 시와 예술 속에 묘사된 인생에 대한 모든 반영은 내게 기쁨을 주었다. 그래서 나는 '예술'이라는 작은 거울을 통해 인생을 바라보는 데서 기쁨을 느꼈다. 그러나 내 삶을 살아야 한다는 것을 느껴 인생의 의미를 찾기 시작하자 그 조그만 거울은 내게 쓸모없고 우스꽝스러우며 고통스러운 것이 되어 버렸다.

거울 속에서 본 것으로는 더 이상 나 자신을 위로할 수가 없게 되었다. 그리하여 나는 어리석고 절망적인 상태에 빠지게 되었다. 내가 영혼 깊은 곳에서 인생에 어떤 의미가 있다고 믿는 동안에는 예술이라는 작은 거울로 인생을 들여다보며 즐기는 것이 재미있기만 했다. 당시에는 여러 가지 빛들──인생의 희극적인 빛, 비극적인 빛, 감상적인 빛, 미적인 빛, 두려움의 빛──의 유희가 내게 즐거움을 주었다. 그러나 인생은 무의미하고 참혹한 것이라는 사실을 알게 되자 작은 거울 속의 유희는 더 이상 즐거움을 주지 못했다. 죽음의 용과 나를 지탱해 주고 있는 삶의 가지를 갉아먹고 있는 생쥐들을 보자 내게는 어떤 꿀의 달콤함도 감미로울 수가 없었다.

그러나 인생은 무의미한 것이라고 단순하게 생각해 버렸다면 내 인생을 천명으로 알고 받아들였을지도 모른다. 그런데 나는 그것으로 만족할 수 없었다. 만일 빠져나오는 길이 없다는 것을 분명히 알면서 숲속에서 살고 있는 인간 같았다면 살아갈 수 있었을지도 모른다. 그러나 나는 숲속에서 길을 잃고 공포에 사로잡힌 채 숲을 빠져나오려고 한 걸음 한 걸음 내디딜 때마다 더욱더 미혹에 빠질 뿐이라는 사실을 알면서도 갈팡질팡 발을 내딛는, 아니 내딛지 않을 수 없는 사람과 흡사했다.

이것이야말로 두렵기 짝이 없는 것이었다. 해서 나는 이 두려움으로부터 벗어나기 위해 자살을 생각하게 되었다. 나는 나를 사로잡고 있는 자살에 대해 공포를 느꼈다. 그 공포가 현재의 상태보다 더 두려운 것임을 알았다. 그렇지만 그대로 앉아 종말을 기다릴 수는 없었다. 머지않아 심장 혈관이 파열하든가 혹은 다른 기관이 파열하여 모든 것이 끝나 버릴 것이라는 이론이 아무리 타당하더라도 그대로 앉아 종말을 기다릴 수는 없었다. 암흑의 공포는 견디기 힘들 정도로 컸다. 그래서 나는 끈이나 총의 힘을 빌려 한시바삐 그 공포에서 벗어나고 싶다는 욕망에 사로잡혔다. 무엇보다 바로 이 욕망이 나를 자살로 몰아갔던 것이다.

제5장 학문과 인생

'그런데 혹시 내가 무언가 빠뜨리고 보지 못한 것은 아닐까? 어딘가 충분히 이해하지 못한 것이 있는 것은 아닐까?' 나는 몇 번이나 이렇게 자문했다. '이런 절망 상태가 모든 사람에게 공통된 것이라고는 결코 말할 수 없다!' 그래서 내 의문에 대한 해답을 세상 사람들이 이미 알고 있는 온갖 지식에서 찾으려고 노력했다. 나는 오랫동안 고통스러운 탐구를 계속했다. 단순한 호기심으로 마구 검토한 것이 아니라 온 정신을 집중시켜 탐구해 들어갔다. 마치 임종의 순간에 있는 사람이 영혼의 구원을 갈구하듯이 밤낮을 가리지 않고 뼈를 깎는 아픔으로 집요하게 탐구했다. 그러나 아무것도 찾아낼 수가 없었다.

나는 온갖 지식 속에서 그 해답을 찾아내려고 전력을 기울였다. 그러나 해답을 추구했던 모든 사람 역시 나처럼 아무것도 찾아내지 못했다는 것을 확신하게 되었다. 아니, 아무것도 찾아내지 못했다기보다 나를 절망 속으로 이끌었던 것, 즉 인생은 무의미하다는 사실이 누구나 찾아낼 수 있는 확실하고도 유일한 지식이라는 것은 그들도 분명히 알고 있었음을 확신하게 되었다.

나는 모든 방면으로 이 해답을 찾아 헤맸다. 나의 학구적 생활과 학자들과의 교제 덕택에 각 방면에서 지식이 절정에 달한 학자들의 견해를 섭렵하여 모든 방면으로 이 해답을 추구할 수가 있었다. 학자들은 각기 그들의 저서뿐 아니라 대화를 통해서도 지식을 전해 주었다. 그래서 나는 인생의 의문에 대해 학문이 할 수 있는 모든 해답을 얻게 되었다.

오랫동안 나는 학문적 지식이 인생의 모든 문제에 대해 지금 내놓은 것 외에 아무런 해답도 갖고 있지 않다고는 도저히 믿을 수 없었다. 실제 인생 문제와는 아무런 관련도 없는 학설을 주장할 뿐인 학문의 엄숙하고도 위엄 있는 태도에 현혹되어 한동안 자기 이해력이 부족하다고 생각했다. 그래서 학문적 지식에 오랫동안 경외심을 갖고 있었다. 학문적 지식이 주는 해답이 의문을 풀어 주지 못하는 것은 학문의 죄가 아니라 나 자신이 무지하기 때문이라고 생각했다. 그러나 이 일은 내게 장난 삼아 하는 유희가 아니라 생명이 걸린 일이었다.

마침내 나의 의문은 모든 지식의 기초가 되는 극히 정당한 의문이므로 힐책을 받아야 할 것은 의문을 제기한 내가 아니라 오히려 이러한 의문에 대답하려는 척도 하지 않는 학문이라는 것을 확신하게 되었다.

나의 의문——50세인 나를 자살로 이끌던 이 의문——은 아무것도 모르는 어린아이로부터 분별력 있는 노인에 이르기까지 모든 사람의 마음속에 자리잡고 있는 가장 단순한 의문이었으며 해결하지 않고는 살아갈 수 없는 가장 근본적인 의문이었다. 그 의문이란 '내가 지금 하는 일로부터, 또 내일 하게 될 일로부터 어떤 결과가 생겨날까? 나의 삶으로부터 어떠한 것이 생겨날까?' 하는 것이었다.

이 의문을 다른 말로 표현하면 '나는 왜 사는가? 나는 왜 무엇인가를 욕구하는가? 나는 왜 무엇인가를 행하는가?'라는 의문이 될 것이다. 또한 이 의문은 '나의 삶에는 앞에서 기다리고 있는 저 피할 수 없는 죽음으로도 파멸되지 않는 영원한 의미가 있을까?'라고 표현될 수도 있을 것이다.

　이 의문은 여러 가지 형태로 표현될 수 있지만 결국 같은 내용이다. 나는 이 의문에 대한 해답을 인간의 지식 속에서 찾아 헤맸다. 그런데 이 의문에 대한 인간의 모든 지식은 정반대의 극을 가진 두 반구로 나뉘어 있었다. 한쪽은 부정적이고 다른 한쪽은 긍정적이었다. 그러나 그 어느쪽에도 인생에 대한 해답은 없었다.

　어떤 학문은 이 문제를 인정하려 하지 않고 자기가 제기한 문제들에 대해서만 명확한 해답을 주고 있었다. 그것은 실험과학 부류의 학문으로서 대표적인 것이 수학이었다. 또 어떤 학문은 이 문제를 인정하기는 하지만 해답을 주지는 않았다. 그것은 이론 계통의 학문으로서 대표적인 것이 형이상학이었다.

　나는 젊은 시절부터 이론 계통의 학문에 마음을 빼앗겼다. 그러나 나중엔 수학과 자연과학이 나의 마음을 끌었다. 그리하여 나는 인생의 의미에 대한 이 의문이 가슴에서 일어나기까지, 즉 이러한 의문이 내 안에서 성장하여 집요하게 해답을 요구하기 시작할 때까지 이 근본적인 의문에 대해 과학이 주는 변변치 못한 해답에 만족하고 있었다.

　실험과학 분야에 빠져 있을 때 나 자신에게 이렇게 말했다. '만물은 성장하고 분화하고 화합하며 완전한 것을 향해 진행한다. 그러므로 거기에는 이 진행을 통제하는 법칙이 있다. 나는 완전한 것의 일부분이다. 따라서 이 완전한 것의 존재를 가능한 한 깊고 넓게 이해하여 그 진화의 법칙을 알게 되면 이 완전한 것 안에서의 나의 위치와 나 자신을 인식하게 될 것이다' 라고.

　참으로 부끄러운 고백이지만 내게는 이러한 상태에 만족했던 시절이 있었다. 그것은 내가 성장해 가고 있던 시절이었다. 나의 근육은 발달하여 강건해졌고 기억력은 풍부해졌으며 사고력과 이해력은 끊임없이 증대해 갔다. 그러므로 그러한 성장 발달을 계속하고 있다는 것을 스스로 느끼고 있던 당시의 내가 이것이야말로 우주 전체의 법칙이며 여기에서 삶의 의문에 대한 해답을 얻을 수 있을 것으로 생각한 것은 극히 당연한 일이었다.

그러나 마침내 나의 성장은 정지했다──나는 내가 성장하지 않고 점점 쇠퇴해 가고 있음을 느꼈다. 근육은 쇠약해지고 이빨도 빠지기 시작했다──그때 비로소 이 성장의 법칙이 내게 아무것도 설명해 줄 수 없을 뿐 아니라 실은 그러한 법칙 자체도 존재하지 않는다는 것을, 아니 존재할 수 없다는 것을 깨달았다. 생애의 어느 일정 기간 나타날 뿐인 성장 현상을 일반 법칙으로 생각하고 있었다.

생각이 여기에 이르자 나는 이 거짓 법칙의 정의에 더욱 세심한 주의를 기울였다. 그러자 만물이 무한히 발달한다는 법칙은 있을 수 없다는 것을 분명히 깨닫게 되었다. 무한한 시간과 공간 속에서 만물이 끊임없이 발달해 가고 완전해진다는 따위의 주장은 터무니없는 말에 지나지 않았다. 그러한 주장은 모두 무의미하고 공허한 말에 지나지 않았던 것이다. 왜냐하면 무한 속에서는 복잡함과 단순함, 앞과 뒤, 좋은 것과 나쁜 것이 있을 수 없기 때문이다.

무엇보다 심각한 일은 나의 개인적인 의문, 즉 '여러 가지 욕망을 갖고 있는 나는 무엇인가?'라는 의문이 해결되지 않은 채 그대로 남아 있다는 것이었다. 학문적인 여러 가지 지식이 매우 흥미 있고 매력 있다는 것은 인정하지만 인생에 대한 문제에 있어서는 그 지식의 정확성과 명료성이 오히려 반비례한다는 것을 알게 되었다. 즉 학문적 지식이 인생 문제와 일치하는 일이 적으면 적을수록 그 정확성과 명확성은 증가했으며 인생에 대한 문제를 해결하려고 하면 할수록 점점 불분명해지고 매력을 잃게 되는 것이었다.

만일 인생에 대한 문제를 해결하려고 하는 학문——생리학이나 심리학, 사회학 등——에 눈을 돌려 보면 우리는 여기서 사상의 빈곤과 극도의 애매함과 터무니없는 방법으로 문제를 해결하려는 어이없음을 보고 놀라게 될 것이며 학문 사이, 아니 오히려 학문 내부에서조차 끊임없는 모순에 봉착하게 될 것이다. 그러나 인생에 대한 문제가 아닌 특수한 학문적 문제에만 대답하는 지식 부문에 눈을 돌리면 인간의 지력에 감탄하여 깜짝 놀랄 것이다.

이럴 때 인생 문제에 대한 해답은 거기에 없음을, 즉 그러한 지식과 학문은 인생에 대한 문제를 처음부터 무시했다는 것을 우리는 알고 있다. 그들은 이렇게 말한다. "너는 어떤 존재인지 무엇 때문에 살고 있는지 하는 문제에 대해 우리는 해답이 있지 않다. 우리는 그러한 문제를 연구하고 있지 않기 때문이다. 하지만 빛의 법칙이라든지 화학적 결합력의 법칙이라든지 유기체 발달의 법칙 등을 알고 싶다면, 또 육체와 기관의 법칙이라든지 수와 양의 관계 등을 알고 싶다면, 또 두뇌의 법칙을 알고 싶다면 그런 것들에 대해서는 명확하고 정확한, 의심의 여지가 없는 해답을 가지고 있다."라고.

이것을 요약하면 인생의 문제와 실험과학의 관계는 다음과 같이 표현될 수 있다.

질문 : 나는 왜 살고 있는가?

실험과학의 대답 : 무한소(無限小)의 미분자가 무한대(無限大)의 공간과 무한한 시간 속에서 무한히 결합하면서 끊임없이 변화하고 있는 것이다. 그러므로 이 변화의 법칙을 완전히 이해하면 네가 왜 이 세상에 살고 있는지 알게 될 것이다.

내가 이론 학문 분야에 몰두해 있을 때 자신에게 이렇게 말했다.

'모든 인류는 정신적 근원을 바탕으로, 즉 자기를 인도하는 이상을 토대로 발전하며 살아가고 있다. 그들의 이상은 종교, 과학, 예술 혹은 정치라는 형태로 나타난다. 그리고 그 이상은 서서히 고양되어 가며 인간은 최고의 선을 향해 진행한다. 나는 인류의 한 사람이다. 그러므로 나의 사명은 인류의 이상을 이해하고 그 이상이 실현될 수 있도록 돕는 것이다.' 라고.

사고력이 부족했던 시절에 나는 이러한 생각에 만족하고 있었다. 그러나 인생의 의미에 대한 문제가 내 안에서 고개를 들자마자 이러한 이론은 한순간에 산산조각이 나 버렸다. 이런 학문이 인류의 일부분을 연구하여 얻은 결론을 인류 전체에 통하는 연역으로써 제공하는 그 불성실하고 터무니없음은 불문에 부치더라도 그 견해의 기이한 점은——저열함이라는 표현을 쓰고 싶지 않아서 기이함이라는 표현을 쓴다——우리 가슴에서 솟아오르는 의문, 즉 '나는 도대체 누구인가?', '나는 무엇 때문에 살고 있는가?', '나는 무엇을 해야 하는가?'라는 의문에 대답하려면 우선 다른 의문, 즉 '순간이라고 할 수 있는 극히 짧은 기간 동안 극히 미세한 일부분밖에 알려지지 않은 인류의 삶은 도대체 어떤 것인가?'라는 의문을 해결하지 않으면 안 된다는 것이다. 즉 '나는 누구인가?'를 이해하기 위해서 나와 마찬가지로 자신이 누구인지를 알지 못하는 사람들로 구성되어 있는 인류를 먼저 이해하지 않으면 안 된다는 것이다.

그러나 나도 그러한 고찰을 믿었던 시절이 있었다는 것을 고백하지 않을 수 없다. 그것은 내가 변하기 쉬운 마음을 변호해 주는 편리한 이상을 가지고 있던 때이며 그 변하기 쉬운 생각을 인류의 법칙으로 간주할 수 있는 이론을 생각해 내려고 노력하고 있던 때였다. 그러나 인생의 의미에 대한 의문이 가슴 속에서 고개를 들자마자 이 이론상의 해답은 산산조각으로 부서져 버렸다. 그리하여 실험과학 중에도 참된 학문이 있는가 하면 자신의 터무니없는 문제에 해답을 내리려고 하는 순수하지 못한 학문이 있듯이 이러한 학문 중에도 후자와 같은 학문이 널리 퍼져 있다는 것을 깨닫게 되었다. 이처럼 순수하지 못한 학문——즉 법학, 사회학 등——은 나름대로 온 인류의 삶에 대한 문제를 해결하고 있다고 멋대로 상상하며 각 개인의 문제를 해결하려고 하는 것이다.

그러나 실험과학 분야에서 '나는 어떻게 살아야 하는가?'에 대한 해답을 진지하게 탐구하는 사람이라면 '무한한 공간 속에서 무한히 발생하는 미생분자의 시간적으로나 복잡성으로나 다함이 없는 무한한 변화를 연구하라. 그러면 너는 삶을 깨닫게 될 것이다.'라는 대답에 만족할 수 없듯이 이론 학문의 분야에서도 진지한 사람이라면 '시작도 끝도 알 수 없으며 그 미세한 부분도 알 수 없는 전 인류의 삶을 연구하라. 그러면 너는 네 삶의 의미를 이해하게 될 것이다.'라는 대답에 만족할 수 없는 것이다. 그러므로 어중간한 실험과학이나 어중간한 이론 학문이나 그 주제로부터 멀리 떨어져 있으면 있을수록 그만큼 불명료성, 불확실성, 열등함과 모순은 심해지는 것이다.

실험과학의 주제는 물적 현상의 '원인이 있는' 결과를 연구하는 것이다. 만일 실험과학이 그 근본적 원인의 문제를 다룬다면 그것은 어리석은 자의 헛소리에 지나지 않을 것이다. 반면 이론 학문의 주제는 '원인이 없는' 생의 존재에 대한 인식이다. 만일 이론 학문이 사회적 현상이나 역사적 현상처럼 원인을 갖고 있는 현상을 다룬다면 그것 또한 헛소리에 지나지 않을 것이다.

실험과학은 근본적 원인을 연구 대상으로 삼지 않을 경우에만 우리에게 확실한 지식을 주며 인간 지혜의 위대함을 나타낸다. 이와 반대로 이론 학문이 인간 지혜의 위대함을 나타내는 것은 원인이 있는 모든 현상의 연속에 관한 문제를 버리고 근본적 원인에 대한 관계 속에서 인간을 바라볼 때뿐이다. 그 대표적인 학문은 형이상학 또는 철학으로 불리는 학문으로서 '나는 무엇인가?', '세계는 무엇인가?', '나는 왜 존재하는가?', '이 세계는 왜 존재하는 것인가?' 라는 문제들을 제기한다.

이 학문이 세상에 생겨난 이후 그 해답은 항상 동일했다. 모든 철학자들은 "나를 포함한 모든 생물 속에는 관념, 물체, 영혼, 의지가 존재하며 이것들이 생명의 본체이다"라고 말한다. 철학자들이 말하는 바는 항상 동일하며 '나인 것'이 그 본체라는 것이다. 그러나 본체가 왜 존재하는지는 알지 못한다. 그러므로 참된 사상가들은 그에 대해 대답하지 않는 것이다.

나는 "그러한 본체가 왜 존재하는가? 본체가 존재한다는 사실로부터, 본체가 존재할 것이라는 사실로부터 도대체 무엇이 생겨나는 것인가?" 라고 질문했다. 그러자 철학은 나의 질문에는 대답하지 않고 자신도 똑같은 질문을 던질 뿐이었다. 이런 것이 참된 철학이라면 철학의 사명은 이 질문을, 이 문제를 제기하는 것일 뿐이다. 그러므로 철학이 그러한 사명을 견지하려 한다면 '나는 무엇인가? 세계는 무엇인가?' 라는 질문에 대해 '전(全)이며 무(無)이다.' 라고밖에 대답할 수 없을 것이고, '왜?' 라는 질문에 대해서는 '모른다' 라고밖에 대답할 수 없을 것이다.

그리하여 아무리 철학에서 이론적 해답을 탐구해도 만족스러운 해답은 하나도 얻지 못했다. 그러나 내가 철학에서 해답을 얻을 수 없었던 것은 실험과학에서처럼 그 해답이 내 의문과 부합되지 않았기 때문이 아니라, 모든 지적 활동이 의문 쪽으로만 집중되는데도 그에 대한 해답은 전혀 없고 오히려 더욱 복잡한 형태의 동일한 의문이 제기된 것에 지나지 않았기 때문이었다.

제6장 선현들의 인생관

인생의 문제를 탐구하면서 나는 숲속에서 길을 잃은 사람이 경험하는 것과 같은 기분을 느꼈다.

광활한 벌판으로 나와 나무 위로 기어 올라가니, 자기 앞에는 무한한 공간만이 있을 뿐 집 한 채도 없으며, 또 있을 수도 없다는 것을 분명히 보고 느낀다. 그래서 다시 숲속 어둠으로 들어가 그 속을 들여다본다. 그러나 거기에는 여전히 집 한 채도 없다.

이처럼 나는 인간의 지식이라는 숲속, 수학과 실험과학이라는 광활한 벌판에서 길을 잃었다. 내 눈에는 끝없는 지평선만이 보일 뿐 집 한 채 보이지 않았다. 나는 다시 이론 학문이라는 어둠으로 들어갔다. 그곳에서 나아가면 나아갈수록 점점 더 깊은 어둠 속으로 빠져들어 갔다. 마침내 나는 거기에서 빠져나갈 길이 없으며, 또 있을 수도 없다는 것을 깨닫게 되었다.

학문이라는 벌판에 들어섬으로써 가장 중요한 문제로부터 눈을 돌리고 있었을 뿐이었다. 내 앞에 펼쳐져 있는 지평선이 아무리 밝고 매혹적이라 해도, 학문의 무한함 속에 몰두하는 일이 아무리 매혹적이라 해도, 학문이 명확하면 명확할수록 그만큼 내게 불필요했고 삶의 의문에 대해서도 그만큼 대답하지 못했다.

나는 자신에게 이렇게 말했다. "이제 나는 학문이 집요하게 알고자 하는 모든 것을 알고 있다. 내 삶의 의미에 대한 해답은 여기에 없다."라고.

또한 이론 학문의 분야에서도 지식이 의문에 대한 해답을 구하는 것을 목표로 삼고 있음에도 불구하고, 아니 오히려 그러한 사실 때문에 거기에는 내가 자신에게 주고 있는 이상의 해답은 있을 수 없다는 것을 알게 되었다. 즉 '나의 삶의 의미는 무엇인가?——아무것도 없다. 나의 삶 이후에는 어떻게 되는가? 아무것도 존재하지 않는다. 존재하는 모든 것들은 왜 존재하는가?——존재하기 때문이다.'

학문을 향해 질문을 던지자 묻지도 않은 것에 대한 대답——즉, 별들의 화학적 성분이라든가, 헤라클레스 별자리를 향해 움직이는 태양의 운행이라든가, 종과 인간의 기원이라든가, 대기의 무한히 작은 무수한 분자들의 형태 등에 대한 정확한 대답을 수없이 받았다. 그러나 '나의 삶의 의미는 무엇인가?'라는 의문에 대해 학문은 항상 이렇게 대답한다.

'너는 내가 생명이라고 부르는 어떤 것이다. 즉 너는 분자들의 일시적이고 우연한 결합체이며 분자들의 상호 작용과 변화가 네 안에 생명이라는 것을 만들어 내는 것이다. 분자들의 이러한 결합은 잠깐만 지속되다가 머지않아 그칠 것이다. 그러면 네가 생명이라고 부르는 것과 너의 모든 의문은 끝날 것이다. 너는 무언가의 우연한 결합체이다. 그 결합체는 비등한다. 또 그 비등을 자신의 생명이라고 부른다. 이윽고 그 결합체는 분해한다. 그러면 모든 비등과 의문은 끝나는 것이다.'

학문이 자체의 원칙을 엄격히 따른다면 이 이상 아무 말도 할 수 없는 것이다. 그러나 이런 대답은 나의 의문에 부합하는 것이 아니다. 나는 내 삶의 의미를 알고자 하는 것이다. 나의 생명이 무한의 일부라는 대답은 내 삶에 아무런 의미도 주지 못할 뿐만 아니라 모든 가능한 의미까지도 파괴해 버리는 것이다.

인생의 의미는 발전과 그에 대한 협력에 있다고 억측하는 엄격한 실험 과학의 허술한 대답은 애매모호하고 부정확하기 때문에 해답이라고 할 수 없다.

인간의 지식이 다른 쪽, 즉 이론 학문은 이 문제에 대답하면서 자신의 근본적 원칙을 엄격히 따른다면 항상 '세계는 무한하여 도저히 이해할 수 없는 것이다. 그리고 인생은 그 이해할 수 없는 세계의 이해할 수 없는 일부분이다……' 라고 대답할 수밖에 없다. 그러나 나는 이론 학문 중에서도 법학, 정치학, 사학 등과 같은 어중간한 학문이 어설프게 꾸며 낸 이야기, 즉 실험과학과 이론 학문 사이의 모든 타협을 배척하지 않을 수 없다.

철저한 이론 학문의 경우에는 진보 발달의 관념과 완성이라는 관념을 모든 것의 발달이라고 말하고 있지만 어중간한 학문의 경우에는 그러한 개념을 인간 삶의 발달이라고 말한다. 그들 사이에는 이러한 차이만이 있을 뿐 옳지 못하다는 점에 있어서는 똑같다. 무한 속에서의 진보, 발달, 완성에는 방향도 목적도 있을 수 없는 것이다. 따라서 그들은 나의 의문에 대해서 아무런 해답도 줄 수 없는 것이다.

이론적 학문이 올바름을 잃지 않은 상태, 특히 진정한 철학에서 대답은 소크라테스, 쇼펜하우어, 솔로몬, 불타가 제시한 대답이다.

소크라테스는 임종의 순간에 "우리는 삶으로부터 멀리 떨어지면 떨어질수록 그만큼 진리에 가까이 가는 것이다. 진리를 사랑하는 우리가 이 세상의 삶에서 무엇을 바라며 살아가겠는가? 육체에서, 그리고 육체의 삶 때문에 생겨나는 온갖 악에서 해탈하려고 살아가는 것이다. 그러니 죽음이 다가오는 것을 기뻐하지 않을 이유가 어디 있겠는가? 현인은 평생토록 자기 죽음을 탐구한다. 그러므로 그에게는 죽음이 두렵지 않은 것이다."라고 말했다.

또 쇼펜하우어는 이렇게 말했다.

"세계의 내적 본질을 의지라 인식하고, 또 불가해한 자연의 힘이라는 무의식적 활동부터 의식을 가진 인간의 활동에 이르기까지 모든 현상에서 이 의지의 객관적 발현만을 인식한다면 우리는 의지의 자유를 부정하게 되고 자기 부정과 함께 모든 현상도 소멸한다는 이론적 결과에 이르게 될 것이다. 다시 말해 이 세계의 본질인 의지의 모든 객관적 발현에서는 목적도 휴식도 없이 끊임없이 일어나는 충동도 소멸하며, 시간과 공간 속에 있는 모든 현상도 소멸하여 결국 가장 근본적인 형태인 주체와 객체까지도 소멸해 버린다는 이론적 결과에 필연적으로 이르게 될 것이다.

의지와 인식이 없다면 이 세계는 존재하지 않을 것이다. 이 경우 우리에게 남는 것은 물론 아무것도 없다. 그러나 우리의 본성은 이 절멸로의 전환을 싫어한다는 점에서 우리 자신과 세계를 이루는, 살고자 하는 의지를 발견하는 것이다. 우리가 그토록 절멸을 두려워한다는 사실은, 곧 우리가 그토록 살기를 원한다는 사실은 우리 자신이 그러한 생에 대한 욕망 자체라는 것을 나타내는 것이다. 그러므로 이러한 우주의 의지가 완전히 절멸된 뒤라면 의지 덩어리인 우리에게 남는 것은 아무것도 없다. 자신의 내부에서 의지의 자기 부정을 발견한 사람들에게도 이 현실세계는 태양이나 은하계와 함께 완전히 무가 되어 버리는 것이다."

또 솔로몬은 이렇게 말하고 있다.

"헛되고 헛되며 헛되고 헛되니 모든 것이 헛되도다! 사람이 해 아래서 행하는 모든 수고가 자신에게 무엇이 유익하겠는고. 한 세대가 가고 다른 세대가 와도 땅은 영원히 존재하리니.…… 전에 있던 것은 후에 다시 있을 것이며 전에 한 일은 후에 다시 할 것이로다. 해 아래 새로운 것은 없으니 무엇을 가리켜 '보라, 이것이 새로운 것이다' 라고 할 수 있겠는가. 그것은 우리 이전에도 있었으며 영원히 존재할 것이로다. 우리가 이전 세대를 기억하지 못하니 미래의 세대도 그 후 세대가 기억하지 못할 것이로다. 나 전도자(前導者)는 예루살렘에서 이스라엘 왕이 되어 마음을 다하고 지혜를 다하여 하늘 아래 행해지는 모든 일을 궁구하고 살펴보니 이 괴로운 노고는 하느님이 인간에게 주어 수고하게 하신 것이로다. 내가 해 아래 행해지는 모든 것을 보니 모두 헛되어 바람을 잡으려는 것과 같도다.…… 내가 내 마음에 이르기를 '나는 큰 지혜를 많이 얻었으므로 나보다 먼저 예루살렘에 있던 모든 자들보다 낫다' 라고 하였으니 이는 내 마음이 지혜와 지식을 많이 얻었음이로다. 내가 다시 지혜를 알고자 하며 미친 것과 미련한 것을 알고자 하여 마음을 썼으나 이것도 바람을 잡으려는 것처럼 헛된 것인 줄을 깨달았도다. 지혜가 많으면 번뇌도 많으니 지식을 더하는 자는 근심을 더 하느니라.

나는 내 마음에 이르기를 '자, 내가 시험적으로 너를 즐겁게 하리니 너는 즐거움을 누리라' 하였으나 본즉 이것도 헛되도다. 내가 웃음을 가리켜 '저것은 미친 것이다' 하였고, 쾌락을 가리켜 '저가 무엇을 하는가?' 하였도다. 내 마음에 궁구하기를 '어떻게 하면 내 마음이 지혜로 다스림을 받으면서 술로 내 육신을 즐겁게 할 수 있을까? 어떻게 하면 어리석음을 취하여 하늘 아래서 평생토록 생활하는 세상 사람들의 쾌락이 어떤 것인지 알 수 있을까?' 하여 나의 사업을 크게 하였노라. 나는 나를 위해 집들을 짓고 포도원을 꾸미고 여러 동산과 과수원을 만들었으며 그 가운데 온갖 과일나무를 심고 수목을 기르는 삼림에 물을 주기 위해 연못을 팠으며 노비를 사기도 하고 집에서 나에게도 하였으며 나보다 먼저 예루살렘에 있던 누구보다 소와 양을 많이 소유했으며 금은과 왕들의 보배와 나라들의 보배를 쌓고, 또 노래하는 남녀와 세상 사람들이 기뻐하는 처와 첩들을 많이 두었노라.

나는 이처럼 창성하여 나보다 먼저 예루살렘에 있던 모든 자들보다 부유하고 나의 지혜도 여전히 나에게 있어 무엇이든지 내 눈이 원하는 것은 금하지 않고 무엇이든지 내 마음이 즐거워하는 것은 막지 아니하였도다. ……그 후 본즉, 나의 손으로 한 모든 일과 모든 수고가 다 헛되어 바람을 잡으려는 것과 같으며 해 아래에서 무익한 것이로다. 내가 돌이켜 지혜와 망령됨과 어리석음을 보았나니……. 내가 보건대 지혜가 어리석음보다 뛰어남이 빛이 어둠보다 뛰어남과 같도다. 지자는 눈이 밝고 어리석은 자는 어둠에 다니거니와 이들이 당하는 일이 똑같음을 내가 깨닫고 심중에 이르기를 '어리석은 자가 당한 것을 나도 당하거니 내가 어찌 지혜가 낫다고 하겠는가.' 이에 내가 심중에 이르기를 '이것도 헛되도다. 지자나 어리석은 자나 영원히 기억됨을 얻지 못하나니 후일에는 모두 잊힌 지 오랠 것이라. 오호라, 지혜자의 죽음이 어리석은 자의 죽음과 같도다.' 그러므로 내가 사는 것을 한하였나니 이는 해 아래서 하는 일이 내게 괴로움이요 다 헛되어 바람을 잡으려는 것이로다. 내가 해 아래서 행한 모든 수고를 한해서 하였으니 이는 내 뒤를 이을 자에게 끼치게

됨이라. ……사람이 수고하는 모든 수고와 마음에 애쓰는 것으로 소득이
무엇이랴. 평생토록 근심하며 수고하는 것이 슬픔이라. 그 마음이 밤에
도 쉬지 못하나니 이것도 헛되도다. 사람이 먹고 마시고 수고하는 가운
데서 심령으로 하여금 즐거움을 누리게 하는 것보다 나은 것이 없나니
내가 본즉 이것도 하느님의 손에서 나가는 것이다. ……모든 사람에게
임하는 것이 한가지라. 의인과 악인, 깨끗한 자와 깨끗하지 않은 자, 제
사를 지내는 자와 제사를 지내지 않는 자에게도 그 임하는 것은 한가지
이며 선인과 죄인, 맹세하는 자와 맹세하기를 두려워하는 자에게도 한가
지로다.

　모든 사람에게 임하는 동일한 것은 해 아래서 행하는 일 중에 악한 것
이니 곧 인간의 마음에 악이 가득하여 평생토록 미친 마음을 품다가 후
에는 죽은 자에게로 돌아가는 것이다. 모든 살아 있는 자 속에 속해 있는
자에게 소망이 있음은 살아 있는 개가 죽은 사자보다 나음이라. 무릇 살
아 있는 자는 죽을 줄을 알되 죽은 자는 아무것도 모르며 다시는 상도 받
지 못하는 것은 그 이름이 잊혀버린 바 됨이라. 그 사랑함과 미워함과 시
기함이 없어진 지 오래니 그들은 해 아래서 행하는 모든 일에 다시는 영
원히 분복(分福)을 받지 못 하리라.”

　솔로몬은, 혹은 이 글을 쓴 사람의 말이다.

　질병이나 노쇠나 죽음을 본 일이 없는 인도의 젊고 행복한 왕자인 석
가모니는 어느 날 수레를 타고 궁궐 밖으로 산책 나왔을 때 이가 빠져 쉴
새 없이 침을 흘리고 있는 보기 흉한 노인을 보았다. 그때까지 늙은이를
본 적이 없는 석가모니는 깜짝 놀라 마부에게 “도대체 어찌 된 일인가?
어찌하여 저 사내는 저런 흉한 모습을 하고 있는가?”라고 물었다. 그리

하여 그것은 모든 인간에게 반드시 닥치는 운명이며, 젊고 행복한 왕자인 자신도 피할 수 없는 운명이라는 사실을 알게 된 그는 더 이상 산책할 기분이 없어 궁궐로 돌아와 이 문제를 깊이 생각했다.

그 후 그는 방에 틀어박혀 혼자 깊은 생각에 잠겼다. 그리고 어떤 위안을 발견하고는 다시 전처럼 명랑하고 행복한 모습으로 수레를 타고 산책을 나갔다. 그러자 이번에는 눈에 생기가 없고 얼굴이 창백하고 비틀거리는 병든 사람을 만났다. 그때까지 질병을 본 일이 없는 왕자는 수레를 멈추고 "도대체 어찌 된 일인가?" 하고 물었다. 그리하여 그것은 모든 사람을 따라다니는 질병이며, 건강하고 행복한 왕자인 자신도 곧 이처럼 병에 걸릴지도 모른다는 것을 알고는 다시 산책할 기분을 잃고 궁궐로 돌아와 마음의 평온을 탐구했다.

그 후 그는 세 번째로 수레를 타고 산책하러 나갔다. 그러자 이번에는 새로운 것을 발견했다. 사람들이 무엇인가를 어깨에 메고 가는 것을 발견한 것이다. 석가모니가 물었다.

"저것은 무엇인가?"

"죽은 사람입니다."

"죽은 사람이란 무엇인가?"

그리하여 그는 죽은 사람이 되는 것은 저 사람의 지금 모습과 같이 되는 것임을 알았다. 왕자는 수레에서 내려 죽은 사람 곁으로 다가가 그를 덮은 포를 걷고 그 모습을 바라보았다.

"이제 이 사람은 어떻게 되는가?"

왕자가 물었다. 그리하여 그는 죽은 사람은 흙에 묻히게 된다는 것을 알았다.

"어찌하여 흙 속에 묻혀야 하는가?"

"이 사람은 다시는 영원히 되살아날 수 없으며 악취와 구더기만이 생겨날 뿐이기 때문입니다."

"그렇다면 그것이 모든 사람의 운명인가? 그런 일이 내게도 일어나는가? 나의 육체도 흙 속에 묻히게 된단 말인가? 나의 육체에서도 악취가 풍긴단 말인가? 나의 육체도 구더기의 밥이 된단 말인가?"

"그렇습니다."

"수레를 돌려라! 나는 더 이상 산책을 하고 싶지 않다. 앞으로는 산책을 나오지 않으리라."

그 후 석가모니는 이 세상의 삶에서 마음의 평온을 찾을 수가 없었다. 그리하여 이 세상의 삶을 최대의 악으로 판단하고 이로부터 자기 자신을 해탈시키고, 또 다른 사람들도 해탈시키는 데 온 힘을 기울였다. 그는 죽은 후 생명이 소생하는 일이 없도록, 즉 이 세상의 삶을 근절시키도록 완전히 해탈시킬 것을 원했다.

다음의 글들은 인간의 영지(靈智)가 삶의 의문에 대해 제시한 몇 가지 해답이다.

'육체의 삶은 악이며 거짓이다. 따라서 이러한 육체의 삶을 절멸시키는 것이 선이다. 그러므로 우리는 육체의 절멸을 원해야 한다'──소크라테스의 말이다.

'인생이란 존재해서는 안 되는 것이다. 그것은 악이다. 그러므로 삶에

서 무(無)로 전환하는 것이 인생의 유일한 선(善)이다'——쇼펜하우어의
말이다.

'이 세상 모든 것——어리석음도 현명함도 부유함도 가난함도 기쁨도
슬픔도——은 헛되고 헛되며 아무런 가치가 없다. 인간은 죽는다. 그리
고 그 뒤에는 아무것도 남지 않는다. 이 얼마나 어리석은 일인가'——솔
로몬의 말이다.

'고뇌와 노쇠와 죽음이 피할 수 없는 것임을 의식하며 살아간다는 것
은 불가능한 일이다. 우리는 자기 자신을 삶으로부터, 삶의 모든 가능성
으로부터 해탈시키지 않으면 안 된다'——불타의 말이다.

이들 뛰어난 지자들이 말한 것은 지혜 있는 수백만 수천만의 사람들이
말하고 생각하고 느낀 것이다. 그리고 나 또한 그와 같은 것을 생각하고
느끼고 있다.

이처럼 지식 분야에서 내가 추구했던 것은 나를 절망으로부터 구원해
주지 못했을 뿐만 아니라 오히려 절망을 더욱 증대시켰다. 어떤 부문의
지식은 삶의 의문에 대해 아무런 대답도 해 주지 않았고 어떤 부문의 지
식은 절망을 더욱 심화시키는 대답을 해 주었으며 내가 도달한 상태는
정신 착란이나 혼미의 결과가 아니라 오히려 그 반대라는 것을 깨닫게
해 주었다. 즉 나는 내 생각이 올바르며 인류 가운데 가장 뛰어난 대 지
혜자들의 결론과 일치한다는 사실을 알게 되었다.

자기 자신을 속이는 것은 불가능하다. 그렇다. 모든 것이 헛되고 헛된

것이다. 이 세상에 태어나지 않은 자는 행복하다. 죽음이 삶보다 낫다. 삶에서 해탈하지 않으면 안 된다. ……

제7장 인생의 네 가지 길

나는 어떤 지식에서도 삶의 문제에 대한 해답을 발견할 수가 없어 내 주위에 있는 사람들에게서 그 해답을 구하고자 실생활을 탐구하기 시작했다. 그래서 나와 같은 많은 사람을 관찰하며 그들이 어떤 생활을 하고 있는지, 나를 절망으로 몰아넣은 문제들을 어떻게 다루고 있는지를 살펴보기 시작했다. 그리하여 나와 교양 정도가 같고 생활양식이 같은 사람들 사이에서 다음과 같은 사실을 발견하게 되었다.

어찌할 수 없는 절망 상태에서 벗어나는 첫 번째 길은 무지 무식의 길이었다. 이 길은 인생이 악이며 무의미하다는 것을 깨닫지 못한 사람들이 가는 길이었다. 이러한 부류의 사람들은 대부분 여자와 젊은이들 그리고 매우 어리석은 자들이며 쇼펜하우어나 솔로몬이나 불타에게 일어났던 생에 대한 의문이 그들에게는 일어나지 않는다. 또한 그들을 기다리는 죽음의 용, 그들이 매달려 있는 생명의 나뭇가지를 갉아 먹는 생쥐들을 보지도 못한 채 꿀을 핥아먹으며 그 달콤함을 즐기고 있다. 그러나 꿀의 달콤함을 즐길 수 있는 것은 극히 짧은 기간뿐이다. 무언가가 그들의 주의를 죽음의 용과 생쥐들에게 향하게 하자마자 꿀의 달콤함을 즐기는 행위는 더 이상 할 수 없는 것이다. 나는 그런 사람들에게서는 아무것도 배울 수가 없었다. 내가 지금 알고 있는 사실을 모르던 옛날의 상태로 되돌아갈 수는 없을 것이다.

절망을 벗어나는 두 번째 길은 쾌락주의의 길이다. 이 길은 인생이 바람직하지 않은 것임을 알면서도 잠깐 지상에서의 행복을 누리면서 죽음의 용에게도 생쥐들에게도 눈을 돌리지 않고 최고의 방법으로 꿀이 많이 모였을 때 그 꿀을 실컷 핥아먹으며 살아가는 길이다. 솔로몬은 이러한 삶의 방법에 대해 다음과 같이 말하였다.

"이에 나는 쾌락을 찬미하노니 이는 사람이 먹고 마시고 즐거워하는 것보다 해 아래서 나은 것이 없음이라. 하느님이 사람으로 하여금 해 아래에서 살게 하신 날 동안 수고하는 중에 이것이 항상 함께 있을 것이니라. ……가서 기쁨으로 음식을 먹고 즐거운 마음으로 포도주를 마시라. ……네 헛된 평생의 나날, 곧 하느님이 네게 주신 모든 헛된 날에 사랑하는 아내와 함께 즐겁게 살라. 이는 네가 평생 해 아래에서 수고하고 얻은 분복이니라. 네 손이 일을 당하는 대로 온 힘을 다하여서 하라. 네가 장차 들어갈 음부(陰府)에는 일도 없고 사색도 없고 지식도 없고 지혜도 없음이니라."

우리와 같은 계층에 속해 있는 사람들 대부분은 이러한 태도로 자기 내부에 생존의 가능성을 지니고 있다. 그들의 행위는 자신에게 악보다도 훨씬 많은 선을 제공해 주고 있다. 그들은 덕성의 우둔함으로 그들의 행위가 가져다주는 이익이 우연이라는 사실을 잊고 모든 사람이 솔로몬처럼 천 명의 아내를 거느리고 궁전에서 살 수는 없다는 것, 한 남자가 천 명의 아내를 거느리는 경우에는 천 명의 남자가 아내를 거느리지 못한다는 것, 하나의 궁전을 세우기 위해 천 명이 땀을 흘려야 한다는 것, 오늘 자신을 솔로몬으로 만든 우연이 내일은 자신을 솔로몬의 노예로 만들지도 모른다는 사실을 잊고 있다. 그리고 상상력의 우둔함으로 불타에게 고뇌를 주었던 것들을 잊고 질병, 노쇠, 죽음이 오늘 아니면 내일 그들의 환락을 송두리째 앗아갈지도 모른다는 사실을 망각하고 있다.

우리와 같은 계층의 사람들 대부분은 그렇게 생각하고 또 그렇게 느끼고 있다. 이러한 부류의 사람 중 어떤 사람들은 자신의 사상과 상상력의 우둔함을 일종의 철학——소위 실증철학——을 이루는 요소라고 단정 짓고 있다. 내가 보기에는 이러한 점이 그들과 삶의 의문에 직면하지 않으려고 환락의 꿀을 빨아 먹고 있는 사람들을 구분 짓고 있는 것이다. 그러므로 나는 그런 사람들을 흉내 낼 수 없었다. 그들과 같은 우둔한 상상력을 갖고 있지 않은 나는 그것을 억지로 내 안에 만들어 낼 수 없기 때문이었다. 일단 죽음의 용과 생명의 나뭇가지를 갉아 먹는 생쥐들을 목격한 사람들 모두 그로부터 눈을 돌릴 수 없듯이 나도 그렇게 할 수가 없었던 것이다.

세 번째 길은 원기 있고 활기 있는 태도를 취하는 것이다. 즉 삶이 악이며 무의미하다는 것을 깨달음과 함께 단번에 자신의 삶을 절멸시키는 길이다. 강하고 굳건한 성격을 지닌 소수의 사람은 이러한 태도를 취한다. 그들은 자신에게 행해지고 있는 광대놀이의 어리석음을 알아차리고 죽은 사람의 행복이 살아 있는 사람의 행복보다 나으며 그 이상의 행복은 있을 수 없다는 것을 깨달음과 동시에, 목을 맨다든지 물에 빠진다든지 칼로 가슴을 찌른다든지 철로에 몸을 던진다든지 하는 등의 수단으로 단번에 그러한 광대놀이를 끝내 버리는 것이다. 더구나 우리와 같은 계층에서조차도 그러한 태도를 취하는 사람들의 수가 끊임없이 증가하고 있다. 그리고 이러한 태도를 취하는 사람들 대부분은 인생의 가장 좋은 시기에 있는 사람들, 즉 영혼의 힘이 최고도로 발달하여 이성을 흐리게 하는 여러 가지 습관이 아직 몸에 배지 않은 상태에 있는 사람들이다.

네 번째 길은 나약함의 길이다. 이러한 태도는 인생이 악이며 무의미하다는 것을 깨닫고 있으면서도 어쩔 수 없이 질질 끌려 살아가는 태도이다. 이러한 부류에 속하는 사람들은 죽음이 삶보다 낫다는 것을 알고 있으면서도 이성에 바탕을 둔 행위를 할 용기, 즉 단번에 거짓을 파괴하여 자신의 생명을 끊어 버릴 용기가 없어 마치 뭔가를 기다리기라도 하듯 하루하루를 살아가는 것이다. 이것은 약자의 길이다. 왜냐하면 더 나은 상태를 알고 있고, 또 그 상태를 자기의 힘으로 얻을 수 있다는 것을 알면서도 얻으려 하지 않는 것은 약자의 태도이기 때문이다. ……그리고 나 자신 또한 이러한 부류에 속해 있었다.

나와 같은 계층의 사람들은 이 같은 네 가지 방법으로 두려운 모순에서 자신을 구원하고 있다. 나는 아무리 지혜를 짜내도 위의 네 가지 길 말고 다른 길은 발견할 수가 없었다.

첫 번째 길은 삶이 악이며 무의미하고 헛된 것임을 깨닫지 못하고, 즉 오히려 살아 있지 않은 편이 더 낫다는 것을 깨닫지 못하고 살아가는 태도이다. 그런데 나는 그러한 사실을 깨닫고 있다. 나는 이미 깨달은 이 사실로부터 눈을 돌릴 수가 없었다.

두 번째 길은 미래를 생각하지 않고 현재의 삶을 향락하는 태도이다. 나는 이러한 방법에도 자신을 맡길 수가 없었다. 나는 석가모니와 마찬가지로 질병과 노쇠와 죽음이 엄연히 존재한다는 것을 알고 있으므로 더 이상 안락한 생활을 할 수 없었으며 사냥 따위도 할 수 없었다. 그러나 우둔한 태도를 취하기에는 내 상상력이 너무도 활발하게 활동하고 있었다. 더구나 잠깐 삶에 쾌락을 제공하는 일시적인 우연에 만족할 수는 없었다.

세 번째 길은 삶이 악이며 무의미하다는 것을 깨닫고 단번에 삶을 끝내는, 즉 자신의 생명을 끊어 버리는 태도이다. 나는 삶이 악이며 무의미하다는 것을 깨닫고 있다. 그러나 어찌 된 셈인지 도저히 나의 생명을 끊을 수가 없었다.

네 번째 길은 솔로몬이나 쇼펜하우어와 같은 생각으로 삶이 무의미하며 자신에게 연출되는 광대놀이라는 것을 알면서도 여전히 삶을 계속하여 세수를 하기도 하고 옷을 입기도 하고 이야기하기도 하고 심지어 글을 쓰기도 하며 살아가는 태도이다. 이러한 태도는 내게는 실로 견디기 어려운 고통이었다. 그런데도 나는 이러한 상태에 머물러 있었던 것이다.

그러나 이제 와 생각해 보면 내가 그때 생명을 끊어 버리지 않은 것은 나의 고찰이 올바르지 않다는 어렴풋한 자각 때문이었다. 이제 나는 그것을 분명히 알고 있다. 삶은 무의미한 것이라는 자각으로 나를 인도한 성현들의 사상과 나의 사상은 참으로 의심할 여지 없이 확실한 것으로 생각되었지만 내 안에는 그 판단의 진실성에 대해 어렴풋한 회의가 남아 있었다.

그 회의는 이러한 것이었다.

'나의 이성은 생존이 불합리하다는 사실을 인식하고 있다. 그리고 이성보다 더 높은 지고(至高)한 이성이라는 것이 없는 한——실제로 그러한 이성은 없으며, 또 그 존재를 입증할 수 있는 것은 아무것도 없다—— 그 이성은 내 삶의 창조자여야 한다. 즉 이성이 없다면 삶도 존재할 수 없다. 그런데 삶의 창조자인 이성이 어찌 자신이 창조한 삶을 부정할 수 있겠는가! 한 걸음 더 나아가 다른 면에서 고찰해 보면 삶이 없이는 나의 이성도 존재할 수 없다. 따라서 이성은 삶의 자식인 것이다. 삶은 전체이며, 이성은 삶의 열매일 뿐이다. 그런데 그 이성이 제 부모인 삶 자체를 부정하는 것이다. 이 얼마나 기이한 일인가.'

나는 여기서 뭔가 모순된 것을 느꼈다.

'삶은 무의미하며 악의 연속이다. 이것은 의심할 여지가 없는 엄연한 사실이다.' 나는 자신에게 말했다. '그런데도 나는 그 삶을 계속해 왔으며 현재도 계속하고 있다. 아니, 이렇게 말하는 것은 나뿐만 아니라 온 인류가 그러하다. 이것은 도대체 어찌 된 일일까? 삶을 중지할 수 있는데도 어찌하여 인류는 삶을 계속하고 있는 것일까? 나와 쇼펜하우어만이 남달리 총명하여 삶이 무의미하고 나쁘다는 것을 깨닫고 있는 것일까?'

그러나 인생이 공허하다는 것은 누구나 쉽게 생각할 수 있는 일이다. 그러므로 매우 단순한 사람들조차도 그러한 생각을 해 왔다. 그런데도 그들은 여전히 삶을 계속해 왔으며 현재도 계속하고 있다. 즉 그들은 모두 살아가고 있으며 결코 생존의 합리성을 의심하려 하지 않는다. 이것은 도대체 어찌 된 일일까?

여러 성현의 지혜로 강화된 나의 지식은 이러한 모든 생각이——유기물도 무기물도——기이하고 교묘하게 이루어져 있어 오직 나의 상태만이 우열(愚劣)한 것임을 보여주었다. 그러나 우매한 사람들——엄청난 수에 이르는 집단——은 그러한 모든 유기체와 무기체가 어떠한 형태로 구성되어 있는가에 대해서는 조금도 알지 못한 채 단지 살아가고 있을 뿐이다. 그리하여 자기 삶이 매우 올바르고 합리적으로 구성되어 있다고 생각하고 있는 것이다!

그러자 나의 머릿속에는 이러한 생각이 떠올랐다.

'어찌 된 일인가? 내가 아직도 모르는 뭔가가 있단 말인가? 이것은 바로 무지가 취하는 방법이다. 무지는 항상 그런 식으로 말한다. 자신이 뭔가를 알지 못할 때 무지는 항상 그것을 어리석은 것이라고 말한다. 그 진상은 이러하다. 즉 여기에 전체로서의 인류가 있으며 인류는 삶의 의미를 이해하지 않고는 살아갈 수 없을 것 같아 그것을 이해한 듯한 표정을 지으며 살아왔으며, 또 현재도 그렇게 살고 있다. 그런데 오직 나만이 '그러한 삶은 무의미하기 때문에 나는 살아갈 수 없다' 고 말하는 것이다.

내가 자살을 통해 삶을 거부하는 것을 방해할 사람은 아무도 없다. 그러므로 자살하는 편이 낫다. ──그러면 그러한 생각으로 고뇌하지 않게 될 것이다. 삶이 싫다면 자살해야 한다. 살아서 삶의 의미를 이해한다는 것은 불가능한 일이다. ──그것이 가능하다면 나는 내가 삶의 의미를 이해하고 있지 못함을 장황하게 글로 쓰면서 이 세상에 추한 모습을 드러내지 않게 될 것이다. 이제껏 나는 희희낙락하는 집단 속에 끼어 살아왔다. 모두가 유쾌해 보인다. 그들은 모두 자기가 무엇을 하고 있는지 알고 있다. 그런데 오직 나만이 우울한 기분에 사로잡혀 있는 것이 아닌가. 그렇다면 더욱더 삶을 떠나야 한다.

자살밖에 길이 없다는 것을 확신하면서도 자살을 단행할 결심을 하지 못하고 있는 나는 가장 약하고 지리멸렬한 인간이며, 더 솔직하게 말하면 바보가 새로운 장난감을 얻고 기뻐 날뛰듯이 자신의 어리석음을 뽐내며 소란을 피우는 어리석은 자가 아니고 무엇이겠는가?'

우리의 지혜는 설사 그것이 아무런 의심의 여지도 없는 것이라 하더라도 삶의 의미에 대한 지식을 주지는 못한다. 그리고 열심히 삶을 영위하고 있는 수백만 수천만의 인류는 삶의 의미를 회의하고 있지 않다.

실은 내가 조금밖에 모르는 인생이 시작된 먼 옛날부터 내게 인생의 무의미함을 가르쳐 준 많은 사람이 인생의 허무함을 알고 있으면서도 어떤 의미를 부여하면서 살아온 것이다.

인간의 생활이라고 불릴 수 있는 삶이 시작되었을 때부터 인류는 항상 삶의 의미를 지니고 있었다. 그리하여 그들은 나에게까지 이어져 내려온 생활을 계속해 왔다. 나의 내부 및 주위에 있는 것——육체적이든 아니든——은 모두 인생에 대한 그들의 지식의 성과이다. 내가 삶을 고찰하는 데 사용하고 있는 두뇌도 모두 내가 만든 것이 아니라 그들에 의해 만들어진 것이다.

나는 그들 덕택으로 태어났으며 성장한 것이다. 그들은 철을 파내는 법과 나무를 벌목하는 법을 가르쳐 주었다. 그들은 가축을 기르는 법과 농작물을 가꾸는 법을 가르쳐 주었다. 그들은 함께 공동생활을 하는 법을 가르쳐 주었다. 그리하여 그들은 우리의 생활을 질서 있는 생활로 만들어 놓았다. 그들은 생각하는 법과 말하는 법을 가르쳐 주었다. 그런데 그들에 의해 태어나고 그들에 의해 성장하고 그들에게 가르침을 받고 그들의 사상과 말로 사물을 고찰하는 법을 배운 나는 그들의 소산이면서도 그들의 무의미함을 그들에게 입증한 것이다!

'여기에는 뭔가 모순이 있다.'——나는 나 자신에게 말했다. '내가 어딘가에서 착오를 일으키고 있음이 분명하다.'

그러나 나는 그 착오가 어디에서 비롯된 것인지 도저히 발견할 수가 없었다.

제8장 대중(大衆) 속에서 발견한 진리

지금은 내가 이러한 모든 회의를 다소나마 정리하여 설명할 수 있지만 당시에는 그러지 못했다. 그때는 위대한 여러 사상가에 의해 확인된 인생의 허무에 대한 내 결론이 이론상으로는 분명 오류가 없지만 그 속에는 뭔가 잘못이 있다고 느끼고 있었다. 내가 내린 단정 속에 잘못이 있는지 아니면 문제를 제기한 방법 속에 잘못이 있는 것인지는 알 수 없었다. 내가 내린 결론이 이론적으로는 충분히 설득력이 있지만 그것만으로는 충분치 않다는 것을 막연히 느끼고 있었다. 내가 행한 이 모든 연역은 내 이성의 판단으로 생겨난 결론을 실행에 옮기도록 하지 못했다. 즉 내가 자살하게 하지 못했다.

이성으로써 그러한 판단을 내리고서도 내가 자살하지 않았다면 거짓말을 한 셈이다. 물론 그때 내 이성은 활발히 작용하고 있었다. 그러나 그 외에 삶의 의식이라고밖에 이름 붙일 수 없는 뭔가도 활발하게 작용하고 있었다. 그리고 그 힘은 내 주의를 다른 쪽으로 돌려놓았으며 나를 절망 상태로부터 구출하고 내 이성을 전혀 다른 방향으로 향하게 했다. 즉 그 힘은 나 그리고 나와 동일한 수백의 인간이 인류 전체는 아니라는 사실과 내가 아직 인간의 삶이라는 것을 모르고 있다는 사실로 내 주의를 돌리게 했다.

나는 나와 동일한 상류 계층에 속한 좁은 범위의 사람들만을 살펴보았다. 그래서 이 중대한 문제를 전혀 알고 있지 못한 사람, 반쯤 깨닫고 있으면서 술의 힘으로 자신의 인식을 말살해 버리려는 사람, 분명히 깨닫고 있으면서도 약함으로 인해 절망적인 생활을 계속하고 있는 사람들만을 발견했을 뿐 그 이외의 사람들은 발견하지 못했다. 학식 있고 부유하고 한가한 사람들로 이루어진, 내가 속해 있는 좁은 범위의 상류 계층이 인류 전체를 형성하고 있으며 먼 옛날부터 오늘에 이르기까지 살아왔으며 또 현재 살고 있는 다른 수십억의 인간은 인간이 아니라 가축의 일종처럼 생각되었던 것이다.

인생을 고찰하면서 어떻게 온통 나를 둘러싸고 있는 모든 사람을 무시함으로써 인류 전체의 삶을 간과할 수 있었는지, 어떻게 나 자신이나 솔로몬이나 쇼펜하우어와 같은 사람들만의 삶만이 올바른 삶이고 다른 수십억 사람들의 삶은 생각해 볼 가치조차 없는 것으로 생각하는 우스꽝스러운 오류를 저지를 수 있었는지 지금 생각하면 참으로 이해할 수 없는 일이다. 자신의 지혜를 뽐내는 기분에 현혹되어 있던 나에게는 솔로몬이나 쇼펜하우어와 함께 더없이 정확하고 진실하게 이 문제를 제기했다는 것이 의심의 여지 없는 사실처럼 생각되었으며, 또한 수십억의 일반 대중은 아직 이 문제의 깊은 곳까지 이해하고 있지 못하다는 것도 의심할 수 없는 사실로 생각되었다. 따라서 내 생존의 의미를 탐구함에 있어 '오늘날까지 살아 온, 또는 현재 살고 있는 수천수백억의 사람들은 자기의 삶에 어떤 의미를 부여했고, 또 부여하고 있는 것일까?'라는 의문을 한 번도 떠올려 본 적이 없었다.

나는 오랫동안 언어가 아닌 행위 면에서 우리와 같은 가장 자유롭고 학식 있는 사람들에게 특유한 이러한 광란 상태 속에서 살았다. 그러나 만일 내가 삶을 원한다면, 그리고 인생의 의미를 이해하기를 원한다면 인생의 의미를 잃어버리고 자살을 원하는 사람들 속에서가 아니라 당연히 자기 삶과 우리의 삶을 어깨에 짊어진 과거 및 현재의 수십억 대중 속에서 찾아야 한다는 것을 느끼기 시작했다. 그것이 그들의 삶이 우리가 생각하는 것처럼 어리석은 것이 아니라는 것을 이해하게 해 준, 열심히 일하고 있는 참된 민중에 대한 불가사의한 육체적인 애정 덕분인지, 아니면 내가 할 수 있는 최상의 것은 자살이라는 것밖에 알지 못하는 내 확신의 진실성 덕분이었는지는 알 수 없다.

그리하여 나는 학식도 없고 부유하지도 않은 과거 및 현재의 수많은 소박한 일반 대중들을 살펴보기 시작했다. 그러자 그들에게서 전혀 다른 어떤 것을 발견하게 되었다. 그것은 과거 및 현재의 수십억 사람 중 극소수를 제외한 모든 사람이 나의 네 가지 분류 중 어느 것에도 해당되지 않는다는 사실과, 그들을 인생의 문제를 이해하고 있지 못한 사람들로 간주할 수 없다는 사실이었다. 왜냐하면 그들은 스스로 인생의 문제를 제기하고 그 문제에 대해 놀라울 정도로 명백하게 대답하고 있기 때문이었다.

또한 그들을 쾌락주의자라고 생각할 수도 없었다. 왜냐하면 그들의 삶은 쾌락으로 이루어져 있다기보다는 오히려 궁핍과 고통으로 이루어져 있기 때문이었다. 또한 그들을 자신의 무의미한 삶을 무감각하게 살아가는 사람들이라고 생각할 수도 없었다. 왜냐하면 그들의 모든 행위는 물론 죽음 자체까지도 분명하게 설명하고 있기 때문이었다. 그들은 자살을 최대의 악으로 생각하고 있었다.

그러자 내가 이해하지 못했던 인생의 의미에 대한 어떤 인식, 내가 경멸했던 인생의 의미에 대한 어떤 인식을 그들은 가지고 있다는 사실을 깨닫게 되었다. 말하자면 이성적 인식은 인생에 아무런 의미도 주지 못할 뿐만 아니라 오히려 인생을 배척하는데 수십억 수백억의 사람들, 즉 온 인류가 인생에 부여한 의미는 내가 생각했던 어떤 경멸스러운 그릇된 인식에 기반을 두고 있다는 사실을 깨닫게 되었다.

학자들이나 현자들의 이성적 인식은 인생의 의미를 부정하지만 수없이 많은 사람, 즉 온 인류는 비이성적 인식으로 인생의 의미를 긍정하고 있었다. 그 비이성적 인식이란 내가 배척하지 않을 수 없었던 바로 그 신앙이었다. 그것은 6일 동안의 창조, 악마와 천사 등 내가 정신 이상이 되지 않는 한 인정할 수 없었던 삼위일체의 바로 그 신이었다.

나는 실로 두려운 상태에 놓이게 되었다. 이성적 인식의 과정으로는 인생의 부정 외에 아무것도 발견할 수 없으며 신앙 속에서는 인생의 부정보다 훨씬 더 있을 수 없는 이성의 부정 외에 아무것도 발견할 수 없다는 것을 알게 된 것이다. 이성적 인식에 의하면 인생은 악이며 사람들은 그것을 알고 있다는 결론이 생긴다. 그러므로 사람들은 삶을 중지해야 하는데도 삶을 계속해 왔으며, 또 현재도 살고 있다. 아니, 나 또한 인생이 무의미하며 악이라는 것을 오래전부터 알고 있으면서도 이제까지 살아온 것이다. 그러나 신앙에 의하면 인생을 이해하기 위해서는 인생의 의미를 요구하는 유일한 존재인 나의 이성을 부정하지 않으면 안 된다는 결론이 나오는 것이다.

제9장 세 가지의 새로운 인식

여기서 심각한 모순이 생겼다. 이 모순에서 벗어나는 길은 두 가지가 있었다. 즉 이제까지 내가 이성적 인식이라고 불러왔던 것이 생각했던 만큼 그렇게 이성적인 것이 아니었거나, 아니면 이제까지 나에게 비이성적 인식으로 보였던 것이 생각했던 만큼 그렇게 비이성적인 것이 아니었거나 두 가지 중 하나였다. 그래서 나는 내 이성적 인식의 사고 과정을 재검토하기 시작했다.

내 이성적 인식의 사고 과정을 검토하자 나의 이성적 인식이 매우 올바른 것임을 알았다. 인생이 무의미하다는 결론은 피할 수 없는 사실이었다. 그러나 나는 하나의 과오를 발견했다. 그 과오란 나 자신이 제기한 문제에 대한 나의 사고가 적합한 것이 아니라는 것이었다. 내가 제기한 문제는 '나는 왜 살아야 하는가?', 즉 '이 환상과 같고 소멸해 가는 나의 삶으로부터 참되고 소멸되지 않는 무엇이 생길 수 있단 말인가? 이 무한한 세계 속에서 나의 유한한 존재는 무슨 의미가 있는가?' 라는 것이었다. 그리고 이 문제에 대답하기 위해 인생을 연구했다.

인생의 문제에 대한 어떠한 대답도 나를 만족시키지 못했다. 왜냐하면 처음에는 매우 단순한 문제처럼 보였던 나의 의문은 무한으로 유한을 설명하고, 유한으로 무한을 설명하기를 요구했기 때문이다.

나는 자신에게 "인생의 초시간적, 초원인적, 초공간적 의미는 무엇인가?'라고 물었다. 그러나 아무런 대답도 할 수 없었다. '내 삶의 초시간적, 초원인적, 초공간적 의미는 무엇인가?' 오랫동안의 사고 끝에 나는 자신에게 '아무것도 없다.'라고 대답했다.

사고 과정 중에 나는 항상 무한은 무한이며 유한은 유한이라고밖에 달리 생각할 수가 없었다. 따라서 힘은 힘이며, 물질은 물질이며, 의지는 의지이며, 무한은 무한이며, 무는 무일 뿐이므로 무로부터 무가 아닌 어떤 것이 나올 수 없다는 결론에 도달했다. 그러자 마치 수학에서 항등식을 풀려고 하는 것과 같은 일이 일어났다. 사고 과정은 올바르지만 그 해답은 항상 똑같은 것이다. 즉 $a=a$, $x=x$, $0=0$인 것이다. 삶의 의미에 대한 나의 고찰에서도 이와 똑같은 일이 일어난 것이다. 그 문제에 대해 모든 학문이 주는 대답은 동일한 것뿐이었다.

실제로 데카르트가 그랬던 것처럼 모든 것에 대한 완전한 회의로부터 출발하여 신앙에 따른 모든 지식을 버리고 이성과 경험의 법칙에 따라 모든 것을 재정립하는 엄격히 학문적인 지식은 인생의 문제에 대해서는 내가 얻은 애매모호한 대답 말고는 어떤 대답도 주지 못했다.

처음에 학문적 지식은 내게 실증적 해답——'인생은 무의미하며 악한 것이다'라는 쇼펜하우어의 대답처럼 명확한 대답——을 해 주는 것처럼 보였다. 그러나 내가 인생의 문제를 탐구하자 그 대답이 명확한 것이 아니라, 대답을 그렇게 표현한 것은 나의 감정에 의한 것일 뿐이라는 사실을 알게 되었다. 브라만[婆羅門], 솔로몬, 쇼펜하우어 등이 표현한 것과 같이 엄격하게 표현된 대답은 '0=0'이라든가 '인생은 무(無)'라든가 하는 것처럼 애매모호한 대답에 지나지 않았던 것이다. 따라서 철학적 인식은 아무것도 부정하지 않고, 다만 이 문제는 자신의 힘으로 해결할 수 없으니 해답은 불확실한 상태로 남아 있는 도리밖에 어찌할 수 없다고만 대답하는 것이다.

　이러한 사실을 알게 되자 이성적 인식으로 내 의문에 대한 대답을 구하는 것은 올바른 일이 아니며, 이성적 인식이 주는 대답은 이 문제가 다른 방법으로 제기되었을 경우, 즉 무한에 대한 유한의 관계라는 문제가 고찰될 때 비로소 참된 해답이 얻어질 수 있음을 나타내 줄 뿐이라고 깨닫게 되었다. 또한 나는 신앙이 주는 대답이 아무리 불합리하고 괴이한 것이라 하더라도 각각의 대답 속에는 그것이 결여되었다면 참된 해답이 될 수 없는, 무한에 대한 유한의 관계를 취급하는 우월한 점이 있음도 이해하게 되었다.

　'나는 어떻게 살아야 하는가?' 라는 문제에 대한 대답은 항상 '신의 율법에 따라서' 였고, '나의 삶으로부터 어떤 참된 결과가 생겨날 것인가?' 라고 물으면 대답은 항상 '영원한 고통이든가 아니면 영원한 행복' 이었다. 그리고 '죽음에 의해 파괴되지 않는 삶의 의미는 무엇인가?' 라는 문제의 대답은 항상 '무한 무궁한 신과의 결합, 즉 천국' 이었다.

　그래서 나는 살아 있는 모든 인간에게는 그때까지 유일하고도 절대적인 것으로 생각되었던 이성적 인식 외에도 삶을 가능케 하는 어떤 비이성적 인식, 즉 신앙이 있다는 것을 인정하지 않을 수 없었다.

　신앙의 불합리성은 여전히 내게 남아 있었지만 오직 신앙만이 인류에게 인생의 문제에 대한 해답을 주며 따라서 삶을 가능케 한다는 것을 인정하지 않을 수 없었다.

　이성적 인식은 나를 '인생은 무의미하다' 는 결론으로 인도했다. 그리하여 나의 삶은 정지되었고 나는 자살을 원했다. 그런데 사람들, 즉 온 인류를 돌아보니 그들은 평온하게 살고 있으며, 또 인생의 의미를 안다고 확신하고 있었다. 나는 스스로를 돌아보았다. 나는 인생의 의미를 알고 있는 동안만 평온하게 살았다. 신앙은 다른 사람들과 마찬가지로 나에게도 인생의 의미와 삶의 가능성을 부여했다.

또 나는 다른 나라 사람들과 나와 동시대 사람들, 그리고 이미 사라진 사람들을 돌아보았다. 그때마다 내가 발견한 것은 동일했다. 인류의 탄생 이후 삶이 존재하는 곳에는 항상 신앙이 존재했으며 신앙은 인간에게 삶의 가능성을 부여해 왔다. 그리고 신앙의 중요한 특성은 어느 곳에서나 동일했다.

신앙의 모든 대답은 인간이라는 유한한 존재에게 고통과 궁핍과 죽음에 의해서도 파괴되지 않는 무한성을 부여한다. 따라서 인간은 오직 신앙 속에서만 인생의 의미와 삶의 가능성을 발견할 수 있었다. 그렇다면 신앙이란 무엇인가? 신앙이란 단순히 눈에 보이지 않는 것들에 대한 증거도 아니고 계시――이것은 신앙이 지니고 있는 특성의 하나일 뿐이다――도 아니며 신에 대한 인간의 관계도 아니며――신앙이 먼저 정의되고 나서 그다음에 신이 정의되어야 하지, 신이 먼저 정의되고 신을 통해 신앙이 정의되어서는 안 된다――일반적으로 이해되고 있는 것처럼 신의 부름에 대한 응답도 아니라는 것을 나는 깨달았다.

나는 신앙이란 삶의 의미에 대한 인간의 인식이며 그러한 인식으로 인해 인간은 자살하지 않고 살아갈 수 있다는 것을 이해하게 되었다. 그러므로 신앙은 삶의 원동력이다. 인간은 살아 있는 한 무엇인가를 믿고 있다. 만일 인간이 무엇인가를 위해 살지 않으면 안 된다는 것을 믿지 않는다면 그는 살 수 없을 것이다. 그리고 유한한 것은 환영에 지나지 않는다는 사실을 이해하지 못한다면 그는 유한을 믿고 있는 것이며 유한한 것이 환영에 지나지 않는다는 사실을 이해한다면 그는 무한을 믿고 있는 것이다. 다시 말해 믿음이 없이는 인간은 결코 살아갈 수가 없는 것이다.

여기서 나는 지금까지의 내적 활동의 전 과정을 상기해 보고는 놀라움과 두려움에 사로잡히게 되었다. 마침내 나는 인간이 살아가기 위해서는 무한한 것을 전혀 보지 않든가 아니면 인생의 의미에 대해 유한한 것과 무한한 것을 합치시킬 수 있는 설명을 얻든가 둘 중 어느 하나가 아니면 안 된다는 결론에 이르렀다. 그러나 내가 유한을 믿고 있는 동안 그러한 견해는 불필요한 것이었다.

이윽고 나는 나의 그러한 견해를 이성으로써 비판하기 시작했다. 그러자 그 견해는 이성의 빛을 받자마자 산산조각이 나 버렸다. 그리하여 나는 유한을 믿는 것을 중지하게 되었다. 유한을 믿지 않게 되자 나는 이성을 바탕으로 하고 내가 알고 있는 사실을 자료로 하여 인생에 의미를 부여할 수 있는 해석을 수립하려고 했다. 그러나 그런 해석은 하나도 수립할 수 없었다. 인류의 탁월하고 위대한 지혜자들처럼 나 또한 0=0이라는 결론에 도달했다. 이러한 결론 외에는 어떤 결론도 생겨날 수 없음에도 불구하고 이러한 결론을 얻자 새삼스레 놀랐다.

실험과학의 지식에서 인생의 해답을 구하려 하던 때 나는 어떤 일을 했던가? 나는 내가 왜 살고 있는가를 알고자 했으며 그것을 알기 위해 나 이외의 모든 사물을 연구했다. 그리하여 분명 많은 것들을 알게 되었다. 하지만 내가 필요로 하는 것은 하나도 얻을 수가 없었다.

철학적 지식에서 해답을 구하려 하면서는 어떻게 했던가? 나와 같은 상태에 있으면서 '나는 왜 살고 있는가?' 라는 의문에 대해 해답을 얻지 못한 사람들의 사상을 연구했다. 즉 나는 내가 알고 있던 사실——나는 아무것도 알 수 없다고 하는——외에는 아무것도 알 수 없다는 것을 처음부터 알고 있었다.

'나'란 무엇인가? '무한의 일부이다.' 이 간단한 말속에는 모든 문제가 내포되어 있다. 정말 인간은 이 의문을 오늘날에 와서야 비로소 자신에게 던진 것일까? 또 영리한 아이의 입에서도 나올 수 있는 극히 단순한 이 의문을 나보다 먼저 자신에게 던진 사람이 없는 것일까?

그렇지 않다. 이 의문은 인간이 지상에 존재하기 시작한 때부터 제기되었다. 그리고 그때부터 이 의문을 해결하려고 유한과 유한을 서로 대조하고, 무한과 무한을 대조해 보았지만 모두 석연치 못하다는 것을 알았다. 따라서 인간이 지상에 존재하기 시작한 때부터 무한에 대한 유한의 관계가 여러 가지 형태로 탐색 되어 온 것이 사실이다. 무한에 대한 유한의 관계를 모두 이해함으로써 유한이 무한에, 또 무한이 유한에 대조되어 인생의 의미, 즉 신, 자유, 선에 대한 이해가 얻어질 수 있는 것이다. 그러나 무한에 대한 유한의 관계를 이해하려고 이성적으로 분석하면 이들은 이성의 비판을 감당해 낼 수 없다.

만일 우리가 어린아이처럼 우쭐함과 자기만족의 기분으로 시계를 분해하여 그 속에서 태엽을 꺼내어 장난감으로 삼은 결과, 그 시계가 움직이지 않는다고 놀란다면 그것은 두려운 일은 아닐지라도 우스꽝스러운 일임은 틀림없다.

유한과 무한의 모순에 대한 해답과 인생의 의문에 대한 해답——그것을 얻어야만 비로소 삶이 가능해지는 그러한 해답——은 모두 필요불가결한 것이며 매우 가치 있는 것이다. 그러나 이 가치 있는 해답, 어디서

나 그리고 어느 민족 사이에서나 항상 발견할 수 있는 이 유일한 해답, 인류의 삶이 시작되었던 아득한 옛날부터 인류가 지니고 온 해답, 결코 우리가 만들어 낼 수 없을 정도로 어려운 해답, 이렇게 소중한 해답을 우리는 존재의 의문──우리가 해답이 있지 않은 의문──을 다시 제기함으로써 완전히 무시해 버리는 것이다.

무한한 신의 관념, 영혼은 신성하다는 관념, 공허한 이 세상의 일을 신과 결부시키는 관념, 영혼의 합일과 그 실재성의 관념, 인간으로서 도덕적 선악을 이해하지 않으면 안 된다는 관념, 이 모든 관념은 인간의 사고라는 무한한 활동으로 생겨난 것이며 이것이 없다면 삶 자체, 그리고 나 자신도 있을 수 없는 중요한 것이다. 그런데도 나는 온 인류의 이러한 활동의 소산을 완전히 버리고 새로이 나름대로 혼자서 만들어 내려고 했던 것이다.

그때 그런 생각을 하고 있던 것은 아니었지만 생각의 씨앗은 이미 마음속에 있었다. 첫째, 나는 나와 쇼펜하우어와 솔로몬의 행태가──우리는 모두 현명함에도 불구하고──매우 어리석은 것임을 이해하고 있었다. 우리는 삶이 악이라는 것을 알면서도 여전히 삶을 계속했다. 이것은 분명 어리석은 짓이다. 왜냐하면 삶이 악이라면, 그리고 내가 그토록 합리적인 것을 원한다면 나는 당연히 삶을 절멸시켜야 했으며, 또 아무도 내가 삶을 절멸시키는 것을 방해할 수 없었기 때문이다.

둘째, 우리의 추론 모두 마치 이빨이 맞지 않는 톱니바퀴처럼 마법의 바퀴 속을 덜커덕거리며 돌고 있다는 것을 나는 이해하고 있었다. 우리가 아무리 훌륭하게 추론해도 중대한 문제에 대한 해답은 얻을 수 없고, 항상 0(零)은 0(零)이었다. 따라서 우리의 사고 방법은 그릇된 것임이 분명하다.

셋째, 나는 바로 신앙이 주는 해답에 인류의 가장 깊은 영지(靈智)가 들어 있고 내게는 그것을 부정할 자격이 없으며 그 중요한 해답만이 인생의 의문에 답할 수 있다는 것을 이해하기 시작했다.

제10장 새로운 삶의 발견

　그것을 이해하게 되었지만 그래도 내 마음은 가벼워지지 않았다.

　이제 나에게 이성을 부정하라고 정면으로 요구하지 않는 한——그러한 것을 요구하는 것은 거짓된 신앙이므로 논의에서 제외한다——어떠한 신앙이라도 받아들일 각오를 하고 있었다. 그래서 경전을 읽으며 불교와 이슬람교를 연구했다. 특히 기독교에 대해서는 경전은 물론 내 주위에서 살아가고 있는 사람들에 대해서도 깊이 연구했다.

　연구의 대상은 우선 나와 같은 부류의 신자들과 정교파의 신학자들, 수도원의 지도자들, 새로운 경향의 신학자들이었으며 심지어 속죄로 영혼이 구원된다는 것을 믿는 모든 신교도에게도 눈을 돌렸다. 나는 신자들을 붙잡고 그들이 어떻게 믿고 있으며 어떤 것에서 인생의 의미를 발견하고 있는가를 꼬치꼬치 캐물었다.

　나는 되도록 양보함으로써 그들과의 모든 논쟁을 피했다. 하지만 그들의 신앙은 받아들일 수 없었다. 왜냐하면 그들이 신앙으로서 제시한 것은 인생의 의미에 대한 해명이 아니라 오히려 의미를 모호하게 만드는 것이었으며 자기의 신앙을 강조하는 것은 나를 신앙으로 이끈 인생의 의문에 대한 해답 때문이 아니라 내게는 아무 필요도 없는 어떤 다른 목적 때문이라는 것을 알게 되었기 때문이다.

　그들과 교제하는 동안 수십 번 희망을 맛보았으나 그 후 다시 절망으로 되돌아왔다. 희망에서 절망으로 되돌아오던 때의 그 견디기 어렵던 공포심을 지금도 분명히 기억하고 있다.

자기들의 교의(敎義)를 더욱 깊고 상세하게 설명하면 할수록 나는 그들이 미혹에 빠져 있음을 점점 더 분명하게 알았다. 그리하여 그들의 신앙 속에서 인생의 의미에 대한 해답을 찾으려는 희망을 버렸다.

나의 반발심을 불러일으킨 것은 그들이 기독교의 여러 가지 진리——그들이 내게 기독교의 진리를 설명해 줄 때 그것은 항상 내게 친근감을 주었다——와 많은 불합리한 사물을 혼동하고 있기 때문이 아니라 그들의 생활이 기독교 교의에서 스스로 말하고 있는 가장 중요한 근본 사상과 일치하지 않는 점에 차이가 있을 뿐 나의 생활과는 조금도 다름이 없었기 때문이다.

그들은 자신을 기만하고 있으며 나와 마찬가지로 가능한 한 오랫동안 살면서 손에 넣을 수 있는 모든 것을 손에 넣는 것 말고는 인생의 의미에 대해 아무것도 아는 바가 없음을 나는 확인했다. 왜냐하면 그들이 궁핍과 고통과 죽음의 공포를 물리칠 수 있는 확고한 인생의 의미를 안다면 궁핍, 고통, 죽음을 두려워하지 않을 것이기 때문이다. 나와 같은 계층에 속해 있는 그들은 나처럼 매우 부유한 생활을 하고 있으며 재산을 소중히 여기고 있을 뿐 아니라 더욱더 증대시키려 노력하고 있으며 궁핍, 고통, 죽음을 두려워하고 우리처럼 신앙을 있지 않은 사람들과 마찬가지로 온갖 비천한 욕망에 만족하며 신앙을 있지 않은 사람들보다 더 악한 것은 아니지만 같은 정도의 악한 생활은 하는 것이었다.

어떤 주장을 해도 그들의 신앙이 참되다고 믿을 수 없으며 내가 두려워하는 궁핍, 질병, 죽음을 그들은 조금도 두려워하지 않는다는 것을 입증하는 실제적 행위만이 그 신앙을 참된 것으로 믿게 할 수 있는 것이다. 그러나 나와 같은 계층의 사람들에게서는 그러한 실제적 행위를 발견할 수 없었으며 오히려 그러한 행위는 가장 신앙이 없는 사람들에게서 종종 발견했다.

그리하여 그들의 신앙은 내가 구하는 신앙이 아니고 참된 신앙도 아니며 이 세상 삶에 대한 쾌락주의적 위안의 하나에 지나지 않는다는 것을 깨닫게 되었다. 그러한 신앙이 참된 위안이 되지는 못할지라도 죽음에 임하여 뉘우치며 탄식하는 솔로몬에게는 다소 위안이 되리라.

온 인류가 살아갈 수 있으려면, 삶에 의미를 부여하고 삶을 계속할 수 있으려면 그들, 즉 수십억의 사람들은 저들과는 다른, 신앙에 대한 참된 인식을 하고 있지 않으면 안 된다. 내가 신앙의 존재를 확신하게 된 것은 나와 솔로몬과 쇼펜하우어가 자살하지 않았다는 사실이 아니라 이러한 수십억의 사람들이 끊임없이 살아왔으며 나와 솔로몬도 자신의 삶이라는 파도에 휩쓸려 왔다는 사실이었다.

그리하여 나는 가난하고 소박하고 학식이 없는 사람 중에서도 신앙을 갖고 있는 사람들, 즉 순례자와 수도승, 모든 이단자, 그리고 농민들에게 접근하기 시작했다. 수십억 민중의 일부인 그들의 교의도 우리와 같은 계층의 신자들이 갖고 있는 기독교의 교의 바로 그것이었다. 그들에게도 역시 매우 많은 미신이 기독교의 진리와 뒤섞여 있었다. 그러나 그들에게는 다른 점이 있었다. 즉 우리와 같은 계층의 신자들이 가진 미신은 그들에게 전혀 불필요한 것이며 생활과는 아무런 관계도 없는 일종의 쾌락주의적 위안에 지나지 않는 데 반해 노동자 계층의 신자들이 가진 미신, 즉 대중의 미신은 이것이 없는 삶은 상상할 수 없을 정도로 생활과 밀접하게 결부되어 있으며 생활에 없어서는 안 될 필수조건이었다.

　나와 같은 계층의 신자들은 생활이 모두 그들의 신앙과 모순되었지만 노동자 계층 신자들의 생활은 모두 신앙이 가르쳐 준 인생의 의미를 뒷받침하고 있었다. 나는 그들의 삶과 신앙을 자세히 살펴보기 시작했다. 그들을 더욱 깊이 살펴볼수록 그들이 참된 신앙을 갖고 있으며 신앙은 그들에게 없어서는 안 되는 필요불가결한 것이라는 사실과 오직 신앙만이 그들에게 삶의 의미와 삶의 가능성을 부여해 준다는 사실을 확신하게 되었다.

　나와 같은 계층의 신자들에게서 발견한 것──그들은 신앙이 없이도 살아갈 수 있으며 참된 신자라고 할 만한 사람은 천 명에 하나 있을까 말까 하다는 것──과는 반대로 그들 사이에 참된 신자라고 할 수 없는 사람은 천 명에 하나 있을까 말까 할 정도였다. 나와 같은 계층의 신자들에게서 발견한 것──그들의 삶이 모두 나태와 쾌락과 권태로 일관되어 있다는 것──과는 반대로 그들의 생활은 힘든 일로 일관되어 있지만 삶에 만족하고 있었다. 내가 나와 같은 계층의 신자들에게서 발견한 것──자신의 고난과 고통에 대해 운명에 맞서 불평한다는 것──과는 반대로 그들은 재난과 슬픔에 당황하거나 대항하지 않고 그것은 모두 선을 위한 것이라는 확신과 평온한 마음으로 받아들였다.

　나와 같은 계층의 신자들에게서 발견한 것──지적일수록 인생의 의미를 이해하지 못하며 고통과 죽음에 대해 심하게 반발한다는 것──과는 반대로 그들은 평온한 마음으로, 때로는 기쁜 마음으로 고통을 받아들이며 죽음을 향해 다가갔다. 나와 같은 계층의 사람들 사이에서는 공포나 절망감이 없는 평온한 죽음이 극히 드문 일이었는데 그들에게 있어서는 침착하지 못하고 반항적이고 즐겁지 않은 죽음이 극히 드물었다. 그러한 사람들——솔로몬과 나에게는 인생의 유일한 행복을 주는 것처럼 생각되는 모든 것을 빼앗기고도 가장 큰 행복을 누리고 있는 사람들——이 인류의 대부분을 차지하고 있다.

나는 시야를 더욱 넓혀 과거와 현재의 수많은 사람의 삶을 살펴보았다. 그러자 인생의 의미를 이해하고 어떻게 살고 어떻게 죽을 것인가를 알았던 사람들이 두 명, 세 명, 열 명이 아니라 수백, 수천, 수백만, 수천만 명이나 된다는 사실을 알게 되었다. 그리고 성품, 지력, 교육, 처해 있는 상태 등이 저마다 다름에도 인생에 대한 나의 무지와는 반대로 모두 똑같이 삶과 죽음의 의미를 이해하고 있었고 평온하게 일하면서, 재난과 고통을 기꺼이 맞이하면서, 그리고 인생에서 허무가 아니라 선을 발견하면서 살다가 죽어간 것이다.

나는 그들을 사랑하기 시작했다. 그들의 삶——현재 살아가고 있는 사람들의 삶과 내가 책에서 읽었거나 다른 사람에게서 들은 고인들의 삶——속으로 깊이 탐구해 들어갈수록 나는 더욱더 그들을 사랑하게 되었으며 내가 살아가기도 점점 쉬워졌다. 내가 이러한 생활을 2년 동안 계속하자 내 안에는 어떤 변화——그것은 이미 오래전부터 내 안에서 작용하고 있었으며 그 씨앗은 항상 거기 있었다——가 일어났다.

나는 나와 같은 계층의 부유하고 학식 있는 사람들의 생활이 역겨워졌을 뿐 아니라 그 생활에서 아무런 의미도 찾을 수 없게 된 것이다. 그들의 행위와 사상, 지식과 예술은 모두 내게 다른 의미로 나타났다. 그 모든 것이 어린아이의 장난에 지나지 않으며 아무 의미도 없는 것이라는 사실을 깨닫게 되었으며 땀 흘리며 일하는 대중들의 삶, 즉 자신의 생활을 창조해 가는 온 인류의 삶이 내게 참된 의미를 부여해 준다는 사실을 깨닫게 된 것이다. 그리고 나는 이러한 삶이야말로 참된 삶이며 이 삶에 주어진 의미야말로 진리라는 사실을 알게 되었다. 그리하여 나는 그러한 생활을 받아들였다.

제11장 만인(萬人)을 위한 삶

같은 신앙이지만 사람들이 말로는 믿는다면서도 그에 어긋나는 생활을 하는 것을 볼 때 그 신앙은 나에게 반발심을 불러일으켰으며 무의미한 것으로 생각되었다. 이와는 반대로 사람들이 그 신앙에 따라 생활하고 있는 것을 보면 바로 그 신앙은 마음을 끌었으며 올바르고 합리적인 것으로 생각되었다.

왜 그때 그러한 신앙에 반발심을 느꼈고 그것을 무의미한 것으로 생각했는지, 그리고 지금은 그것을 받아들이고 그것이 무한한 의미를 지니고 있다고 생각하게 되었는지 분명히 알게 되었다. 즉 나 스스로가 미혹에 빠져 있었다는 것과 어떻게 해서 미혹에 빠지게 되었는지를 알게 되었다. 내가 미혹에 빠지게 된 것은 사고 방법이 올바르지 못해서라기보다는 올바르지 못한 생활 때문이라는 것을 이제 알게 된 것이다.

또한 나의 그릇된 사고보다도 쾌락주의에 빠져 온갖 비천한 욕망에 몰두하며 보냈던 생활이 더욱 진리를 보지 못하게 했다는 것을 알게 되었으며 '나의 삶은 무엇인가?' 라는 질문에 대해 '그것은 악이다!' 라는 대답은 옳은 것이었다는 것을 알게 되었다. 여기서 오류를 범한 것은 나 자신에게만 적용되는 이 해답을 인생 전체에 적용했다는 점이다.

나는 자신에게 '나의 삶은 무엇인가?' 라고 물었다. 그리고 '그것은 악이며 무의미한 것이다!' 라는 해답을 얻었다. 실제로 온갖 욕망에 사로잡혀 있던 나의 생활은 악과 무의미의 연속에 지나지 않았다. 그러므로 '인생은 무의미한 것이다'라는 해답은 내 삶에만 적용되는 해답이며, 모든 사람들의 삶에는 적용되지 않는 것이었다.

후일 복음서에서 발견한 진리, 즉 '사람들이 빛보다도 어둠을 사랑하는 것은 그들의 행위가 악하기 때문이다. 이렇듯 악을 행하는 자는 빛을 싫어하고 빛 속으로 나오지 않느니라. 그것은 그들의 행위가 비난받을까 두렵기 때문이다.'라는 진리를 이때 이미 깨달았다. 또한 인생의 의미를 이해하기 위해서는 무엇보다 먼저 나 자신의 삶이 악과 무의미의 연속이 되지 않아야 하며, 그리고 나서 인생의 의미를 명확하게 이해하기 위해서는 이성이 필요한 것이다. 어찌하여 이렇게 명명백백한 진리의 주위를 그토록 오랫동안 맴돌고 있었을까.

인생에 대해 고찰하거나 논할 때는 전 인류에 대해 고찰하거나 논의해야 하며 기생충과 같은 생활을 기반으로 삼고 있는 극소수 사람들에 대해 고찰하거나 논해서는 안 된다. 이것은 '2×2=4'라는 진리와 마찬가지로 영원한 진리다. 그런데도 이제까지 나는 이 진리를 인식하지 못했던 것이다. 왜냐하면 '2×2=4'라는 것을 인정하게 되면 결국 나 자신이 옳지 못한 인간이라는 것을 인정하지 않을 수 없었기 때문이다. 내겐 스스로를 선한 인간이라고 인정하는 것이 '2×2=4'라는 진리를 인정하는 것보다 훨씬 더 중요하고 절실한 일이었다. 나는 선한 사람들을 사랑하고 나 자신을 미워했다. 그리하여 진리를 인식하지 못했다. 이제 내겐 모든 것이 분명해졌다.

만일 죄인들을 고문하고 목을 자르기도 하며 일생을 보내는 형리라든가 항상 술에 만취하여 살아가는 술주정뱅이라든가 또는 평생 어두운 방

속에 틀어박힌 채 그 방에서 나가기만 하면 죽을 것으로 생각하고 있는 미친 사람 등이 '인생이란 무엇인가?' 라고 자신에게 물었다면 그들은 분명 '인생은 최대의 악이다!' 라는 것 외에 어떠한 해답도 얻지 못할 것이며 그에게는 매우 올바른 해답일 것이다. 나도 이러한 광인이 아니었을까? 나처럼 부유하고 한가한 사람들은 모두 이러한 광인이 아닐까? 나 같은 사람들, 적어도 나 자신은 그러한 광인이었다는 것을 진실로 깨달았다.

새들은 날고, 음식물을 모아들이고, 집을 짓지 않으면 안 되는 운명과 더불어 이 세상의 삶을 부여받았다. 새들이 즐거운 듯이 그러한 일을 하고 있는 모습을 보면서 나는 기쁨을 느꼈다. 또 산양과 산토끼와 이리는 몸을 살찌우고 새끼를 낳고 기르도록 이 세상의 삶을 받았다. 그들이 그러한 일을 하는 것을 볼 때 나의 가슴에는, 그들은 행복하며 그들의 삶은 올바르다는 굳은 확신이 생겨난다. 그렇다면 인간은 어떤 일을 하도록 이 세상의 삶을 부여받은 것일까?

인간도 동물과 마찬가지로 자신의 생활을 영위해 나가지 않으면 안 된다. 그러나 인간이 자기 자신만을 위한 생활을 한다면 인간은 멸망하지 않을 수 없다. 그러므로 인간은 자기 한 사람을 위한 생활이 아니라 만인을 위한 생활을 해야 하는 것이다. 이 점이 동물의 경우와 다르다. 인간이 자신만을 위한 생활이 아니라 만인을 위한 생활을 할 때 그의 가슴 속에는, 자기는 행복하며 자신의 생활은 올바르다는 확고한 신념이 생겨나는 것이다.

그럼 과연 나는 30년 동안의 의식적인 생활에 있어서 그렇게 해 왔는가? 나는 만인을 위한 생활을 하지 않았을 뿐만 아니라 나 한 사람을 위해서조차 생활에 필요한 물자를 얻으려 하지 않았다. 즉 기생충과 같은 생활을 계속해 온 것이다. 그래서 '나는 왜 살고 있는가?' 라는 자신의 질문에 대해 '아무런 이유도 없다' 라는 대답을 얻었다. 인생의 의미가 그것을 키워 나가는 데 있다면, 30년 동안 나 자신과 다른 사람을 위해 그것을 키워 나간 것이 아니라 절멸시키는 일에 종사해 온 내가 '나의 삶은 악과 무의미의 연속이다' 라는 해답 외에 어떤 해답도 얻을 수 없었던 것은 오히려 당연한 일이다.

우주의 생활은 누군가의 의지로 행해지고 있다. 누군가가 우주 전체의 생활과 우리 자신의 생활로써 무언지 알 수 없는 자기 일을 행하고 있는 것이다. 이 의지가 뜻하는 바를 깨닫기를 원한다면 무엇보다 먼저 이 의지의 명령에 복종하고 그것이 우리에게 원하는 바를 행하지 않으면 안된다. 만일 그 의지가 내게 원하는 바를 내가 실행하지 않는다면 나는 그것이 무엇인지 영원히 깨달을 수 없을 것이며, 또한 그 의지가 우리들 전체와 우주 전체에게 원하는 바가 무엇인지는 더더욱 깨달을 수 없을 것이다.

만일 길거리에서 헐벗고 굶주리고 있던 거지가 으리으리한 건물 안으로 이끌려 와 음식을 충분히 제공받은 다음 그곳에 있는 물 펌프의 핸들을 돌리게 되었다면 그는 분명 '나는 왜 이곳으로 이끌려 왔으며 무엇 때문에 이 핸들을 돌려야 하는가? 이 건물의 구조는 올바르게 되어 있는가?' 하는 따위의 의문을 탐구하기 전에 어쨌거나 그 핸들을 돌리지 않으면 안 되며 그러면 펌프가 작동하여 물을 퍼 올리고 그 물이 몇 줄기의 작은 홈통으로 흘러 들어간다는 것을 깨닫게 될 것이다. 그리하여 우물에서 물을 퍼 올리는 일을 끝내면 그에게는 다른 일이 맡겨질 것이다. 그러면 그는 과일을 따 모은다든지 하여 주인을 기쁘게 할 것이다. 이와 같이 하급의 일로부터 상급의 일로 옮겨가는 동안 그는 차츰 그 건물 전체의 구조를 알게 되며 주인의 일에 점점 깊이 관여하게 되어 마침내 '나는 왜 이곳에 살고 있는가?' 하는 따위의 의문을 품는 일은 절대 없게 되며 또한 자기의 주인을 비난하지 않게 될 것이다.

이처럼 주인의 의지에 따라 행하는 사람들은 자기 주인을 비난하지 않는 것이다. 우리가 가축으로 생각하고 있던 사람들, 즉 단순하고 교육을 받지 못하고 힘든 일을 하며 살아가는 사람들은 자기의 주인을 비난하지 않는다. 그러나 우리들, 즉 학자나 현인이라고 불리는 사람들은 하는 일 없이 주인의 재산을 축내고 있으면서 주인이 우리에게 원하는 일을 행하지 않고 게다가 빙 둘러앉아 '우리는 무엇 때문에 핸들을 돌려야 하는가? 참으로 어리석은 짓이 아닌가!' 하고 비난을 일삼아 왔다. 그리하여 마침내 우리의 주인은 바보라느니, 그런 주인은 없다느니 하는 비난으로까지 나아갔으며 '우리는 원래 총명한 인간이며 아무런 쓸모도 없는 자들이다. 그러므로 우리는 어떻게 해서든 이 상태를 벗어나지 않으면 안 된다.' 라고까지 멋대로 굳게 믿게 된 것이다.

제12장 신(神)으로의 복귀

이성적 인식이 빠지기 쉬운 착오에 대한 이러한 자각은 내가 헛된 지적 고찰의 미혹에서 벗어나는 데 도움이 되었다. '진리에 대한 인식은 오직 실생활에 의해서만 얻을 수 있다'는 신념은 나 자신의 생활이 과연 올바른지를 의심케 했다. 그리고 나의 특혜적인 환경에서 벗어나 이마에 땀을 흘리며 일하고 있는 대중의 성실한 생활을 발견하고 그러한 생활만이 참된 생활이라는 것을 깨닫게 되었다. 그리고 나는 이 깨달음으로 인해 비로소 구제된 것이다. 인생과 인생의 의미를 이해하기 원한다면 먼저 기생충과 같은 생활이 아닌 참된 생활을 해야 하며 인류가 인생에 주고 있는 의미를 받아들여 그러한 생활을 하고 그러한 생활을 신봉하지 않으면 안 된다는 것을 깨닫게 되었다.

이때 내 마음의 상태는 이러했다. 즉 이 1년 동안 끊임없이 거의 매순간 나 자신에게 '끈이나 권총으로 단번에 자살해야 하지 않을까?'라고 묻곤 했다. 그리고 내 마음은 이제까지 내가 말해 온 것과 같은 고찰을 함과 동시에 어떤 불가사의한 괴로운 감정에 시달리고 있었다. 나는 이 감정을 신을 찾는 마음이라고밖에 부를 수 없다.

신을 찾는 이 탐구는 이성적인 것이 아니라 분명히 감정의 움직임이었다고 감히 말할 수 있다. 왜냐하면 이 탐구는 나의 고찰 과정에서 생겨난 것이 아니라——오히려 나의 고찰과는 정반대의 것이었다——마음속으로부터 직접 생겨난 것이었기 때문이다. 그것은 고립무원의 상태를 두려워하는 마음이었으며 모두 나와는 아무런 관계도 없는 것들에 둘러싸여 있는 고독감이었으며 뭔가의 도움을 바라는 마음이었다.

나는 신의 존재를 입증하는 것이 불가능하다는 것을 굳게 믿고 있었으면서도 신을 찾아 헤맸다(칸트는 신의 존재를 입증하는 것은 불가능하다는 것을 가르쳐 주었으며 나 또한 그가 말하는 바를 충분히 이해했기 때문이다). 나는 언제나 신을 찾으면서 곧 신을 발견할 수 있을 것이라는 기대를 갖고 있었으며, 몸에 밴 습관에 따라 찾고 있으면서 발견하지도 못한 신에게 기도를 드리기도 했다. 나는 때때로 신의 존재를 입증하는 것이 불가능하다는 칸트와 쇼펜하우어의 이론을 마음속으로 되새기기도 하고 재음미하기도 하고 반박하기도 했다.

나는 자신에게 이렇게 말했다. "인과율은 사색의 세계에서 시간이나 공간과 동일한 범주에 속하는 것이 아니다. 나는 존재한다. 내가 존재하는 데는 원인이 있으며, 또 여러 가지 원인의 원인이 있는 것이다. 그리고 이 만물의 원인이 곧 우리가 '신'이라 부르고 있다"라고. 그리하여 이러한 관념을 바탕으로 온 힘을 기울여 이 원인의 실재를 인식하려고 노력했다. 그러자 나 자신을 지배하는, 눈에 보이지 않는 힘이 존재한다는 것을 자각함과 동시에 삶의 가능성을 느꼈다.

그러나 다시 나 자신에게 이렇게 물었다. "그렇다면 이 원인이란, 즉 이 힘이란 도대체 무엇일까? 나는 이 힘을 어떻게 생각해야 하는가? 내가 신이라고 부르고 있는 것에 대해 어떤 태도를 취해야 하는가?"라고. 그러나 이 질문에 대해서는 이미 내가 잘 알고 있는 대답, 즉 "그는 만물의 창조자이며, 천복을 내려 주는 자이다"라는 대답만이 나올 뿐이었다.

이러한 대답은 만족스럽지 못했다. 그러자 내 안에서 살아가는 데 없어서는 안 될 극히 소중한 것이 무너져 내리는 것 같은 기분을 느꼈다.

나는 극심한 두려움에 사로잡혔다. 그리하여 내가 찾아 헤매고 있는 자를 향해 도움을 달라고 기도하기 시작했다. 그러나 기도를 계속하면 할수록 그가 나의 기도를 들어 주지 않는다는 것과 무릎을 꿇고 기도할 수 있는 대상 따위는 전혀 존재하지 않는다는 것을 점점 분명하게 느꼈다. 그래서 신은 존재하지 않는다는 절망감에 싸인 채 이렇게 말했다. "주여, 나를 불쌍히 여기시어 구원해 주소서! 주여, 아아, 나의 신이여, 나를 인도해 주소서!" 그러나 나에게 동정을 베푸는 자는 아무도 없었다. 나는 내 삶이 정지해 있는 듯한 기분을 느꼈다.

그러나 다른 여러 면으로 고찰해 볼 때 내가 아무런 동기도 원인도 의미도 없이 이 세상에 나왔을 리가 없으며, 나 자신이 느끼고 있는 것처럼, 둥지에서 굴러떨어진 새끼 새와 같은 존재일 리가 없다는 인식으로 다시 되돌아왔다. 설사 내가 그렇게 굴러떨어진 새끼 새이고 무성한 수풀 속에 쓰러진 채 숲을 향해 울고 있다 하더라도 그렇게 울고 있는 것은 어머니가 나를 잉태하여 낳고 돌보고 기르고 사랑해 주었다는 것을 알고 있기 때문일 것이다. 어머니는 어디 있는 것일까? 만일 내가 땅으로 내동댕이쳐진 것이라면 그렇게 떨어뜨린 자는 누구일까? 누군가가 나를 사랑하며 나를 이 세상에 태어나게 했다는 사실을 나는 인정하지 않을 수가 없다. 그렇다면 그는 누구일까? 여기서 나는 또다시 신에 봉착하게 되었다.

그는 나의 탐구와 절망과 고뇌를 알고서 지켜보고 있음이 틀림없다. 나는 자신에게 '신은 존재 한다' 라고 말했다. 내가 그것을 인식하는 순간 내 안에서는 생명이 약동했으며 존재의 가능성과 희열을 느꼈다. 신이 존재한다는 것을 인식하자 신과 우리의 관계를 탐색하기 시작했다. 그러자 나의 눈에는 또다시 자기의 아들인 구세주를 이 세상으로 보낸, 우리를 창조한 삼위일체의 신의 모습이 떠올랐다. 그러나 세계와 또 나와 단절된 이 신은 얼음처럼 녹아 내 눈에서 다시 자취도 없이 사라져 버렸다. 그러자 생명의 샘은 다시 고갈되어 버렸다. 나는 다시 절망에 빠져 자살 외에는 아무런 방법도 없을 것 같은 기분에 사로잡혔다. 그러나 더욱 절망스럽게도 나는 자살할 수조차 없다는 것을 느꼈다.

나는 두 번, 세 번, 아니 수십 번, 수백 번 삶의 희열과 소생의 기쁨으로 가슴이 뛰는가 하면 곧 다시 절망과 살아갈 수 없다는 느낌으로 가슴이 무너져 내리는 듯한 상태가 되었다.

나는 지금도 분명히 기억하고 있다. 그것은 이른 봄의 일이었다. 나는 혼자 나무들의 속삭임에 귀를 기울이면서 숲속에 서 있었다. 나는 꼼짝도 하지 않고 나무들의 속삭임에 귀를 기울이면서 최근 3년 동안 끊임없이 계속해 온 한 가지 일을 생각하고 있었다. 다시 신을 찾고 있었던 것이다.

"그렇다. 어떤 신도 존재하지 않는다." 나는 자신에게 말했다. "상상이 아니라 나의 생활처럼 실재하는 신은 존재하지 않는다. 그런 신은 결코 존재하지 않는다. 어떤 것도 어떤 기적도 그런 신의 실재를 입증할 수 없다. 왜냐하면 그러한 기적 자체도 역시 나의 상상이며 더구나 극히 불합리한 상상이기 때문이다."

'그러나' 나는 다시 반문했다. "내가 찾고 있는 자에 대한 관념, 신에 대한 관념은 어디서 온 것인가?"

이런 생각과 함께 내 안에는 다시 기쁨으로 약동하는 생명의 물결이 일어났으며 주위의 모든 것들이 활기 있게 되살아나며 저마다 의미를 지니기 시작했다. 그러나 이 기쁨은 오래가지 않았다. 나의 지혜가 활동을 계속하고 있었기 때문이다.

"신에 대한 관념 자체가 신은 아니다." 나는 자신에게 말했다. "관념이란 내 안에서 만들어지는 것이다. 나는 내 안에서 신에 대한 관념을 만들어낼 수도 있고 파괴해 버릴 수도 있다. 그러므로 그것은 내가 찾고 있는 것이 아니다. 그것 없이는 살아갈 수 없는 것, 그것을 나는 찾고 있는 것이다."

그러자 나의 내부와 주위의 모든 것들은 다시 시들어 버리기 시작했다. 그리하여 나는 또다시 자살을 원하게 되었다. 이때 나 자신을, 즉 내 안에서 일어나고 있는 일을 돌아보았다. 내 안에서 수백 번 반복된 절망감과 생동감을 생각했다. 그리고 신을 믿고 있을 때만 삶에 대한 보람을 느끼면서 살 수 있었다는 것을 기억했다. 지금도 전과 마찬가지로 신을 인식하면 보람 있는 생활을 할 수 있고, 신을 버리고 신앙을 잃으면 자살 외에는 다른 길이 없는 절망적인 생활에 빠지는 것이다.

이 절망감과 생동감이란 도대체 무엇인가? 신의 존재에 대한 믿음을 상실하는 동안 나는 살아 있지 않은 것이나 마찬가지였다. 신을 발견하고자 하는 희미한 희망마저 없었더라면 틀림없이 자살했을 것이다. 그러나 신을 느끼고 신을 찾고 있는 동안 나는 살아 있고 참으로 삶에 대한 보람을 느끼며 살고 있는 것이었다.

'도대체 이 외에 나는 무엇을 찾고 있는 것인가?' 내 안에서 소리가 들려 왔다. '이것이 곧 신이며 그것 없이는 살아갈 수 없는 바로 그것이다.

신을 아는 것과 사는 것은 동일한 것이다. 신은 곧 생명이다.'

'신을 찾으며 살라. 그러면 신이 없는 삶은 사라질 것이다.' 나는 불현듯 이것을 깨달았다. 그러자 나의 내부와 주위의 모든 것들이 어느 때보다 밝게 빛나기 시작했다. 그리고 이 빛은 더 이상 나를 버리는 일이 없었다.

이리하여 나는 차츰 자살로부터 구제되었다. 언제 어떤 식으로 이 커다란 전환이 내부에서 일어났는지 나는 말할 수 없다. 언제인지 모르게 서서히 눈에 보이지 않게, 마치 삶의 힘이 내 안에서 소멸하여 살아갈 수 없는 상태로, 즉 자살 외에는 방법이 없는 상태에 빠졌듯이 그렇게 서서히 삶의 힘이 내 안에서 살아난 것이다. 그러나 이상하게도 살아난 그 힘은 새로운 것이 아니라 어린 시절 나를 지배했던 바로 그 힘이었다.

나는 모든 점에서 가장 오랜 유년 시절, 청년 시절로 되돌아간 것이다. 나를 창조하고 내게 무엇인가를 바라는, 눈에 보이지 않는 의지에 대한 신앙으로 되돌아간 것이다. 내 삶의 유일하고도 절대적인 목적은 더욱 선한 인간이 되는 것이라는 자각으로, 즉 이 의지와 좀 더 일치하게 사는 것이라는 자각으로 되돌아간 것이다. 그리고 이 의지의 발현을 아득히 먼 과거에 인류 전체가 자기의 도선(導船)으로 창조해 낸 것 중에서 발견할 수 있다는 자각으로 돌아갔다. 즉 신에 대한, 도덕적 완성에 대한, 인생에 의미를 부여하는 전통에 대한 신앙으로 되돌아간 것이다. 다만 전에는 이 모두를 무의식적으로 받아들였던 데 반해 현재의 나는 이것 없이는 살아갈 수 없음을 자각하고 있다는 사실만이 다를 뿐이다.

당시 나의 정신 상태는 자기도 모르게 조각배에 실려 미지의 해안을 떠나 반대편 해안으로 가기 위해 익숙하지 못한 손으로 노를 움켜잡고

홀로 서 있는 목각 인형과도 같았다. 나는 있는 힘을 다해 노를 저어 갔다. 그러나 해안을 향해 나아감에 따라 물살은 점점 급해져 내가 목표로 하는 해안과는 엉뚱한 방향으로 떠밀려 내려갔다. 나는 나처럼 격류에 밀려 떠내려가는 뱃사공들을 더욱더 자주 만나게 되었다.

그들 중에는 혼자서 필사적으로 노를 젓고 있는 사람이 있는가 하면, 노를 집어던지고 젓기를 포기한 사람도 있었다. 많은 사람을 가득 실은 큰 배도 보였다. 물살에 저항하여 거슬러 올라가는 뱃사공도 있었고 물살에 내맡긴 채 물 흐르는 대로 떠내려가는 뱃사공도 있었다. 나는 노를 저어감에 따라 점점 거세게 물살에 떠내려가는 사람들을 정신없이 바라보다가 의도했던 방향을 잃게 되었다. 그리하여 격류의 중류, 하류로 떠내려가는 작은 배와 큰 배들이 밀집해 있는 곳에 이르렀을 때는 방향을 완전히 잃어버리고 노를 집어던지게 되었다.

사람들은 격류에 떠내려갈 수밖에 다른 도리가 없지 않으냐고 나를 위로하고 서로를 위로하며, 돛에 의지하기도 하고 노에 의지하기도 하며 격류에 밀려 떠내려갔다. 나도 그들의 말이 맞는다고 믿고 그들을 따라 떠내려갔다. 멀리멀리 떠내려갔다. 나는 부딪치기만 하면 배와 함께 산산조각이 나 버릴 정도의 커다란 바위들이 물 위로 머리만 살짝 내민 채 굉음을 내고 있는 곳까지 떠내려갔다. 거기서 커다란 바위에 부딪혀 산산조각이 나 버린 많은 배들을 보았다. 내가 떠내려가는 곳에는 파멸의 모습만 보였다. 나는 파멸을 두려워하면서도 파멸을 향해 끊임없이 돌진한 것이다.

구원은 어디에서도 발견할 수 없었다. 나는 어찌해야 할지 알 수 없었다. 이때 나는 뒤쪽을 돌아보았다. 거기서 끊임없이 집요하게 격류를 거슬러 올라가는 수없이 많은 조각배를 발견했다. 그 조각배들을 본 순간 나는 해안을 상기하고, 노가 있음을 상기하고, 나 자신의 진로를 상기했다. 그리하여 격류를 거슬러 해안을 향해 노를 저었다.

해안은 곧 신이고 진로는 전설이며 노는 해안에 이를 수 있도록, 즉 신과 합치할 수 있도록 내게 주어진 자유였다. 이리하여 삶의 힘은 내 안에서 다시 소생했으며 나는 다시 삶을 시작했다.

제13장 인간의 궁극적 사명——영혼의 구원

우리와 같은 계층 사람들의 삶은 참된 의미의 삶이 아니라 삶의 흉내에 지나지 않으며 현재 생활하고 있는 바와 같이 모든 물질이 지나치게 풍부한 경우에는 인생을 이해하는 힘을 박탈당한다. 따라서 참으로 인생을 이해하기 위해서는 기생충과 같은 삶이 아니라 이마에 땀을 흘리며 노동하는 일반 대중, 즉 자신의 삶을 개척하면서 거기서 삶의 의미를 발견하는 사람들의 생활을 이해하지 않으면 안 된다. 나는 이런 것들을 깨달았기 때문에 우리와 같은 계층 사람들의 삶을 거부했다. 나는 내 주위에 있는 수많은 소박한 민중——그들은 물론 러시아인들이다——에게 눈을 돌려 그들이 인생에 부여하고 있는 의미를 살펴보았다. 그것은 다음과 같은 것이었다.

'모든 인간은 신의 의지로 이 세상에 태어났으며 신은 인간이 자기의 영혼을 멸망시킬 수도 있게 만들었다. 이 세상 삶에서 인간의 사명은 영혼을 구원하는 일이다. 영혼을 구원하기 위해서는 신의 의지에 따라 살아야 하며 그러려면 이 세상의 모든 쾌락을 버리고 오로지 땀 흘려 일하고 자신을 공손하게 하며 인내의 덕을 기르고 깊은 자비심을 갖지 않으면 안 된다.'

그들은 이러한 인생의 의미를 성직자로부터, 또 그들 사이에 생생하게 살아 있는 전설로부터, 그들에게 전해졌고 지금도 전해지고 있는 모든 교의로부터 얻은 것이다. 이러한 인생의 의미는 내게는 실로 명료한 것이며, 또 매우 친근한 것이었다. 그러나 내 주위의 이단도 아닌 우리 민중 사이에는 설명하기 어려운 많은 것들, 즉 신비, 교회의 형식적인 행사, 식사의 계율, 성해 성상(聖骸聖像) 앞에 꿇어앉아 드리는 예배 등 기묘한 것들이 이러한 민중적 신앙의 의의와 굳게 결합하여 있었다.

민중은 이 양자를 서로 떼어 놓을 수 없었으며 나 또한 그럴 수 없었다. 민중의 신앙 속에 들어 있는 많은 것들은 실로 기묘해 보였지만 나는 그것들을 모두 받아들여 교회의 형식적인 행사에 참여하기도 하고 식사 계율을 지키기도 하고 재계 참회도 게을리하지 않았다. 처음에는 내 이성이 그 어느 쪽도 반대하지 않았다. 전에는 도저히 그렇게 할 수 없다고 생각했던 것이 이제는 내 안에서 아무런 저항도 일으키지 않는 것이었다.

신앙에 대한 과거와 현재 나의 태도는 완전히 달라졌다. 전에는 인생이 무한한 의미로 가득 차 있는 것처럼 생각되어 신앙은 내게 전연 불필요하고 불합리하며 실생활과 아무런 관련도 없는 교리 교의에 대한 아전인수격인 뒷받침으로 생각되었다. 그래서 나는 자신에게 "도대체 이러한 교리 교의가 무슨 의미가 있는가?"라고 물었다. 이에 대해 나는 이러한 교리 교의는 아무런 의미도 있지 않다고 확신하고는 신앙을 버렸던 것이다.

그러나 지금은 정반대로 나 자신의 삶이 아무런 의미도 있지 않으며, 또 가질 수도 없다는 것을 분명하게 알고 있다. 그리고 신앙의 여러 가지 교리 교의가 불필요한 것으로 생각되지 않을 뿐 아니라, 오직 그러한 교리 교의만이 인생에 의미를 부여한다는 것을 경험으로 확신하게 되었다.

전에는 그러한 교리 교의를 아무런 쓸모도 없는 읽기 어려운 문장으로 생각했지만 지금은 비록 잘 이해는 못하지만 적어도 그 속에 의미가 담겨 있다는 것은 알고 있으며 그것을 이해하기 위해 노력하지 않으면 안 된다고 스스로 다짐하고 있다.

나는 다음과 같이 추론하고 자신에게 말했다.

"신앙 지식은, 이성을 지닌 온 인류와 마찬가지로 신비한 근원으로부터 생겨난 것이다. 그 근원은 곧 신이며 그것은 인간 육체의 근원인 동시에 인간 이성의 근원이기도 하다. 나의 육체가 신으로부터 나에게 계승되어 전해져 왔듯이 나의 이성과 인생에 대한 이해 역시 신으로부터 전해진 것이다. 그러므로 인생에 대한 나의 이해 과정에서의 어떤 단계도 거짓일 리가 없다.

사람들이 진실로 믿고 있는 것은 모두 참된 것이다. 그것이 여러 가지로 표현될 수는 있지만 결코 거짓일 리가 없다. 그러므로 만일 그것이 나에게 거짓으로 생각된다면 내가 그것을 이해하고 있지 못하다는 것을 의미할 뿐이다."

나는 다시 자신에게 말했다.

"신앙의 근본적 의의는 죽음으로 소멸하지 않는 영원한 의미를 인생에 부여한다는 점에 있다. 그러므로 신앙은 호화로움과 사치 속에서 죽어가는 제왕의 의문에도, 힘든 일에 찌든 늙은 노예의 의문에도, 사려 분별이 없는 아이의 의문에도, 현명한 어른의 의문에도, 어리석은 노파의 의문에도, 젊고 행복한 부인의 의문에도, 정열의 고뇌에 사로잡힌 청년의 의문에도, 생활 상태나 교육 정도가 각기 다른 어떠한 사람들의 의문에도 답을 줄 수 있는 것이다.

그리고 '나는 왜 사는가? 나의 삶으로부터 무엇이 생겨나는가?'라는 인생에 대한 영원하고도 유일한 의문에 대한 해답이 본질적으로는 유일한 것일지라도 외형적으로 무한히 다른 것은 당연한 일이며 그 해답이 유일하고 진실하고 심원할수록 그것을 나타내려고 할 때는 각자의 교육 정도와 사회적 지위에 따라 그만큼 기묘하고 괴이한 것으로 보이는 것 또한 당연한 일이다."

그러나 신앙 의식의 기묘함을 변명해 주는 나의 이러한 추론도 나로 하여금 신앙 의식의 기묘한 행위를 하도록 하기에는 충분하지 못했다. 나는 민중과 하나가 되어 그들 신앙의 의식적인 면도 준수하려고 온 힘을 기울여 노력했고, 또 그렇게 하기를 원했다. 그러나 나는 그 의식적인 면을 실행할 수 없었다. 실행해 보아도 결국 그것은 자기기만이며 내게 가장 신성한 것을 조롱하는 셈이 될 것이라고 생각했기 때문이다. 그러나 이즈음 러시아에 새로운 신학 서적이 많이 발간되어 내게 도움을 주었다.

이들 신학자의 주장에 따르면 신앙의 가장 근본적인 증거는 확고부동한 교회의 존재이다. 이러한 주장을 인정하면 필연적으로 '교회가 신봉하는 모든 것은 진리다'라는 결론이 생긴다. 사랑에 의해 결합한, 따라서 참된 지식을 갖고 있는 신자들의 모임이 교회라는 것이 내 신앙의 기초가 되었다. 나는 자신에게 말했다. "신의 진리는 한 인간의 손에 장악될 수 없으며 오직 사랑으로 연결된 모든 사람의 결합 앞에만 나타난다. 이 진리에 도달하기 위해 우리는 서로 분열되어서는 안 되며 그러기 위해서는 자기와 견해가 일치하지 않는 사람들도 사랑하고 화합해야 한다. 진리는 사랑 앞에만 나타난다. 그러므로 교회의 여러 가지 의식에 따르지 않는다면 사랑을 파괴하는 것이며, 사랑을 파괴하게 되면 진리를 깨달을 가능성을 상실해 버린다."

그때 나는 이러한 이론 속에 궤변이 내포되어 있음을 알지 못했다. 사랑으로 결합하여 하나가 되는 것은 최고의 사랑을 가져다줄지는 모르지만 결코 '니케아 신조' 속에 명확하게 언급되어 있는 바와 같은 신의 진리를 가져다주지는 않는다는 것, 그리고 사랑은 어떤 특정한 신앙의 표현으로서 모든 사람을 하나로 결합하는 데 불가결한 것이라고 할 수 없다는 것을 깨닫지 못했던 것이다. 그리하여 나는 정교회의 모든 의식과 대부분 이해하지도 못한 채 받아들이고 준수할 수 있었던 것이다. 그때 나는 모든 반대 이론과 모순을 피하기 위해 온 힘을 기울였으며 마음에 들지 않는 교회의 모든 교의를 가능한 한 합리적으로 설명하려고 노력했다.

교회의 의식을 준수하고 있는 동안에는 나 자신의 이성을 억제하고 온 인류가 갖고 있는 전설에 자신을 종속시키고 있었다. 나는 조상들과 사랑하는 부모, 조부모와 하나로 결합하여 있었다. 그들과 과거의 모든 사람들은 신앙과 더불어 살아왔다. 그리고 나를 낳았던 것이다. 또한 나는 민중을 이루고 있는, 내가 존경하는 수백만의 사람들과도 하나로 결합하여 있었다.

이러한 행위 자체는 조금도 악의 요소를 내포하고 있지 않았다(나는 온갖 비천한 욕망에 탐닉하는 것이 죄악이라고 생각하고 있었다). 교회의 행사에 참석하기 위해 매일 아침 잠자리에서 일어날 때마다 나 자신의 오만함을 억누르고, 과거 및 현재의 동포들과 '더욱' 친밀하게 접촉하고, 인생의 의미를 탐구하기 위해 나의 육체적 안일을 희생하고 있다는 이유로 나 자신이 훌륭한 행위를 하고 있다고 생각했다. 재계 참회의 의식에 참석할 때, 매일 매일의 예배 기도에 참석할 때, 모든 식사 계율을 준수할 때도 마찬가지였다. 이러한 희생이 아무리 사소한 것일지라도 그것들은 모두 선을 위한 희생이었다.

나는 집에서나 교회에서나 재계 참회를 게을리하지 않았으며, 식사 계율을 준수했으며, 정해진 시간에 반드시 기도했으며, 교회의 행사에 참가하여서 한 마디 한 마디를 깊이 음미하면서 그 행사에 가능한 한 의의를 부여하려 했다. 미사를 드릴 때 가장 중요하다고 생각된 것은 '우리는 일심동체가 되어 서로 사랑해야 한다. ……그리고 성부와 성자와 성령을 믿을지어다.' 이런 말인데, 나는 그 말을 이해할 수 없어 그냥 지나쳐 버렸다.

제14장 환멸을 주었던 여러 가지 종교의식

이 무렵 나는 살기 위해서 반드시 신앙이 필요했다. 그래서 교의의 여러 가지 모순과 애매한 점을 무의식적으로 자신에게 은폐시켰다. 그러나 그러한 교회 의식에 의미를 부여하는 데에도 한계가 있었다.

예배 때 기도의 요점이 점점 분명해졌다 하더라도, 또 '참으로 거룩하신 성모의 아들인 주와 모든 성도를 마음에 상기하여 우리 생명을 온전히 주이신 그리스도께 바칠지어다' 라는 기도의 말은 그럭저럭 나 자신에게 설명할 수 있었다 하더라도, 또 황제와 황족을 위한 기도가 빈번하게 반복되는 것은 그들이 다른 사람들보다 유혹에 빠지기 쉬운 위치에 있어 누구보다 그러한 기도가 필요하기 때문이라고 어설프게나마 나 자신에게 설명할 수 있었다 하더라도, 또 우리의 적을 쳐부술 수 있게 해달라는 기도는 적이 악하기 때문이라고 나 자신에게 설명할 수 있었다 하더라도, 헤르빔의 찬미가나 성찬물의 신비 등과 같은 것에 대해서는——이러한 것들이 미사의 거의 3분의 2를 차지하고 있다——어떻게도 나 자신을 이해시킬 수가 없었다.

만일 내가 이것들에 관해 설명하려 한다면 거짓말을 하게 되어 그 결과 신과 나의 관계는 뒤죽박죽이 되어 신앙의 모든 가능성을 완전히 잃어버리게 될 것 같았다.

교회 대제일의 축제 때도 똑같은 기분을 느꼈다. 제7일의 안식일을 죽은 사람의 명복을 비는 기도에 바치는 것, 즉 신에게 봉사하기 위해 하루를 바치는 것은 이해할 수 있었다. 그러나 대제일에 관한 것은 도저히 납득할 수도 상상할 수도 없거니와 그것이 그리스도의 부활에 대한 기념일이라는 것은 더더욱 이해할 수 없었다.

그리하여 그날에는 으레 나로서는 전혀 이해할 수 없는 성찬의 신비가 행해졌다. 크리스마스를 제외한 열두 제일(祭日)은 모두 기적, 즉 내가 부정하고 싶지 않아서 생각하지 않으려고 노력했던 일들을 기념하기 위한 것이었다. 승천제(昇天祭), 오순절(五旬節), 주현절(主顯節) 등이 그것이다.

이러한 제일의 행사 때에는 내게 가장 무가치하게 생각되는 것들이 교회에서는 가장 중요시되고 있음을 느꼈다. 그리하여 나는 자신의 영혼을 진정시켜 줄 수 있는 설명을 생각해 내거나 혹은 마음을 혼란케 하는 것을 보지 않기 위해 눈을 감아 버렸다.

이런 기분이 가장 심하게 일어나는 것은 일반적으로 가장 중요한 일로 생각되고 있으나 실은 가장 평범한 일인 세례식이나 성찬식 같은 신비적인 의식에 참여하는 경우였다. 그때에는 무의미한 행위뿐만 아니라 전혀 알 수도 없는 행위와 마주치게 되는 것이었다.

나에게는 그러한 행위가 영혼을 교란하는 것처럼 생각되었다. 그리하여 나 자신을 기만하면서까지 그러한 의식에 참석하든가 아니면 아예 참석하지 않든가 하는, 이럴 수도 저럴 수도 없는 괴로운 상태에 빠지게 되는 것이었다.

여러 해가 지난 후 나는 성비례를 받았다. 성비례를 받던 날 경험했던 괴로운 기분을 나는 영원히 잊을 수 없을 것이다. 예배, 참회, 계율의 준

수, 이런 것들은 모두 내 마음에 들 뿐만 아니라 완전히 이해할 수도 있었으므로 여기에 인생의 의미가 나타나 있다는 기쁜 인식이 생겨났다.

나는 성비례를 그리스도를 기념하고 죄의 사함과 가르침을 완전히 받아들인다는 의미의 의식으로 이해하고 있었다. 설사 나의 이해가 그릇된 것이었다 하더라도 나는 그 사실을 알지 못했다. 단순하고 소심한 사제 앞에서 순종하는 겸손한 태도로 나의 죄를 뉘우치고 마음속의 모든 더러움을 제거하는 일이 너무도 기뻤으므로, 또한 이러한 계율의 기도문을 쓴 사제들의 겸손함과 사상적으로 일치하는 일이 너무도 기뻤으므로 그 기쁨에 마음을 빼앗겨 나의 이해가 그릇된 것임을 느끼지 못하고 있었다.

그러나 제단으로 다가가 내가 이제 먹으려 하는 것이 그리스도의 피와 살임을 믿는다고 말하기를 사제가 요구하자 가슴에 극심한 고통을 느꼈다. 그것은 단순히 그 말이 거짓이 들어 있기 때문만은 아니었다. 그것은 신앙이 무엇인지 전혀 알지 못하는 사람의 입에서 나오는 실로 잔혹한 요구였기 때문이다. 지금은 그것이 잔혹한 요구였다고 말할 수 있지만 당시에는 꼭 그렇게 생각했던 것은 아니며, 딱히 뭐라고 말할 수 없는 고통을 느꼈다.

그때는 인생의 모든 것이 명백하게 생각되었던 젊은 시절 같은 마음 상태는 아니었다. 내가 신앙에 이끌린 것은 신앙이 아니라면 파멸밖에는 아무것도 발견할 수 없었기 때문이다. 그러므로 나는 신앙을 버릴 수가 없어 신앙에 복종했다.

나는 가슴 속에서 그 인종을 참고 견디는 데 도움이 될 수 있는 기질을 발견했다. 그것은 비하와 겸양이었다. 나는 겸허한 마음으로 성스러운 것을 조소하는 듯한 감정을 제거하고, 신앙을 갖고 싶다는 욕망으로 그리스도의 피와 살이라는 포도주와 빵을 받아 먹었다.

그러나 이때 나의 가슴은 통렬한 타격을 받았다. 그리하여 그 후 나를 기다리고 있는 것이 무엇인지를 너무도 명확하게 알았기 때문에 두 번 다시 그 의식에 나갈 수 없게 되었다.

그러나 나는 여전히 교회의 온갖 의식을 굳게 그리고 올바르게 준수했으며 내가 따르고 있는 교리와 교의 속에 진리가 있다고 믿고 있었다. 그 결과 내적 생활에는 다음과 같은 일이——지금 생각하면 분명히 이해할 수 있는 일이지만 그때는 매우 기이하게 생각되었던——일어나고 있었다. 즉 나는 무지한 농부들이 신, 신앙, 인생, 구원 등에 관해 나누는 이야기에 곧잘 귀를 기울였다.

그럴 때마다 신앙의 지식이 내게 계시가 되어 왔다. 나는 민중들과 친하게 교제했으며 인생과 신앙에 대한 그들의 비판에 귀를 기울였다. 그 결과 나는 점점 분명하게 진리를 이해하게 되었다.

≪성인열전≫이나 ≪성승언행록≫을 읽으면서도 진리가 또렷하게 다가왔다. 나는 그러한 책들을 애독하게 되었다. 나는 기적에 대한 부분을 제외하고는 그러한 책들이 사상을 나타내기 위한 우화라고 간주했다.

그러나 그 책들은 나에게 인생의 의미를 계시해 주었다. 그 속에는 마까리 대제(大帝)의 삶과 이오아사프 왕자(불타)의 삶이 기록되어 있었으며, 또한 요안나 즈라투스트의 이야기와 우물 속에 빠진 여행자 이야기, 황금을 발견한 수도승 이야기, 세리(稅吏) 표트르의 이야기 등도 있었다.

거기에는 죽음이 삶을 소멸시킬 수 없다는 것을 입증한 모든 순교자의 삶이 기록되어 있었으며 교회의 가르침에 대해서는 아무것도 알지 못하는 무식하고 우매한 인간들의 삶도 기록되어 있었다.

그러나 학식 있는 신자들과 접촉하거나 그들이 저술한 책을 읽게 되면 곧 나에 대한 일종의 회의, 불만, 분노가 내부에서 솟아오르는 것이었다. 그리하여 그들의 주장을 깊이 검토하면 할수록 나는 점점 진리로부터 멀어져 절망의 심연 속으로 빠져들어 갔다.

제15장 진정한 신앙

나는 민중들의 무학 무식함을 너무도 부러워했다! 내게는 분명히 터무니없고 무의미한 신앙적 교리 교칙이 그들에게는 허위 허식적인 것이 아니었다. 그들은 고분고분하게 그것들을 받아들임으로써 내가 믿고 있는 그것과 같은 진리를 믿을 수 있었다. 그러나 불행한 쪽인 나에게는 그 진리가 매우 가느다란 실로 허위와 함께 묶여 있어 그러한 형태로는 진리를 받아들일 수가 없었다.

이러한 상태로 나는 3년 동안을 살아왔다. 나는 새로 귀의한 사람처럼 진리를 향해 조금씩 다가갔다. 오직 감각으로만 더 밝다고 생각되는 쪽을 향해 인도되어 가던 처음 얼마 동안은 그러한 모순들이 별로 나를 놀라게 하지는 않았다. 뭔가 이해할 수 없는 것이 있으면 나 자신에게 '내가 잘못된 것이다. 그것은 나의 책임이다.' 라고 말했다. 그러나 여러 가지 진리를 배우고 그 핵심으로 깊이 들어감에 따라, 즉 그 진리가 인생의 기초가 됨에 따라 그 모순을 참아낼 수 없게 되었다. 그리하여 이해력이 없었기 때문에 이해하지 못하는 것과, 나 자신을 기만하지 않고서는 결코 이해할 수 없는 것 사이에 가로놓인 경계선이 점점 분명하게 나타났다.

이러한 의혹과 괴로움에도 나는 여전히 정교에 매달려 있었다. 그러나 어떻게든 해결하지 않고서는 살 수 없는 인생의 여러 가지 문제들이 계속해서 일어났다. 그리고 이 문제들에 대한 교회의 해결──그것은 내가 가르침을 받아 온 신앙의 본질과는 반대되는 것이었다──은 내가 정교에 계속 참여할 가능성을 완전히 박탈해 버렸다. 그 문제들이란 첫째, 정교회와 다른 교회, 즉 가톨릭이나 혹은 이단파라고 불리는 모든 종파와의 관계였다.

당시 나는 신앙이라는 것에 꽤 마음이 끌려 있었기 때문에 교의를 신봉하는 여러 교파의 사람들, 즉 가톨릭교도, 신교도, 모르간 교도들과 친분을 맺고 있었으며 그들과 형제가 되고 싶다는 생각도 했다. 그러나 아, 하나의 신앙과 사랑으로 모든 사람을 결합하는 것으로 생각했던 그 가르침은──그들 중 최고 대표자들로 대변되는 그 가르침은──그들 모두가 허위 속에 살고 있는 인간이라는 것을, 그들에게 삶의 힘을 부여하는 것은 악마의 유혹에 지나지 않는다는 것을, 우리만이 유일한 진리의 신앙 속에 있다는 것을 내게 알려 주었다.

나는 정교회 사람들이 자기들과 같은 신앙이 있지 않은 모든 신자들을 이단으로 간주하며, 마찬가지로 가톨릭이나 그 외의 종파 사람들이 정교회 사람들을 이단으로 간주하고 있음을 보았으며, 또한 정교회 사람들을 비롯하여 다른 종파의 모든 사람이 그러한 신앙을 신봉하고 있지 않은 모든 사람에 대해 외형적인 신조나 말로써 원수가 되는 것을 보았다. 정교회 사람들은 그러한 태도를 감추려 했지만 그들 역시 마찬가지였으며 그것은 오히려 당연한 일이었다.

왜냐하면 첫째, '당신은 허위 속에서 살고 있지만 나는 진리 속에서 살고 있다.'라는 단언은 한 인간이 다른 인간에게 말할 수 있는 가장 잔혹한 말이며, 둘째, 자기의 자식과 형제를 사랑하는 인간이라면 그들을 거짓된 신앙으로 개종시키려고 하는 사람들을 원수로 여기지 않을 수 없기 때문이다. 더구나 이러한 적의는 그 교리 교의를 알면 알수록 점점 증대해 가는 것이었다. 그리하여 가장 귀중한 교리 교의가 당연히 수행해야 할 것——화합 일치——을 스스로 파괴하고 있다는 사실은 사랑에 의한 화합 일치 속에만 진리가 있다고 생각하고 있던 나에게 지워질 수 없는 강한 인상을 주었다.

갖가지 신앙이 신봉되고 있는 여러 나라에 살면서 가톨릭교도가 정교도나 신교도에게, 정교도가 가톨릭교도나 신교도에게, 신교도가 가톨릭교도나 정교도에 대해 나타내는 경멸과 오만 그리고 완고한 배척을 목격하고, 또 구교도, 파시코푸교도, 쉐켈교도, 그리고 그 밖의 모든 신앙인들이 자기 종파 이외의 신도에 대한 배타적 태도를 목격했다. 우리와 같이 학식 있는 계층의 사람들에게 그러한 악의 유혹은 너무도 명백하게 보였으며 따라서 그 명백한 사실은 처음 얼마 동안 우리를 당황케 했다.

우리는 자신에게 이렇게 말했다. "아니다. 이것은 그렇게 단순할 리가 없다. 이 사람들은 신앙상의 두 가지 증거가 서로를 부정한다면 그 어느 쪽도 신앙의 기초가 될 유일한 진리가 아니라는 것을 알지 못하는 것 같다. 여기에는 어떤 이유가 있음에 틀림없다." 나도 역시 그렇게 생각했다. 나는 그 이유를 알기 위해 가능한 한 많은 책을 읽었으며 가능한 한 많은 사람에게 의견을 물었다.

그러나 나는 슴스키 경기병연대 사람들은 자기 연대를 세계 제1의 연대라 생각하고, 창기병연대 사람들은 또 그들 연대를 세계 제1의 연대라고 생각하는 것과 똑같다는 사실 외에는 아무것도 얻을 수 없었다. 여러 종파의 사제들, 아니 그들 종파의 최고 지도자들까지도 자기들이 안주하

고 있는 곳만이 진리의 세계이며 다른 모든 종파는 미혹의 세계이고 그
들을 위해 기도해 주는 것만이 자기가 할 수 있는 일이라는 것 말고는 아
무것도 내게 말해 주지 않았다. 나는 매일 수도원장, 주교, 장로, 스히마
승(僧)을 찾아가 물었다. 그러나 그들은 한결같이 그러한 악의 유혹에 대
해 설명해 주려 하지 않았다. 그 중 한 사람이 설명해 주었지만 너무도
어이없는 것이어서 그 뒤로는 아무에게도 그 일에 관해 묻지 않았다.

　신앙에 귀의하려고 하는 모든 불신자에게——현대의 러시아 청년들은
모두 신앙을 갖고자 하는 경향이 있다——가장 문제가 되는 것은 '어찌
하여 진리가 루터교나 가톨릭교에는 존재하지 않고 오직 정교에만 존재
하는가?' 라는 의문이다. 그들은 중학교에서 교육받았기 때문에 신교도
나 가톨릭교도가 자기의 신앙만이 참된 신앙이라고 주장하는 것을 무지
몽매한 민중들처럼 그대로 믿을 수는 없는 것이다.

　"종교를 더 높은 차원으로 해석할 수는 없을까? 즉 진실로 신앙을 신
봉하고 있는 사람들만이라도 이러한 차별이 사라져 버리는, 즉 종교의
높이에서 내려다볼 때 이러한 차별이 완전히 사라져 버리는 정도의 높은
차원으로 해석할 수는 없는 것일까?" 나는 말했다. "우리는 모든 구교도
들과 손에 손을 잡고 같은 길을 걸어갈 수는 없는 것일까?"

　십자를 긋기도 하고, 할렐루야를 합창하기도 하고, 제단 주위를 맴돌
기도 하는 것을 보고 구교도들은 우리에게 "당신들의 그것은 잘못되었
소."라고 단언한다. 그러나 우리는 그들을 향해 "당신들이 니케아 신조
를 믿고 있듯이, 또 당신들이 일곱 개의 신비를 믿고 있듯이 우리 또한
그것들을 믿소. 모쪼록 그와 같이 소중한 점만은 소중히 보존해 주시오.
그리고 그 밖의 지엽적인 점들은 당신들 좋을 대로 하시오."라고 말한

다. 즉 우리는 본질적인 것을 본질적이 아닌 것보다 중요시한다는 점에서 그들과 일치한 것이다.

그렇다면 이번에는 가톨릭교도들에게 "당신들은 이러이러한 것들을 믿고 있는데 그것들이 가장 중요한 것이오. 그러므로 그 이외의 것들은 당신들이 원하는 대로 하시오."라고 말하고 우리와 중요시하는 점이 일치하는 신교도들에게도 같은 말을 할 수 있지 않을까? 나의 질문에 대해 반응을 보인 유일한 종교가는 나의 견해에 동의했다. 그러나 그는 "그러한 양보를 하게 되면 종교의 최고 기관이 전통적으로 물려받은 신앙으로부터 돌아선다는 비난을 받게 될 것이며 이단적 신앙이 생겨나게 될 것이다. 또한 우리 종교의 최고 기관의 사명은 전통적으로 전해 내려온 러시아 그리스 정교의 신앙을 모든 점에서 순수하게 보존하는 일이므로 도저히 찬성할 수 없다."라는 말을 덧붙였다.

나는 모든 것을 알게 되었다. 나는 신앙을 인생의 원동력으로써 탐구하고 있었지만 그들은 인간으로서의 일정한 의무를 다른 사람들에 대해 완수하기 위한 최상의 수단으로서 신앙을 탐구하고 있음에 지나지 않았던 것이다. 그들이 입으로는 미혹에 빠진 형제들에 대한 자신의 연민을 아무리 말한다 해도, 또 그들의 형제들을 위해 하늘을 우러러보며 아무리 기도를 한다 해도 그들이 지상에서의 과업을 수행하기 위해서는 반드시 폭력이 필요하고 항상 폭력이 사용됐으며 현재도 사용되고 있고 또 미래에도 사용될 것이다.

만일 두 개의 종파가 서로 자기만이 올바르며 상대방은 그릇되어 있다고 생각한다면 그들은 미혹에 빠진 형제들을 진리로 인도하기 위해 각기 자기가 신봉하는 가르침을 설교할 것이다. 또한 만일 누군가가 진리 속에 있는 교회의 어리석은 사람들에게 진리가 아닌 가르침을 설교한다면 교회는 그 경서를 불태우고 인간을 유혹하는 그를 쫓아내 버릴 것이다. 정교의 견해로 미루어 볼 때 거짓된 신앙에 사로잡혀 있는 이단의 신도가 인생의 가장 중대한 일인 신앙에 있어서 교회 사람들을 유혹했다면 정교는 그를 어떻게 처리할 것인가? 그의 목을 베거나 감옥에 넣을 것이 아닌가! 알렉세이 미하일로비치 시대에는 그러한 사람은 화형에 처해졌다. 즉 그 시대의 최고형이 내려진 것이다. 현대에서도 그러한 사람은 극형, 즉 독방에 감금되는 벌에 처한다. 나는 신앙의 이름으로 어떤 일이 행해지고 있는가에 귀를 기울였다. 그러자 나는 공포에 떨었다. 그리하여 나는 정교로부터 거의 완전히 이탈해 버렸다.

인생의 문제와 교회의 두 번째 관계는 전쟁과 형벌에 대한 관계였다.

이 무렵 러시아에서는 전쟁이 시작되었다. 러시아인은 그리스도의 사랑이라는 이름으로 동포를 살육했다. 나는 이 사실을 잊을 수가 없다. 사람을 죽이는 것은 모든 신앙의 본질에 어긋나는 악이라는 사실을 묵과할 수 없었다. 더구나 그러한 악을 저지르면서도 사람들은 교회에서 '우리 군대가 승리하게 해 주소서' 하고 기도하며 신앙의 지도자들은 이 살인 행위를 신앙으로부터 나온 정당한 행위로 인정하는 것이었다. 그러한 살인 행위는 전시에만 인정된 것이 아니었다. 전쟁이 끝난 후 계속된 혼란 속에서도 미혹에 빠진 힘없는 청년들의 살육을 칭찬하는 교회의 간부와 지도자, 수도자들을 나는 목격했다. 나는 기독교를 신봉하는 사람들이 저지르는 모든 악에 주의를 기울였다. 그리고 다른 공포로 전율했다.

제16장 진리를 찾아서

나는 이제까지 내가 지녀 온 신앙의 지식에는 거의 진리가 들어 있지 않다는 것을 확신하게 되었다. 예전의 나라면 모든 신앙은 거짓이라고 말했을 것이다. 그러나 지금의 나는 그렇게 단언할 수는 없다. 왜냐하면 일반 민중은 모두 진리에 대한 지식을 갖고 있으며 그것은 의심할 여지도 없는 사실이기 때문이다. 일반 민중은 진리의 지식 없이는 살아갈 수 없는 것이다. 그뿐만 아니라 나도 이미 그러한 진리의 지식을 갖고 있었다. 나도 그러한 지식으로 살아왔으며 그 모든 진리를 느끼고 있었다. 나는 그것을 의심할 수가 없었다. 이제까지 나의 반발심을 불러일으켰던 모든 것이 이제 분명하게 모습을 드러냈다. 나의 반발심을 불러일으킨 거짓의 요소가 교회의 지도자들보다는 일반 민중들에게서 더 적기는 했지만 그들의 신앙 속에서도 거짓과 진리가 뒤범벅된 것을 발견했다.

그들의 거짓은 어디서 온 것일까? 그들의 진리는 어디서 온 것일까? 그들의 거짓과 진리는 모두 다름 아닌 전설 속에 들어 있는 것이다. 다시 말해 외경(外經)의 전설과 사도행전 속에 들어 있는 것이다. 즉 거짓도 진리도 모두 교회라고 불리는 것이 전하고 있다. 그리하여 나는 그 전설과 사도행전의 연구——이제까지 몹시 두려워해 온 연구——에 몰두하지 않을 수 없었다.

나는 일찍이 쓸모없는 것이라고 경멸하고 내팽개쳐 버렸던 신학을 연구하기 시작했다. 예전의 나에게 신학은 헛소리의 나열이라고 생각되었다. 그때에는 분명하고 심원한 의미로 가득 차 있는 것처럼 생각되는 인생의 모든 현상이 나를 에워싸고 있었기 때문이다. 그러나 이제는 나의 건전한 두뇌에 어울리지 않는 것을 내팽개쳐 버리는 것을 오히려 기쁘게 생각한다.

나는 그러한 인생의 모든 현상으로부터 결코 자신을 숨길 수 없었다. 내 앞에 전개된 인생의 의미에 대한 유일한 지식은 이 교리와 교의에 기반을 두고 있었으며 적어도 그것과 뗄 수 없을 정도로 밀접하게 결부되어 있었다. 낡고 굳은 머리에 아무리 기이하게 생각될지라도 그것은 나의 유일한 구원의 희망이었다. 과학의 학설을 이해하듯이 이해할 수 있는 일은 아니지만 그것을 이해하려면 깊은 주의를 기울여 신중하게 음미하지 않으면 안 되는 것이다. 나는 신앙의 지식은 과학의 이해 같은 것을 요구하지 않는 특수한 것임을 알고 있다. 그러므로 과학적 이해를 구할 수는 없는 것이다.

나는 모든 것에 대한 설명을 구하지 않는다. 모든 것에 대해 설명은 애초부터 무한 속에 감추어져 있다는 것을 알고 있기 때문이다. 그러나 나는 더 이상 설명하기 어려운 상태까지 탐구하여 이해하고자 하는데 내 지혜의 요구가 정당하지 않기 때문에 설명하기 어려운 것이 아니라──내 지혜의 요구는 정당하며 그러한 요구가 아니라면 나는 아무것도 이해할 수 없다──내 지혜의 한계를 알고 있으므로 설명하기 어려운 것이다. 설명할 수 없는 모든 신조를 믿지 않으면 안 되는 의무가 아니라 이성의 필연적 요구로 여겨지도록 이해하고자 하는 것이다.

신앙 속에 진리가 있다는 것은 나에게는 의심할 수 없는 사실이다. 그러나 신앙 속에 거짓이 들어 있다는 것 또한 의심할 수 없는 사실이다. 따라서 신앙 속에서 진리와 거짓을 발견하여 그 양자를 구별하지 않으면 안 된다. 그래서 나는 그러한 일에 몰두했다. 나는 이 가르침 속에서 어떤 거짓을 발견하고 어떤 진리를 발견했는가, 그리고 어떤 결론에 도달했는가? 만일 그것이 가치 있는 것이고 누군가에게 필요한 것이라면 이 책의 제2부를 이루는 요소가 되어 언젠가는 그리고 어디에선가는 출판될 것이다. (독자의 이해를 돕기 위해 본서에서는 여기서 말하는 제2부인 《인생론》을 앞에 배치하였다 : 역자)

1879년 톨스토이

■ 나의 참회에 대한 꿈의 계시

앞의 글(≪참회록≫)은 내가 3년 전에 쓴 것이다. 이 글은 곧 책으로 출판될 것이다.

이 글을 다시 읽고 있는 지금 나는 이 글을 쓰던 당시에 경험한 온갖 감정과 생각으로 다시 돌아갔다. 그런데 요즈음 꿈 하나를 꾸었다. 그 꿈은 이제까지 내가 체험하고 글로 쓴 모든 것을 압축시킨 형태로 나타났다. 이 꿈 이야기가 나를 이해해 준 사람들을 위해 지금껏 수많은 원고지 위에 그토록 장황하게 쓴 모든 것들을 새롭고 명확하게 정리해 줄 것이라 생각된다. 그 꿈은 이러했다.

갑자기 정신이 들었을 때 나는 침대 위에 누워 있었다. 기분이 좋지도 나쁘지도 않았다. 나는 하늘을 향해 누워 있었다. 이윽고 침대에 누워 있는 것이 내게 좋은 일인가 나쁜 일인가를 생각하기 시작했다. 그때 발 쪽이 어쩐지 약간 불편함을 느꼈다. 침대가 짧기 때문인지 아니면 침대가 평평하지 않기 때문인지 어쨌든 불편했다.

발을 움직여 보았다. 그 순간 내가 무엇 위에 어떤 상태로 누워 있는가 하는, 이제까지 생각해 본 적이 없는 것을 생각하기 시작했다. 그래서 누워 있는 침대를 조사해 보니 내가 침대 틀에 가로와 세로로 매인 끈 위에 누워 있는 것이었다. 나의 발뒤꿈치는 끈 하나에 걸쳐 있었으며 정강이는 다른 끈 하나에 걸쳐 있었다. 그 때문에 발이 불편했다. 나는 그 끈들을 움직일 수 있다는 것을 알았다. 그래서 양쪽 발을 움직여 맨 가장자리의 한 가닥을 발아래 쪽으로 밀었다. 그렇게 하면 발이 편할 것 같았기 때문이다. 그런데 그 끈을 너무 멀리 밀었다. 그래서 양쪽 발을 움직여 그 끈을 다시 잡아당기려 했다. 그러자 발의 움직임으로 정강이를 받치고 있던 다른 끈 하나가 벗겨지면서 양쪽 발이 밑으로 떨어져 버렸다. 나는 쉽게 자세를 바로 할 수 있을 것으로 믿고 이번에는 온몸을 움직여 자세를 잡으려 했다. 그러나 내가 움직이자 몸을 지지하고 있던 다른 몇 가닥의 끈이 벗겨졌다. 그러자 이번에는 더욱 불편해졌다.

하반신은 완전히 대롱대롱 매달려 있었다. 그러나 발은 땅에 닿지 않았다. 나는 등의 윗부분만으로 몸을 지탱하고 있었다. 그래서 자세가 불편할 뿐만 아니라 두려운 마음마저 들었다. 마침내 나는 이제까지 한 번도 머리에 떠오른 적이 없는 것에 대해 자신에게 질문을 던졌다. '도대체 나는 어디에 있는 것일까?', '무엇 위에 누워 있는 것일까?' 나는 주위를 둘러보기 시작했다. 우선 나의 육체가 늘어져 내린, 그리고 머지않아 내 육체가 떨어질 아래쪽을 내려다보았다. 아래쪽이 까마득해 보였다. 나는 눈을 의심했다. 높디높은 탑이나 산꼭대기 정도의 높이가 아니라 상상할 수 없이 무시무시하게 높은 곳이었다.

나는 하반신이 그쪽을 향해 늘어져 있었으며 머지않아 떨어지게 될 끝이 없이 까마득한 심연에 뭔가가 보이는지 어떤지조차 상상할 수 없었다. 심장은 멎고 극심한 공포에 사로잡혔다. 아래쪽을 내려다보는 것은 끔찍스러운 일이었다. 금방이라도 마지막 끈이 끊어져 떨어져 죽을 것만 같았다. 그래서 아래를 내려다보지 않았다. 그러나 내려다보지 않는 건 더욱 두려운 일이었다. 머지않아 마지막 끈이 끊어지면 일어나게 될 일이 자꾸만 떠올랐기 때문이다. 그러자 두려운 나머지 마지막 힘을 잃고 등이 천천히 아래로 미끄러져 내리는 것을 느꼈다. 눈 깜빡할 사이에 나는 저 아래로 떨어져 버릴 것이다.

그때 한 가지 생각이 떠올랐다. '이것은 결코 있을 수 없는 일이다. 꿈이다. 눈을 떠라.' ……나는 눈을 뜨려 했다. 그러나 눈이 떠지지 않았다. 어떻게 하면 좋을까? 도대체 어찌해야 한단 말인가? 나는 이렇게 자신에게 물으면서 위의 하늘을 쳐다보았다. 위에도 역시 끝없는 심연이었다. 나는 하늘의 심연을 올려다보면서 밑의 심연을 잊으려고 노력했다. 그리하여 정말로 밑의 심연을 잊어버렸다. 밑의 끝없는 심연은 나를 반발하게 하고 공포로 몰아넣었지만 하늘의 심연은 나를 끌어당기고 안도하게 했다. 나는 여전히 심연 위에서 벗겨지지 않은 마지막 끈에 등을 의지한 채 매달려 있었다.

나는 그러한 상태로 매달려 있음을 알고 있다. 그러나 이제는 오직 하늘만을 바라보고 있으며 공포는 사라졌다. 꿈속에서 흔히 그러하듯이 갑자기 누군가의 목소리가 들려왔다. 잘 보라. 바로 그다! 나는 끝없는 하늘 먼 곳을, 저 먼 곳을 유심히 살펴보았다. 그러자 마음이 가라앉는 느낌이었다. 나는 지난 모든 일, 즉 발이 끈 위에 걸쳐 있던 일, 그 때문에 끝없는 심연 위에 대롱대롱 매달리게 되었던 일, 극심한 공포에 사로잡혔던 일, 그리고 하늘을 올려다보기 시작하여 그로 인해 구제된 일 등을 상기했다. 그리고 자신에게 "지금은 어떠한가? 지금도 전과 똑같은 상태인가?"라고 물었다.

나는 주위를 살펴보고는 나를 떠받치고 있는 기둥을 발견했다. 아니

온몸으로 느꼈다. 그러자 이젠 전과 같은 상태로 매달려 있지 않으며 떨어질 염려도 없이 떠받쳐지고 있음을 발견했다. 나는 자신에게 "나의 육체가 어떤 상태로 떠받쳐지고 있는가?"라고 물었다. 나는 몸을 움직여 보기도 하고 주위를 둘러보기도 했다. 마침내 내 밑에, 내 몸의 중앙 부분 밑에 한 가닥의 끈이 가로놓여 있으며 그 끈이 나를 떠받치고 있는 것을 보았다. 그리고 위를 쳐다보자 그 끈이 내 몸 정중앙에서 평형을 유지하며 가로놓여 있고 이제까지 나를 떠받치고 있던 것이 이 한 가닥 끈이었다는 것을 발견했다.

이때에도 역시 꿈속에서 흔히 그러하듯이 나의 몸을 떠받치고 있는 것의 구조가, 잠이 깬 후에는 참으로 무력한 것인데도 의심할 여지 없이 극히 당연한 것으로 생각되었다. 그뿐만 아니라 어찌하여 이제까지 이것을 이해하지 못했을까 하고 꿈속에서 의아해하며 놀란 것이다. 위를 쳐다보니 내 머리 쪽에 기둥 하나가 서 있는 것이 아닌가. 이 기둥은 어떤 지반 위에 서 있는 것이 아닌데도 의심할 여지 없이 튼튼했다. 그리고 이 기둥으로부터 교묘하게도 하나의 '가지'가 나와 있었다. 그 '가지' 위에 허리를 걸치고 하늘을 바라보고 있으면 떨어지지 않을까 하는 염려는 전혀 생기지 않는 것이었다.

나는 이 모든 것을 분명히 알게 되었다. 그리하여 안도의 한숨을 내쉬었다. 그때 누군가가 내게 속삭이는 것 같았다. 정신 차리시오. 잊지 마시오!

그리하여 나는 잠에서 깨어났다.

■ 작품 해설

≪인생론≫에 대하여

≪인생론≫은 톨스토이가 58세 때인 1886년 가을부터 1887년 여름에 걸쳐 쓴 노작이다. 즉 ≪전쟁과 평화(1863~1869)≫와 ≪안나 카레니나(1873~1877)≫를 쓰고 ≪부활(1899)≫을 쓰기 전 톨스토이의 '위기'라고 불리던 때에 쓴 작품이다.

그는 ≪참회록≫에서 다음과 같이 고백하고 있다.

'5년 전부터 나는 때때로 무언가 매우 기묘한 일을 체험하기 시작했다. 의혹과 생활이 정지되어 버린 것 같은 순간과 어떻게 살아야 하는지, 무엇을 해야 하는지 전혀 알 수 없게 되어 버린 순간이 갑자기 나를 덮친 것이다. 그리하여 나는 회의에 사로잡힌 채 갈팡질팡했다. 나는 곧 그곳에서 빠져나와 이전의 생활로 돌아갔지만 그 후 이러한 의혹은 더욱 빈번하게 떠올랐을 뿐만 아니라 항상 나의 내부에 남아 있었다. 생활의 정지는 항상 무엇을 위해? 그리고 그다음에는? 이라는 같은 의문의 형태로 나타났다. 그러한 의혹은 마치 잉크처럼 뚝뚝 떨어져 내 가슴 속을 검게 물들였다.' (≪참회록≫ 제3장)

'나의 생활은 정지했다. 나는 숨을 쉬고 먹고 마시고 잠을 자지만 그곳에는 참된 생활이 없다. 왜냐하면 그것은 나를 충족시키는 합리적인

욕구가 아니었기 때문이다.'(≪참회록≫ 제4장)

　인생에 대한 이러한 철저한 회의는 톨스토이즘 혹은 톨스토이주의라고 불리는 확고한 신념으로 바뀌어 그 일단이 ≪인생론≫으로 나타난 것이다.

　이 ≪인생론≫을 집필했던 1886년 8월 초순, 톨스토이는 어떤 가난한 과부를 위해 건초를 운반해 준 일이 있었다. 그때 그는 마차에 다리를 다쳤는데 그 상처가 의외로 심각해져 40도의 고열과 구토, 심한 고통을 일으켰다. 이 병은 하마터면 톨스토이의 생명을 거의 앗아갈 정도로 몹시 위중했다.

　그 무렵 어떤 출판사의 기자였던 안나 콘스탄티노프나 지테리프스(후에 그의 친구인 체르트코프의 부인이 됨)라는 여성이 이것을 알고 톨스토이에게 위로의 편지를 보내왔다. 그것은 단순한 위로의 편지가 아니라 그녀 자신의 인생관, 생사관을 쓴 긴 편지였다.

　톨스토이는 이에 답장의 편지를 썼다. 이 편지가 가필에 가필이 반복된 후 독립된 논문이 되어 불후의 명작인 ≪인생론≫이 되었다고 한다.

　이 저작은 톨스토이의 많은 작품 중에서도 명저로 유명하지만 난해하기로도 이름난 작품이다.

　톨스토이는 이 작품에서 '인생이란 행복하게 되려는 욕구이며 그러한 노력 속에 인생의 의의가 있다' 라고 전제해 놓고 동물적 개인의 행복은 실현 불가능하다는 것을 증명해 보이면서 참된 행복을 설명하고 있다. 참된 행복, 즉 참된 생명은 동물적 자아를 이성적 의식에 종속시키는 활동, 즉 사랑의 활동으로 얻어질 수 있다고 설명한다. 그리고 그는 인간의 참된 생명은 죽음에 의해 소멸하지 않는다는 것을 증명해 보인다. 그리고 마지막으로 고통은 인간을 참된 생활로 인도하기 위해 없어서는 안 될 요소라고 설명한다.

즉 행복이야말로 인생의 목적이며 인간은 모두 이 목적을 향해 나아가지 않으면 안 된다는 것이다. 그렇다면 인생의 이 목적을 어떻게 하면 달성할 수 있느냐는 의문에 대해 톨스토이는 사랑에 의해 가능하다고 대답한다. 그는 사랑은 이성의 활동이며 인간은 이 이성, 즉 신의 활동인 사랑으로 선한 목적을 향해 노력하지 않으면 안 되며 그것이 인생이라고 말하고 있다.

1888년 말 ≪인생론≫이 발간되자 러시아 검열위원회는 '이 책은 신의 말이 없고 인간의 이성만을 강조하여 교회와 교의에 불신을 일으키므로 무조건 판매 금지'라는 결론을 내렸다. 그리하여 종무원(宗務院: 제정 러시아 정교회 최고 기관)은 ≪인생론≫의 발행을 금지하고 인쇄소에 있던 책 600부를 모두 몰수했다.

≪참회록≫이 발표된 것이 1882년이었고 ≪인생론≫이 발표된 것이 1887년이었다. 톨스토이 자신은 ≪참회록≫을 끝내면서 이것의 제2부를 쓸 예정임을 밝혔다. 그가 말한 제2부에 해당하는 것이 바로 ≪인생론≫이다. 그러나 작품 내용상, 그리고 독자의 이해를 쉽게 하려고 본서에서는 ≪인생론≫을 앞에 실었고 ≪참회록≫을 뒤로 하였다.

≪참회록≫에 대하여

≪참회록≫은 톨스토이가 51세 되던 해인 1879년부터 54세 되던 해인 1882년 사이에 쓴 작품으로 톨스토이의 많은 작품 중에서도 가장 중요한 작품의 하나이며 다른 모든 사상가, 철인들의 참회록, 고백록 중에서도 가장 대표적인 작품의 하나이다. 이 ≪참회록≫ 속에는 1870년대 후반, 즉 '톨스토이의 위기'라고 불리는 시대에, 오직 자살 이외에는 다른 길이 없었던 그의 내적 고뇌가 적나라하게 나타나 있다. 그러나 그의 위기가 1870년대 후반에 들어서 비로소 그를 덮친 것은 아니다. 의식적 생활의 첫발을 내디딘 순간부터 그의 생활은 넓은 의미에서 위기의 연속이었으며 1870년대 후반의 그것은 끊임없이 물결치는 그의 영혼의 가장 높은 파도였다고 보는 것이 타당할 것이다.

유년 시절부터 톨스토이에게는 그의 도덕적인 최초의 특징이 나타났다. '이상에 대한 갈망'이 그것이었다. 그러나 그의 이상은 다종다양했으며 항상 변했다. 이상들은 한결같이 '전체냐 아니면 무(無)냐'를 추구하는 그의 열정적인 영혼을 만족시켜 주지 않았기 때문이다. 때로는 형 세르게이가 그의 이상이 되었던 적도 있으며, 또 맏형 니콜라이가 그의 이상이었던 때도 있었다. 또한 막연하게 '만인의 행복'을 동경한 일도 있었으며 그의 사상이 회의적인 경향을 띠게 되었을 때는 외적 세계의 실재를 의심하고 무의미함과 공허함을 추구한 일도 있었다. 그러나 유년 시절이 끝날 무렵 이 이상들은 더욱 분명해졌으며 '선으로의 진로 탐색'과 '만인의 행복으로의 진로 탐색'으로 나타났다.

그는 이상 세계와 현실 세계 사이의 수많은 모순에 부딪혔으며 때로는 심각한 의혹의 심연에 빠지기도 했다. 그러나 현실 세계는 그의 마음을 자극하여 인생의 모순을 해결하는 데 매진하도록 그를 채찍질했다. 그러면서도 다른 한편에서는 현실 세계에 대한 자신의 욕망을 제거할 수 없었다. 그리하여 그에게는 서로 모순되는 자기의 이상과 현실 세계를 어떻게 조화시키느냐 하는 의문이 생겨났다. 그는 현실 세계에 대한 그의 욕망을 거부할 수 없었다. 그가 방종과 혼란의 몇 년을 보낸 것도 그의 이상과 현실 사이에서 악전고투하는 감정을 봉쇄해 버리기 위해서였으며 코카서스의 은둔 생활로 들어간 것 또한 같은 이유에서였다. 톨스토이가 코카서스의 원시적인 대자연의 품에 안기자 그의 영혼은 무한한 힘의 근원인 대자연의 품속에서 활기를 띠기 시작했다. 그리하여 그의 내적 욕망, 즉 진리에 대한 욕구, 인생의 근본 문제를 해결하고자 하는 갈망은 더욱 두드러지게 나타났다. 그 후 그는 인생의 모든 문제 해결을 향해 돌진했다. 톨스토이 자신도 "나는 항상 인생의 의의를 탐구하기 위해 돌진했다"라고 말하고 있다. 그는 삶의 문제를 해결하지 않고는 살 수가 없었다.

그는 일기에서 "삶의 변화가 일어나야 한다. 그러나 그 변화는 외적 조건의 소산이어서는 안 되며 영혼의 소산이어야 한다"라고 말한다. 실로 ≪참회록≫은 그의 삶의 전환점이었다.

"그는 생애 전반부의 작품들은 쓰지 않고도 견딜 수 있었을지 모르지만 이 ≪참회록≫을 쓰지 않고는 견딜 수 없었다. 그러므로 ≪참회록≫은 태어나지 않을 수 없었던 작품이다"라고 비평가들은 말하고 있다.

■ 톨스토이 연보

1828년
- 8월 28일 모스크바 200km 남쪽 토라시 부근의 야스나야 폴랴나의 영지에서 출생. 나폴레옹 전쟁에 참가했던 퇴역 육군 중령인 아버지 니콜라이 이리치 톨스토이 백작과 보르콘스키 공작가 출신인 어머니 마리아 니콜라예비치나 사이에서 4남으로 태어남.

1830년(2세)
- 어머니, 딸 출산 후 죽음.

1837년(9세)
- 1월, 톨스토이 일가 모스크바로 이사.
- 6월, 아버지 뇌내출혈로 노상에서 죽음.

1841년(13세)
- 세 형과 누이동생과 함께 카잔에 있는 고모(아버지의 누이동생)의 집으로 옮김.

1844년(16세)
- 9월, 카잔대학 동양어학과에 입학.

1845년(17세)
- 5월, 진급시험에 낙제.
- 8월, 법률학과로 옮김.

1847년(19세)

· 4월, 대학 교육에 만족하지 못하고 중퇴, 영지로 돌아와 농사 관리에 종사. 농노의 생활 개선에 힘썼으나 실패함.

1848년(20세)

· 10월, 모스크바로 옮겨 방탕한 생활을 함.

1849년(21세)

· 다시 영지로 돌아가 지주 생활을 함.

· 가을, 농민의 자제들을 위해 학교를 세운다.

1851년(23세)

· 4월, 코카서스 지방으로 들어감.

1852년(24세)

· 1월, 사관후보생으로 입대, 산지 토벌 전투에 참여.

· 9월, 잡지 〈현대인〉 제9호에 중편소설 〈유년 시대〉를 발표하여 호평을 받음. 단편소설 〈습격〉을 씀.

1853년(25세)

· 크리미아 전쟁 시작. 단편소설 〈도박자의 수기〉를 씀.

1854년(26세)

· 중편소설 〈소년 시대〉 탈고. 포병 사관으로서 세바스토폴 전투에 참가.

1855년(27세)

· 단편 〈산림 벌채〉 탈고. 전기(戰記) 〈1854년 12월의 세바스토폴〉을 씀.

· 크림반도 각지를 돌아다님.

· 11월, 상투페테르부르크로 돌아와 투르게네프 등 잡지 〈현대인〉
　주위의 문인들과 사귐.

1856년(28세)

· 〈1855년 8월의 세바스토폴 이야기〉, 단편소설 〈눈보라〉, 〈2인의
　경기병〉, 〈지주의 아침〉 등 발표.

· 11월, 군에서 제대.

1857년(29세)

· 프랑스, 스위스, 독일 등으로 처음 유럽 여행을 떠남. 서구의 물질
　문명에 의혹을 품고 귀국. 〈르쯔에른〉, 〈아르베리프〉, 〈청년 시대〉
　발표.

1859년(31세)

· 〈현대인〉 잡지의 동인에서 탈퇴. 창작활동을 멀리하고 야스나야
　폴랴나에 학교를 세우고 농민의 자녀들 교육에 힘씀. 이때 〈야스
　나야 폴랴나〉라는 교육 잡지 발행. 〈세 가지 죽음〉, 〈가정의 행복〉
　발표.

1860년(32세)

· 여름에 독일, 프랑스, 이탈리아, 영국, 벨기에 등을 여행.

1861년(33세)

· 5월, 귀국. 농지 조정원으로서 농노해방 실시에 참가. 지주와 농
　민 사이의 분쟁 해결을 위해 노력, 농민의 이익을 위해 싸움.

· 투르게네프와 다투고 절교 상태에 들어감.

1862년(34세)

· 9월, 모스크바 궁정 의사 베루스의 딸 소피아 안드레예브나(18세)

와 결혼. 〈국민 교육에 대하여〉 발표.

1863년(35세)

· 6월, 장남 세르게이 출생. 〈진보와 교육의 정의〉, 〈코사크〉 발표.
〈전쟁과 평화〉 착수.

1864년(36세)

· 10월, 장녀 다찌야나 출생.

1865년(37세)

· 〈전쟁과 평화〉 일부를 발표.

1866년(38세)

· 5월, 차남 이리야 출생.

1869년(41세)

· 5월, 3남 레프 출생.

· 12월, 《전쟁과 평화》 6권 발행.

1872년(44세)

· 〈초등 독본〉, 〈코카서스의 포로〉 발표.

1873년(45세)

· 장편 〈안나 카레니나〉 착수. 일시 중단했던 교육활동 재개. 사마
라 지방의 기근으로 인한 난민 구제 사업에 헌신.

· 11월, 4남 뼤요트르 생후 1년 반 만에 죽음.

1874년(46세)

· 4월, 5남 니콜라이 출생.

1875년(47세)

· 2월, 5남 니콜라이 죽음.

· 딸 우르울라 출생하자마자 곧 죽음.

1877년(49세)

· ≪안나 카레니나≫ 초판 발행.

1878년(50세)

· 4월, 투르게네프와 화해.

1879년(51세)

· 평론집 〈교회와 국가〉 발표.

1880년(52세)

· 〈참회록〉 착수.

1881년(53세)

· 3월, 도스토옙스키의 죽음으로 충격을 받는다. 〈사람은 무엇으로 사는가〉, 〈요약 복음서〉 발표.

1882년(54세)

· 3월, 〈러시아 사상〉에 〈참회록〉 발표. 이로 인해 〈러시아 사상〉은 판매 금지당함.

1883년(55세)

· 8월, 투르게네프 사망.

1884년(56세)

· 6월, 3녀 알렉산드라 출생. 〈나의 신앙은 무엇인가〉 탈고.

1885년(57세)

· 소피아 부인에게 저작권을 양도함. 부인의 편집으로 저작집 12권 발행. 〈사랑이 있는 곳에 신이 있다〉, 〈바보 이반〉, 〈두 노인〉 등 발표.

1886년(58세)

· 1월, 6남 알렉세이 죽음. 〈이반 일리치의 죽음〉, 〈어둠의 힘〉 등을 발표. 〈인생론〉 착수.

1887년(59세)

· 육식을 끊음. 〈빛이 있는 동안 빛 속을 걸어라〉, 〈인생론〉 등을 발표. 〈크로이젤 소나타〉 착수.

1888년(60세)

· 막내아들 이반 출생.

1889년(61세)

· 〈크로이체르 소나타〉, 〈악마〉 발표. 〈부활〉 착수.

1891년(63세)

· 9월, 1880년 이후의 저작권 포기.

1893년(65세)

· 〈노자〉 번역에 몰두. 〈종교와 국가〉, 〈기독교와 애국심〉 발표.

1894년(66세)

· 〈카르마〉, 〈신의 고찰〉 발표.

1895년(67세)

· 막내아들 이반 죽음. 〈주인과 하인〉 발표.

1897년(69세)

· 가출할 것을 결심하고 유서를 썼으나 실행에 옮기지 못했다.

1898년(70세)

· 〈예술이란 무엇인가〉, 〈신부 세르게이〉 발표.

1899년(71세)

· 〈부활〉 발표.

1900년(72세)

· 〈산송장〉, 〈죽이지 말라〉 등 발표.

1901년(73세)

· 2월, 소설 〈부활〉로 종교회의를 거쳐 러시아 정교회로부터 파문을 당함. 〈신앙의 자유를 인정하라〉 발표.

· 여름, 크리미아로 요양을 떠남.

1902년(74세)

· 〈종교론〉, 〈지옥의 부흥〉 발표.

1903년(75세)

· 〈무도회의 밤〉, 〈셰익스피어론〉, 〈세 개의 의문〉 등 발표.

1904년(76세)

· 러일전쟁이 시작됨. 〈반성하라〉를 발표하여 전쟁에 반대함.

· 〈유년 시대의 추억〉, 〈하지 무라드〉 발표.

1905년(77세)

· 〈불타〉, 〈세계의 종말〉 발표.

1906년(78세)

· 〈신의 일과 인간의 일〉, 〈파스칼〉, 〈러시아혁명의 의의〉 발표.

1907년(79세)

· 〈진정한 자유를 인정하라〉, 〈우리의 인생관〉, 〈서로 사랑하라〉 발표.

1908년(80세)

· 톨스토이 탄생 80년을 기념하여 많은 톨스토이론이 발행됨. 각지

에서 톨스토이 80년 기념행사가 거행됨.

1909년(81세)

· 1월, 유언장 작성. 〈사형과 기독교〉, 〈고골론〉, 〈아이들의 지혜〉
발표.

1910년(82세)

· 7월 22일, 유언장 작성. 이것이 최후의 합법적인 유언장이 됨.

· 10월 28일 새벽, 자신의 신념과 실생활 사이의 모순을 해결하기
위해 부인에게 이별의 편지를 써 놓고 3녀 알렉산드라와 의사 마
고비츠키와 함께 야스나야 폴랴나를 버리고 방랑의 여행길을 떠
남.

· 10월 31일, 폐렴 발병, 랴잔 우랄 철도의 작은 역 아스타포보에서
내림.

· 11월 3일, 최후의 감상을 일기에 기록.

· 11월 7일 오전 6시 5분, 아스타포보 역장 관사에서 영면. "진리
를…… 나는…… 사랑한다…… 왜 저 사람들은……", 이것이 그의
최후의 말이었다.

· 11월 9일, 야스나야 폴랴나의 영지 안에 매장.

· 유고로서 〈인생의 길〉 등이 있음.

안티쿠스 책장
톨스토이 인생론·참회록

초판 1쇄 | 2023년 12월 15일 발행

지은이 | 레프 톨스토이
옮긴이 | 박병덕

펴낸이 | 이경자
펴낸곳 | 육문사

편　집 | 김대석
교　정 | 이정민
디자인 | 인지숙

주　소 | 경기도 고양시 일산동구 산두로 128 909동 202호
전　화 | 031-902-9948　　팩스 | 031-903-4315
이메일 | dskimp2000@naver.com

출판등록 | 제 2016-000182 호 (1974. 5. 29)

ISBN　978-89-8203-044-4 03160